暨南大学高水平大学建设经费资助丛书

中央高校基本科研业务费专项资金资助（暨南跨越计划）

暨南史学丛书

西夏元史研究论稿

陈广恩 著

中国社会科学出版社

图书在版编目(CIP)数据

西夏元史研究论稿/陈广恩著. —北京：中国社会科学出版社，2017.11
ISBN 978 – 7 – 5203 – 1163 – 2

Ⅰ.①西… Ⅱ.①陈… Ⅲ.①中国历史—研究—西夏②中国历史—研究—元代　Ⅳ.①K246.307②K247.07

中国版本图书馆 CIP 数据核字（2017）第 244749 号

出 版 人	赵剑英
责任编辑	刘　芳
责任校对	李　莉
责任印制	李寡寡

出　　版	中国社会科学出版社
社　　址	北京鼓楼西大街甲 158 号
邮　　编	100720
网　　址	http://www.csspw.cn
发 行 部	010 – 84083685
门 市 部	010 – 84029450
经　　销	新华书店及其他书店
印　　刷	北京明恒达印务有限公司
装　　订	廊坊市广阳区广增装订厂
版　　次	2017 年 11 月第 1 版
印　　次	2017 年 11 月第 1 次印刷
开　　本	710×1000　1/16
印　　张	18.25
插　　页	2
字　　数	272 千字
定　　价	75.00 元

凡购买中国社会科学出版社图书，如有质量问题请与本社营销中心联系调换
电话：010 – 84083683
版权所有　侵权必究

目　　录

西夏没有爆发大规模人民起义原因探析 …………………………（1）
西夏兵器及其在中国兵器史上的地位 ………………………………（15）
西夏手工业成就及其在中国科技史上的地位 ………………………（31）
试论西夏文化的多元性 ………………………………………………（43）
西夏医药学成就初探 …………………………………………………（54）
试论伊斯兰教在西夏的流传 …………………………………………（68）
西夏景教流传初探 ……………………………………………………（76）
蒲寿庚叛宋降元主谋非蒲寿宬考 ……………………………………（85）
元安西王忙哥剌死因之谜 ……………………………………………（104）
元安西王阿难答与伊斯兰教之关系 …………………………………（119）
元益都诸万户府考 ……………………………………………………（127）
北庭元帅府与亦集乃路关系初探
　　——兼谈黄兀儿月良站的地理位置 ……………………………（146）
《长安志图》与元代泾渠水利建设 …………………………………（163）
略论元代广东地区佛教的传播与发展 ………………………………（178）
元代广东民变探析 ……………………………………………………（191）
关于大德《南海志》的几个问题 ……………………………………（229）
"泛滥赏赐"与元代社会 ……………………………………………（238）
元代史籍所载羊肉的食用和食疗 ……………………………………（258）
元代入杭回回文人的文化活动 ………………………………………（275）
后　记 …………………………………………………………………（287）

1

西夏没有爆发大规模人民起义原因探析

中国古代爆发的农民起义可谓是不计其数，有的王朝农民起义爆发得十分频繁，有的王朝就是由农民起义推翻的。但是纵观西夏几百年的历史，我们可以发现西夏的人民起义，见于史料记载的只有大庆四年（1143）的蕃部人民起义，并且这次起义并没有形成全国规模。前与秦、汉、唐，后与元、明、清，抑或与同时代的辽、宋、金相比，西夏的人民起义无论是次数还是规模，都有所不及。由此可见，西夏国内的阶级矛盾相对来说是比较缓和的。那么，是什么原因造成西夏人民的反抗斗争次数少而且规模小呢？

一　大庆四年的蕃部人民起义

关于西夏大庆四年的蕃部人民起义，笔者所见西夏文献中，只有《西夏书事》中有明确记载，此外不见于其他文献。让我们先看看《西夏书事》中的记载：

> 秋七月，大饥，诸州盗起。
> 诸部无食，群起为盗。威州大斌、静州埋庆、定州笆浪、富儿等族，多者万人，少者五、六千，四行劫掠，直犯州城。州将出兵击之，不克。[①]

[①] 龚世俊等：《西夏书事校证》卷35，甘肃文化出版社1995年版，第411页。

西夏元史研究论稿

根据这段史料的记载，可知这次西夏人民起义主要爆发在党项部落中。爆发起义的党项部落有威州大斌族、静州埋庆族、定州笆浪族和富儿族等。起义队伍多者有万人，少者也有五六千人，可见规模已不小。义军四行劫掠，攻击州城，在当地产生很大影响。面对各部人民起义，西夏地方政府立即派遣军队进行镇压，但没能成功，于是各地纷纷向朝廷连章告急，请求增兵征讨。这种情况下，西夏的枢密承旨苏执礼向仁孝建言：

> 此本良民，因饥生事，非盗贼比也。今宜救其冻馁，计其身家，则死者可生，聚者自散，所谓救荒之术即靖乱之方。若徒恃兵威，诛杀无辜，岂所以培养国脉乎？[1]

苏执礼的建言指出这次起义有发生饥荒的客观原因存在，义兵更多的是饥民而非盗贼，因此劝谏朝廷不应只是一味镇压，而应该加强对灾民的赈济。仁孝采纳了苏执礼的建议，遂于起义爆发的次月即颁行赈济之法，"命诸州按视灾荒轻重，广立井里赈恤"[2]。

赈恤灾民只不过是仁孝分化瓦解义军的措施之一。十月，仁孝命西平都统军任得敬率大军镇压各地人民起义。任得敬也采取了分化瓦解和镇压相结合的方法对付义军。在镇压、屠杀起义军的同时，任得敬还派遣相关官员安抚各部，威州、静州等处的人民起义军被逐渐瓦解了。但定州笆浪和富儿二族，在其首领哆讹的率领下，仍然恃险拒守，是当时各地义军中声势最大、斗争也最彻底的一支。在平息了威州、静州等处的人民起义之后，任得敬得以集中兵力，"夜发兵袭其寨，擒首领哆讹诛之，余众泥首降"[3]。定州的人民起义也最终被镇压了。

大庆四年的蕃部人民起义，爆发在西夏统治的中心河套地区的静

---

[1] 龚世俊等：《西夏书事校证》卷35，甘肃文化出版社1995年版，第411页。
[2] 同上。
[3] 同上书，第412页。

西夏没有爆发大规模人民起义原因探析

州、定州一带,并波及河套南部的威州等处,起义的规模和声势都是比较大的。这次蕃部人民起义爆发的原因,主要有两个方面:一是党项贵族对广大蕃汉人民的剥削和压迫;二是当地发生了大饥荒,党项各部没有粮食,因此才"群起为盗"。后者是引发起义的直接原因。

西夏"国多世禄之家,悉以奢侈相高"①,统治阶层崇尚奢侈之风甚浓。为了能过上骄奢淫逸的生活,党项贵族就必须加大对广大被统治者的横征暴敛和榨取掠夺,以聚敛财富。如崇宗乾顺的弟弟晋王察哥,自恃战功,骄横跋扈。"晚年货贿公行,威福自用。……卒年已七十余,犹姬妾充下陈。有园宅数处,皆攘之民间。"②再如西夏权臣任得敬,晋王察哥在朝时他还有所顾忌,察哥死后,他"势日专横,政由己出,举朝侧目"。势力膨胀的他欲壑难填,暗地里要窃国篡权,准备将仁孝移置瓜、沙,而自己则妄图窃取兴、灵。为此,他"役民夫十万大筑灵州城,以翔庆军监军司所为宫殿。盛夏溽暑,役者糜烂,怨声四起"③。察哥、任得敬只不过是党项统治阶层的两个代表而已,类似的西夏统治者比比皆是。西夏统治者对广大人民的压迫和剥削,是引发蕃部人民起义的根本原因。

引起大庆四年蕃部人民起义的直接原因是当地爆发了大饥荒,而大饥荒则是由剧烈的地震引起的。《宋史》对这次地震及赈灾情况有记载,但很简略:

(绍兴)十三年三月,地震,逾月不止;地裂,泉涌出黑沙。岁大饥,乃立井里以分振之。④

《西夏书事》的记载则比较详细:

(大庆四年)三月,地震。

---

① 龚世俊等:《西夏书事校证》卷37,甘肃文化出版社1995年版,第429页。
② 龚世俊等:《西夏书事校证》卷36,甘肃文化出版社1995年版,第422页。
③ 龚世俊等:《西夏书事校证》卷36、37,甘肃文化出版社1995年版,第422、432页。
④ (元)脱脱等:《宋史》卷486《夏国传》,中华书局1977年点校本,第14024页。

3

西夏元史研究论稿

有声如雷,逾月不止,坏官私庐舍、城壁,人畜死者万数。

夏四月,夏州地裂,泉涌出黑沙,阜高数丈,广若长堤,林木皆没,陷民居数千。御史大夫苏执义言:"自王畿地震,人畜灾伤。今夏州又见变异,是天之所以示警于陛下也!不可不察。"于是仁孝下令曰:"二州人民遭地震地陷死者,二人免租税三年,一人免租税二年,伤者免租税一年;其庐舍、城壁摧塌者,令有司修复之。"①

据此可知,大庆四年(即宋绍兴十三年)三月,西夏京师兴庆府一带发生了强烈地震。这次地震(包括余震,前后持续了一个多月),导致上万计的人畜死亡。仅仅一个月之后,夏州地区又发生了更为剧烈的地震,甚至出现地裂、泉涌出黑沙的现象。三四月间发生的大地震,在西夏兴庆府和夏州地区造成了极大的灾害,城墙倒塌,居民、牲畜死伤无数,民居被夷为平地。面对灾情,西夏政府采取了免除赋税、修建居民庐舍等赈灾措施,但效果并不明显。由于地震导致七月收获季节时两地均没有收成,因此灾民无以为食,流离失所,于是纷纷揭竿而起。

二 相对缓和的国内阶级矛盾的原因分析

文献中有明确记载的西夏人民起义只有这一次,因此李蔚也认为西夏除仁孝革新之前发生过一次哆讹等领导的蕃部起义之外,别无其他起义。② 可见,西夏人民起义规模小、次数少,应当是一个显著特点,这显然与西夏国内阶级矛盾相对缓和有关。那么,造成西夏国内阶级矛盾相对缓和的原因是什么呢?

---

① 龚世俊等:《西夏书事校证》卷35,甘肃文化出版社1995年版,第411页。
② 李蔚:《试论西夏立国长久的原因》,《西夏史研究》,宁夏人民出版社1989年版,第49页。

西夏没有爆发大规模人民起义原因探析

其一，西夏的社会性质是宗法封建制，① 这有利于对社会成员的严密控制。在这种制度下，宗族是西夏社会的基本组织单位。"从东迁前后的氏族部落，到夏国建国以至灭亡时的豪右大族——党项宗族在不同的历史时期以不同的形式频频出现，贯串于党项社会和国家的全部过程。"② 因此西夏的历代皇帝，基本都采取了与各大宗族联姻的"联络豪右"的政治统治方式。如西夏开国皇帝李元昊"凡七娶"：一曰米母氏（或作卫慕氏）；二曰索氏；三曰都罗氏；四曰咩迷氏；五曰野利氏；六曰耶律氏；七曰没移氏。③ 其中除了耶律氏是契丹兴平公主之外，其余六娶，皆为党项豪右大族。其后没藏氏、梁氏，更是党项拓跋氏联姻笼络的对象，此二族甚至一度掌控西夏政权。可见，西夏国家实际上就是由各强宗大族联合起来建立的政治共同体，而各宗族对所属民户的控制是非常牢固的。

西夏的这些豪右大族，不但是社会的基本组织，而且也是一个个独立的军事、经济实体。各族的首领在族内享有至高无上的绝对统治地位。宋朝议事者对此即指出：

> 自西夏不臣，种落叛散，分寓南北。为首领者父死子继，兄死弟袭，家无正亲，则又推其旁属之强者以为族首，多或数百，虽族首年幼，第其本门中妇女之令亦皆信服。④

可见，西夏宗族首领在族内的统治地位是不可动摇的。鉴于此，宋朝为了招抚那些居住在宋夏边境的党项宗族，也往往授予其首领官

---

① 关于西夏的社会性质，学界长期以来存在争论，这里采用陈炳应、乔幼梅的观点。陈炳应认为西夏是"带有某些原始特征的宗法封建制社会"（参见其《略论西夏的社会性质及其演变》，载白滨编《西夏史论文集》，宁夏人民出版社1984年版，第143页），乔幼梅对西夏的社会性质做了细致的考察和分析，认为西夏属于"宗法封建制"（参见漆侠、乔幼梅《辽夏金经济史》第十四章，河北大学出版社1994年版，第240—263页）。
② 漆侠、乔幼梅：《辽夏金经济史》，河北大学出版社1994年版，第240页。
③ （宋）李焘：《续资治通鉴长编》卷162"庆历八年春正月辛未"条，中华书局1985年点校本，第3901—3902页。
④ （元）脱脱等：《宋史》卷191《兵志五·蕃兵》，中华书局1977年点校本，第4755—4756页。

职,"因其俗以为法。其大首领,上自刺史下至殿侍,并补本族巡检,次首领补军主、指挥使,下至十将,第受廪给",以此来笼络沿边党项各部。但即便如此,这些党项部族也往往是"众心以非主家,莫肯为用"①。这些党项宗族有自己的"大首领",还有各级"首领",说明各宗族内部等级森严,统治非常严密,宋朝也正是看准了这些首领在各自宗族内的绝对权威地位才"因其俗以为法",通过笼络各级首领以期达到招抚的目的。

西夏党项宗族所属的民户,在宗法封建制下被牢牢控制在各宗族之内。除了这些宗族的族属民户外,各宗族还拥有大量的外来散户以及在战争中掳掠来的"生口"。"逐部族今所存者,却有外来散户依附其间,或是连亲,或即庸力,混杂居处,例各年深。"②无论是"连亲"的党项民户,还是作为外来户的"庸力",必须依附于各宗族才能生活下去,他们和各大宗族形成了附属关系。而对外战争中掳掠来的大量"生口",很多也是作为各宗族的奴隶为党项贵族劳作。可以看出,"党项的强宗大族不仅是一个具有宗法血缘关系的社会组织,而且他们有着自己的'地分'或'族界',有着世世代代相承的首领,和包括'庸力'在内的依附民和奴隶,形成一个生产有机体,同时还有着武装力量维护这个共同体的内部秩序,以及反对外族的掠夺,显然是一个地地道道的独立王国"③。各个独立王国,如同一棵大树的各个枝干,共同维系着西夏国家这棵大树,而各宗族所属的各类民户,就如同各个枝干上的树叶,只有依附于树干才能生存下去,他们被牢牢地吸附在各宗族之内,自然组织动员大规模的群体进行反抗斗争的困难就大得多。

其二,西夏实行全民皆兵制,各宗族都拥有自己的武装力量,宗族越强大,其控制的武装力量也就越强大。宗族首领,不仅是西夏国家军队的各级统帅,而且也是政治上大大小小的统治者,无论战时、

---

① (元)脱脱等:《宋史》卷191《兵志五·蕃兵》,中华书局1977年点校本,第4756页。

② (明)黄淮、杨士奇编:《历代名臣奏议》卷343《夷狄》,上海古籍出版社2012年影印本,第4463页。

③ 漆侠、乔幼梅:《辽夏金经济史》,河北大学出版社1994年版,第245页。

西夏没有爆发大规模人民起义原因探析

平时，他们都享有很高威望，因此西夏宗族内部的纪律非常严明，行动整齐划一。宋朝的签书陕西经略安抚判官田况在其《上兵策十四事》中就谈道：

> 西贼首领，各将种落之兵，谓之"一溜"，少长服习，盖如臂之使指，既成行列，举手掩口，然后敢食，虑酋长遥见，疑其语言，其整肃如此。①

"种落之兵"，实际上就是各宗族的成丁，他们从小就服从于部落首领的统治，成丁后跟随部落首领游牧、作战，对首领唯命是从，自然部落首领对他们的控制也就非常牢固。

其三，西夏政权建立以后，除了仿照宋朝建立了一系列官制，完善行政机构以巩固统治之外，还制定了严刑酷法，充实国家机器，加强对人民的控制和镇压。元昊"案上置法律"②，"峻诛杀，以兵法部勒诸羌"③。足见他对于完备法律制度，如何规范人民生活、防止人民反抗，是非常重视的。夏仁宗时颁行的《天盛改旧新定律令》（以下简称《律令》），就是一部仿宋朝政书编修的西夏政治制度和法令的汇编。夏神宗时还有《光定猪年新法》的编纂。同时，西夏还颁行了军法《贞观玉镜将》。各种法律的颁行和修订，自然是利用国家机器来控制和防范人民。

与宋朝相比，西夏的刑罚很严酷，这是西夏刑法的一个特点。西夏在与周边各民族政权对抗期间，往往处于弱势地位，因此为了保障党项贵族的专制统治，西夏对那些不忠于王朝的谋反、叛逃等行为会进行严厉的惩罚。西夏法典《律令》第一卷第一门就是"谋逆门"，第三门是"背叛门"，反映出西夏对谋逆、背叛罪行的高度重视。其

---

① （宋）李焘：《续资治通鉴长编》卷132"庆历元年五月甲戌"条，中华书局1985年点校本，第3136页。
② （宋）李焘：《续资治通鉴长编》卷111"明道元年十一月壬辰"条，中华书局1985年点校本，第2593页。
③ （宋）李焘：《续资治通鉴长编》卷115"景祐元年十月丁卯"条，中华书局1985年点校本，第2704页。

中"谋逆门"第一条（包含若干小条）规定：

> 欲谋逆官家，触毁王座者，有同谋以及无同谋，肇始分明，行为已显明者，不论主从一律皆以剑斩，家门子、兄弟节亲连坐、没畜物法按以下所定实行。
>
> ……
>
> 谋逆者之伯叔、姨、侄等同居不同居一样，当随其连坐，应易地而居，无疑者当遣往边地，有城则当终身守城，无城入边军中，疑者则当于内地记名。
>
> ……
>
> 谋逆人中，或以语言摇动众心未得，以威力摄人导引未能等者，造意、同谋皆以剑斩，父母、妻子、子女等当连坐，应易地而居，送边地守城，终身在军中。①

"背叛门"对那些策划叛逃、为敌国提供情报等行为亦采取最严厉的惩治措施：

> 诸人议逃，已行者造意以剑斩杀，各同谋者发往不同地守边城无期徒刑，做十三年苦役。主、从犯一样，自己妻子、儿女当连坐，当入牧农主中。
>
> ……
>
> 诸人议叛逃未行者，造意绞杀，从犯迁居异地，当持守边地城中无期徒刑，做十二年苦役。
>
> ……
>
> 诸人往来敌界，提供密事，及为敌人侦察、隐藏等者，其人计划投降他国，则与叛逃同样承罪，家门连坐，畜物没收，当依叛逃已行法办。所捕获侦察者，皆以剑斩之。②

---

① 史金波、聂鸿音、白滨译注：《天盛改旧新定律令》卷1《谋逆门》，法律出版社2000年版，第111、113页。

② 史金波、聂鸿音、白滨译注：《天盛改旧新定律令》卷1《背叛门》，法律出版社2000年版，第115—117页。

西夏没有爆发大规模人民起义原因探析

计划谋逆之人，即使是从犯，也要被处死；商议叛逃的人，即使没有付诸行动，也要被斩杀。西夏刑罚之严酷，于此可见一斑。将西夏《律令》和宋朝《宋刑统》进行对比，我们可以发现，宋朝的徒刑最长为三年，有一年、一年半、两年、两年半、三年五种。西夏的徒刑分为三个月、六个月、一年、两年、三年、四年、五年、六年、八年、十年、十二年、二十年、无期徒刑共13种，其中三个月至六年为短期徒刑，八年、十年、十二年为长期徒刑，最长为无期徒刑，并且在获徒刑时还要增加杖刑。可见西夏的短期徒刑的判处，有时比宋朝的长期徒刑还要重。① 如此严酷苛刻的刑罚，对于西夏的人民起义自然有很大的威慑作用。

其四，西夏从建立到灭亡，对外战争连绵不断，民族矛盾一直很尖锐。西夏立国之后不久，从天授礼法延祚三年（1040）开始，夏宋之间爆发了三次大规模的战争——三川口、好水川、定川寨之战。三次大战，西夏尽管没有占领北宋的大片领地，但掳掠了大量的人口和财富，然而耗费的人力、财力也更大。在夏、宋两国都因战争而大耗国力后，两国遂达成了暂时的和平相处局面，但夏辽关系却马上紧张起来。天授礼法延祚七年（1044），辽兴宗亲自统率大军攻打西夏，结果被西夏击败。延嗣宁国元年（1049），辽朝乘李元昊已死、夏国继立的新主李谅祚年幼之机，再次伐夏。这场夏辽战争前后持续了五年多，最终以李谅祚向辽朝"进降表"而告一段落。

西夏中期，夏宋之间的矛盾和冲突又尖锐起来，双方在边境的争夺更为激烈。这一时期，双方大大小小的战争不断，大规模的战争主要有熙和之战、灵州之战等。西夏正德元年（1127），北宋被金朝攻灭，其与西夏毗邻的边地被金朝攻占，南渡的宋朝与西夏没有领土接壤，夏宋之间的"时战时和、战多和少"的局面最终结束。② 西夏后期，金朝和蒙古对西夏的威胁越来越大，尤其是新兴

---

① 参见史金波《西夏社会》，上海人民出版社2007年版，上册，第262—263页；杜建录《〈天盛律令〉与西夏法制研究》，宁夏人民出版社2005年版，第244页。

② 参见王天顺主编《西夏战史》，宁夏人民出版社1993年版，第229页。

西夏元史研究论稿

的蒙古。夏金之间也多次爆发冲突，后来蒙古势力日渐强盛，夏金曾一度结盟共同对抗蒙古，但不久盟约破裂。蒙古为了攻灭西夏，先后发动了六次军事进攻，1227年，蒙古通过激烈、残酷的战争最后终结了西夏王朝。

纵观西夏历史，在其立国近二百年的时间里，西夏与周边各民族政权（包括吐蕃）之间，爆发了难以数计的大大小小的战争。无论是与北宋、辽、金，还是与蒙古作战，相对而言西夏均是一个比较弱小的民族政权。弱小的民族政权在与各大国长期对抗、作战期间，如果民族凝聚力不强，民族的生存意识不浓厚，那么这个弱小的政权便很难生存下去。这种很强的民族凝聚力，浓厚的民族生存意识，突出的民族矛盾，在很大程度上削弱、缓和了国内比较尖锐的阶级矛盾。

其五，辽、夏、金都是以少数民族为主体建立的王朝，但与辽、金相比，西夏统治者能够推行较为平等的民族政策，这有利于平衡党项各宗族的利益，缓解各民族之间的冲突，协调国内各民族之间的关系。辽朝实行的是蕃汉分治的统治方式，而西夏则实行的是蕃汉联合而治的统治方式，后者更有利于党项贵族笼络国内各民族的代表。

法律往往是一个多民族国家各民族是否平等的测量器。辽、金的法律，都体现出两国具有民族歧视的民族政策，但相较而言，西夏的法律则体现出较为平等的民族政策。辽朝法律明确规定："契丹及汉人相殴致死，其法轻重不均。"金朝的法律对待女真人和其他民族，也有明显的不平等的规定，如女真人打伤或杀死汉人、契丹人，无罪，但汉人对女真人若有触犯，则往往处以重刑，甚至处死，导致女真人常常无故殴打甚至杀死汉人。

金朝法律体现出的民族不平等，源于女真统治者推行的以女真为本的民族歧视政策。金朝在世宗时期国力趋于鼎盛，但号称"小尧舜"的金世宗完颜雍，骨子里即是一位具有严重民族歧视的皇帝。他曾指责提倡民族平等的大臣唐括安礼说："朕谓卿有知识，每事专效汉人、若无事之际可务农作，度宋人之意且起争端，国家有事，农作奚暇？卿习汉字，读《诗》《书》，姑置此以讲本朝之法。前日宰臣皆女直拜，卿独汉人拜，是邪非邪，所谓一家者皆一类也，女直、汉人，其实则二。朕即位东京，契丹、汉人皆不往，惟女直人偕来，此可谓一类乎。"① 他认为契丹人也是次等民族，"异时或有边衅，契丹岂肯与我一心也哉？"② 所以应该加以监视，采取措施进行分化、同化。汉人更是劣等民族，是女真贵族剥削和压迫的对象。他对汉人的歧视更为明显：限制女真人与汉人通婚，限制女真人姓汉姓，穿汉人服装，甚至把汉人又分为北人和南人。

尽管《律令》明确记载，番、汉、西番、回鹘等职官共职时，如果"名事同，位相当者"，当以番人为上，体现出党项人的优越性，但这与辽金明显的民族歧视政策是不同的。西夏的法律条文中，就没有区别对待党项人和汉人的不同的刑罚规定。相反，党项统治者却非常重视汉族知识分子，很多有才能的汉人往往能被党项贵族委以重任，如李继迁、李德明时期的张浦，李元昊时期的张元、吴昊等。李谅祚对俘获或归附的汉人更是礼遇，"每得汉人归附，辄共起居，时致中国物，娱其意，故近边蕃汉乐归之"③。与宋作战时俘获的苏立、归附的景询，都受到谅祚的重用。而西夏"宗族、世家议功、议亲"者，则"俱加蕃汉一等"④。

此外，西夏地方行政编制除州县以外，还在少数民族聚居地区设有郡、府等带有明显的处理民族事务性质的地方行政机构。如元昊建国后，就以肃州（治今甘肃酒泉）为蕃和郡，甘州（治今甘肃张掖）为镇夷郡，置宣化府。这种特殊的地方行政机构的建立，除了有加强军事震慑的作用之外，更重要的则是执行民族宣抚任务。蕃和郡、宣化府的设置，便于就地处理有关吐蕃、回鹘等族事宜，对于化解西夏国内各民族之间的矛盾和冲突无疑是有积极作用的。

其六，西夏统治阶级在崇尚儒学的同时，大力推行佛教，提倡道教，同时境内也流传伊斯兰教和景教。利用各种宗教尤其是佛教，从精神上控制人民，这也是西夏没有爆发大规模人民起义的一个原因。

---

① （元）脱脱等：《金史》卷88《唐括安礼传》，中华书局1975年点校本，第1964页。
② 同上书，第1965页。
③ 龚世俊等：《西夏书事校证》卷21，甘肃文化出版社1995年版，第243页。
④ 龚世俊等：《西夏书事校证》卷32，甘肃文化出版社1995年版，第371页。

众所周知，佛教宣扬"生死轮回，因果报应"的"来世"说，主张人们要忍受现实世界的痛苦，要行善，要逆来顺受，把美好的希望寄托在"来世"。"来世"说导致的结果，使人们的思想意识深处，服从、恭顺、忍让占据了主导地位，因此西夏对佛教的提倡可以说是不遗余力。关于西夏崇尚佛教的各种记载史不绝书，出土的西夏文献中，佛经占了相当大的比重，也是明证。兹引几种碑刻资料为例。西夏大庆三年（1038）李元昊称帝建国之前，命其主要谋臣张陟撰文《大夏国葬舍利碣铭》，其中称赞李元昊"钦崇佛道……是致东土名流，西天达士，进舍利一百五十颗，并中指骨一节，献佛手一枝，及顶骨一方"，为此"下通掘地之泉，上构连云之塔"，安葬舍利，以保佑西夏国祚绵长，"天长地久兮，庶几不倾"①。甘肃出土的天祐民安五年（1094）所立《西夏凉州重修护国寺感应塔碑》记载，西夏统治者对于"释教，尤所崇奉，近自畿甸，远及荒要，山林磎谷，村落坊聚，佛宇遗址，只椽片瓦，但仿佛有存者，无不必葺"②。而西夏统治者往往将大型的佛事活动与庆典结合起来，以一种国家政治生活的方式来对待佛事活动，这就把人们的佛教信仰顺其自然地引导到维护党项贵族的专制统治上来。夏毅宗李谅祚天祐垂圣元年（1050）"幼登宸极"，皇太后即"承天顾命"，令建承天寺瘗佛顶骨舍利，"大崇精舍，中立浮图，保圣寿以无疆，俾宗祧而延永"③，为幼皇登基而兴建佛寺。护国寺修缮完成之后，"诏命庆赞，于是用鸣法鼓，广集有缘，兼启法筵……特赐黄金一十五两，白金五十两，衣著罗帛六十段，罗锦杂幡七十对，钱一千缗，用为佛常住。又赐钱千缗，谷千斛，官作四户，充番汉僧常住，俾晨昏香火者有所资焉，二时斋粥者有所取焉。至如殿宇廊庑，僧坊禅窟，支颓补□□一物之用者，无

---

① （西夏）张陟：《大夏国葬舍利碣铭》，载杜建录《党项西夏碑石整理研究》，上海古籍出版社2015年版，第192页。
② 《西夏凉州重修护国寺感应塔碑铭》，载杜建录《党项西夏碑石整理研究》，上海古籍出版社2015年版，第155页。
③ 《夏国皇太后新建承天寺瘗佛顶骨舍利轨》，载杜建录《党项西夏碑石整理研究》，上海古籍出版社2015年版，第193页。

不仰给焉，故所须不匮，而福亦无量也"①。西夏利用佛教及其他各种宗教来控制人民的思想，化解社会矛盾，消磨反抗意志，有助于防范大规模人民起义的爆发。

其七，就西夏统治阶级自身而言，由于西夏是一个小国，在与周边各政权对抗之中一直处于劣势地位，所以他们往往具有比较强烈的民族危机感，因此他们善于检点自己的过错，这对改善西夏统治者和被统治者之间的对立关系、缓和国内阶级矛盾也有一定的积极作用。

宋、辽、金、蒙古，前后与西夏战事不断的几个政权，远比西夏人多地广，势力雄厚，这种不平衡的对抗就促使西夏统治阶级在一定程度上注意保持警醒的作风，注重维护团结，防范国内阶级矛盾的激化。如西夏母党梁氏专权时，因穷兵黩武，造成国内矛盾激化，于是群臣以"国家用兵过多，请息民力"为言，"梁氏善之"，并随即采取了与辽、宋修好的策略。② 乾顺时期，西夏将领仁多洗忠战死熙和之役，其子年幼，仁多保忠向朝廷求册封，乾顺为了安抚和笼络仁多家族，"命以廪禄赐其家"③。贞观十二年（1112），乾顺命大臣"直言得失"，御史大夫谋宁克任上疏言事，乾顺"善之"④。人庆二年（1145），仁孝"下诏求直言"⑤。天盛七年（1155），仁孝猎于贺兰原，有骏马损足，仁孝欲杀治道者，这时侍从阿华劝谏说："田猎非人主所宜。今为马多杀，贵畜贱人，岂可闻于四境乎？"仁孝"讶而止"，并"赐银币奖之，以愧从臣之不言者"⑥。晋王察哥搜刮民财，"有园宅数处，皆攘之民间者，仁孝令悉还其主"⑦。天盛十五年（1163），因国内豪右大族崇尚奢侈，攀比夸富，于是仁孝"大禁奢

---

① 《西夏凉州重修护国寺感应塔碑铭》，载杜建录《党项西夏碑石整理研究》，上海古籍出版社2015年版，第156页。
② 龚世俊等：《西夏书事校证》卷28，甘肃文化出版社1995年版，第323页。
③ 龚世俊等：《西夏书事校证》卷31，甘肃文化出版社1995年版，第359页。
④ 龚世俊等：《西夏书事校证》卷32，甘肃文化出版社1995年版，第371页。
⑤ 龚世俊等：《西夏书事校证》卷36，甘肃文化出版社1995年版，第415页。
⑥ 同上书，第422页。
⑦ 同上。

侈"之风。① 西夏亡国前夕，国事吃紧，献宗德旺下令"求直言"，殿中御史张公辅上疏陈经国事，德旺"善其辞切，擢为御史中丞"②。

上述史料，说明西夏统治者有善于检点自己过失的一面，对不同意见也多能采纳，尤其是仁孝，更是鼓励臣下直言。西夏能够与强于自己的各政权对抗近二百年之久，统治阶级自身的素质无疑也是一个很重要的因素。

（原载《固原师专学报》1993年第4期）

---

① （元）脱脱等：《宋史》卷486《夏国传》，中华书局1977年点校本，第14025页。
② 龚世俊等：《西夏书事校证》卷42，甘肃文化出版社1995年版，第493—494页。

西夏兵器及其在中国兵器史上的地位

西夏兵器种类较多，其中夏人剑、神臂弓、瘊子甲等制作精良，工艺精湛，在当时已十分驰名，甚至连宋朝的皇帝和文人也非常喜欢，有的还随身佩戴，由此可见其制作工艺之先进，亦可体现出西夏兵器在中国兵器史上的地位。

一　西夏的兵器

兵器也即武器。"武器"的含义有两种：一种是指直接用于杀伤敌人的有生力量和破坏敌方作战设施的器械、装置；另一种则泛指进行斗争的工具。本文所讨论的西夏兵器，取后一种含义，即泛指西夏一切军用器械。综合西夏文文献《律令》《文海》《贞观玉镜将》《番汉合时掌中珠》《俄藏黑水城文献》的相关西夏文部分，以及《续资治通鉴长编》、宋人笔记、《宋史》等汉文史料，再结合考古发掘的西夏兵器实物资料及西夏绘画资料，如安西榆林窟西夏3窟的《千手经变》等，我们可以统计出西夏的兵器主要有：刀、枪（又称矛）、剑、棍、矛杖（又称长矛杖）、叉、斧（钺）、钩、锤、弓、箭、弩、戟、金刚杵、月牙铲、铁笊篱、铁蒺藜、背索、锹、镢、披、甲、盔、盾、铁衣、囊、革、缚袋、木橹、幕梁、帐、符牌、印、旗、鼓、金、铁绳索、勿串、板门、石炮、旋风炮、火蒺藜、对垒、木鹅梯冲、云梯革洞、浑脱、马鞍、马镫、马衔，等等。

按用途，上述兵器可以分为进攻性兵器、指挥用具、防守器械和军马用具。其中进攻性兵器又大致可分为格斗、远射、卫体及攻城器械四类，而格斗类兵器占多，如刀、枪、剑、棍、叉、斧、钩、锤、戟、金刚杵、月牙铲等；远射类如弓、箭、弩等；卫体类如披、甲、盔、盾、铁衣、缚袋、木橹、幕梁、帐等；攻城器械如旋风炮、石炮、火蒺藜、对垒、木鹅梯冲、云梯革洞、背索等。火蒺藜是西夏从宋人那里学来的用作攻城的火器，说明西夏已不单单使用冷兵器，也使用火器，但在作战中仍以冷兵器为主；浑脱、革、囊等是西夏水兵的渡河战具。指挥用具则有符牌、印、旗、鼓、金等。防守器械如铁蒺藜、铁绳索、勿串、板门等。军马用具如马鞍、马镫、马衔等。进攻性兵器的制作材料以铁为主，此外也有铜、瓷、木制的兵器，如铜标枪、铜铠甲、铜牌、瓷蒺藜、木橹、木符、木契等。① 史籍中还提到金刀、金剑、金枪等兵器，② 乃是以金、银镀饰，主要是作为装饰品或身份的象征。

　　西夏的兵器以铁为主要原料，尽管其国境内茶山、葭芦山等也含有铁矿，但铁的产量还是有限，"国中乏铁"③，仍需仰给境外的输入。《文海》对"矿"的解释是："石也，神石也，铁种种宝出处也。"④ 西夏法律规定，"诸大人、承旨、习判、都案、案头等不赴任上及超出宽限期，又得职位官敕谕文已发而不赴任等，一律超一二日罚五斤铁，三四日十斤铁"⑤，这从一个方面也说明西夏是比较缺铁的。所以夏人往往在边境市场多方收买兵器，或派出赴宋使团申请购买兵器，或在邻国打制好兵器后再运回本国，或大量吸收和套购铜、铁钱作为制作兵器的原料。鉴于此，辽、北宋、金都曾限制西夏在其境内采购交易，甚至禁止铜、铁的出口。

---

　　① 白滨：《西夏文物考古的新发现及其研究》，《北方文物》1991年第4期；史金波、聂鸿音、白滨译注：《天盛改旧新定律令》卷5《季校门》，法律出版社2000年版，第232页。另请参见宁夏银川市西夏王陵西夏博物馆陈列品。
　　② 史金波、聂鸿音、白滨译注：《天盛改旧新定律令》卷7《敕禁门》，法律出版社2000年版，第282页。
　　③ 龚世俊等：《西夏书事校证》卷36，甘肃文化出版社1995年版，第423页。
　　④ 史金波、白滨、黄振华：《文海研究》，中国社会科学出版社1983年版，第507页。
　　⑤ 史金波、聂鸿音、白滨译注：《天盛改旧新定律令》卷10《失职宽限变告门》，法律出版社2000年版，第351页。

西夏兵器及其在中国兵器史上的地位

契丹重熙二年（1033），党项遣使贡辽，其使臣返回时，"沿路私市金、铁"，辽兴宗下令禁之。①夏拱化元年（1063），谅祚遣人私与契丹民市易，辽道宗下诏"禁民鬻铜于夏"②。宋朝更是多次敕令兵器及铜、铁等金属不得私自售予西夏。早在开宝三年（970），宋太祖就下诏，"铜铁不得阑出蕃界及化外"③。西夏天授礼法延祚八年（1045）九月，宋仁宗"诏河东、陕西缘边州军，有以堪造军器物鬻于化外者，以私相交易律坐之，仍编管近里州军"④。对私自售予西夏军器制作原料的军民，以违律论处。金代史料中，也可见关于"铁禁"的相关记载。金朝占领关右以后，曾于兰州、保安、绥德等处置榷场与西夏贸易，但因"夏国与陕西边民私相越境，盗窃财畜，奸人托名榷场贸易，得以往来，恐为边患。使人入境与富商相易，亦可禁止"⑤，于是，罢绥德榷场，只存东胜、环州等处。仁孝表请复置兰州、保安、绥德榷场如旧，并请求金朝允许使人入界相易用物，金朝依然严加限制。天盛十年（1158），西夏立通济监铸"天盛永宝"钱，与金朝的"正隆通宝"并用，但被金主完颜亮禁止。⑥尽管辽、宋、金等朝均限制铜、铁等原材料流入西夏，但这对西夏的兵器制造并没有产生太大的影响。

西夏政府设有铁工院、木工院等机构，当与兵器制作有关。各种兵器的制作有专门的工匠，如弓箭匠、披铠匠、枪柄匠、箭袋匠、铁匠、绳索匠、毡匠、炮工等，⑦此外还有铸钨匠、销金匠、扎抓、鞘鞴匠、鞴辔匠、鞍匠、甲匠、镞匠、镞剪、剡刀、木匠等，⑧可能与

---

① （元）脱脱等：《辽史》卷18《兴宗纪》，中华书局1974年点校本，第215页。
② （元）脱脱等：《辽史》卷115《二国外记·西夏》，中华书局1974年点校本，第1527页。
③ （元）脱脱等：《宋史》卷185《食货志·坑冶》，中华书局1977年点校本，第4524页。
④ （宋）李焘：《续资治通鉴长编》卷157"庆历五年九月戊戌"条，中华书局1985年点校本，第3801页。
⑤ （元）脱脱等：《金史》卷134《西夏传》，中华书局1975年点校本，第2870页。
⑥ 龚世俊等：《西夏书事校证》卷36，甘肃文化出版社1995年版，第423页。
⑦ 史金波、聂鸿音、白滨译注：《天盛改旧新定律令》卷20《罪则不同门》，法律出版社2000年版，第616页。
⑧ 参见杜建录《西夏经济史》，中国社会科学出版社2002年版，第218—221页。

17

兵器制造也有关系，足见兵器制造分工精细而明确。据《律令》卷6《官披甲马门》的规定，"所得敌人中，允许依私毁而打制新好战具、坚甲，亦可卖于官私所当卖处"，说明西夏存在私营兵器制造作坊，兵器有官、私两种经营方式，有固定的经销点，国家对私营兵器实行严密监控。

从《律令》来看，到西夏后期，各种兵器的制作都有统一的标准，如枪杆的长度为11尺，务求一律。狱杖"以柏、柳、桑木为之，长三尺一寸。头宽一寸九分，头厚薄八分，杆粗细皆为八分，自杖腰至头表面应置筋皮若干，一共实为十两"①。则矛杖一类的兵器，可能与狱杖的制作规格类似。披、甲、袋等以毡加褐布、革或兽皮制成，不管哪一种材料，一定要做得牢固耐用。②

其中，披的制作规格是：

"河"六，长一尺八寸，下宽三尺九寸；颈五，长一尺五寸，头宽一尺七寸，下宽九寸；背三、长九寸，下宽一尺七寸；喉二，长宽同六寸；末尾十，长二尺八寸，下宽二尺九寸，头宽一尺七寸；盖二，长七寸，下宽一尺，头宽八寸。③

甲的制作规格是：

胸五，头宽八寸，长一尺四寸；背七，头宽一尺一寸半，长一尺九寸；尾三，长一尺，下宽一尺四寸；头宽一尺一寸；胁四，宽八寸；裾六，长一尺五寸，下宽二尺四寸半，头宽一尺七寸；臂十四，前手口宽八寸，头宽一尺二寸，长二尺四寸；□目下四，长八寸，口宽一尺三寸；腰带约长三尺七寸。④

---

① 史金波、聂鸿音、白滨译注：《天盛改旧新定律令》卷9《行狱杖门》，法律出版社2000年版，第324页。

② 史金波、聂鸿音、白滨译注：《天盛改旧新定律令》卷5《军持兵器供给门》，法律出版社2000年版，第228页。

③ 同上书，第229—230页。

④ 同上书，第229页。

幕梁是行军中使用的帐篷，"织毛为幕，而以木架"①。浑脱是西夏水兵渡河所用战具，"其渡如飞"，正如明人李开先《塞上曲》云："黄河万里障边隅，黠虏年来谋计殊。不用轻帆与短棹，浑脱（音驼）飞渡只须臾。"②宋、辽军中亦有此战具。其制作程序是：宰牛、羊后，割去头部，掏去骨肉，将外皮浸入水中3—4日，至有异臭后在烈日下暴晒1日，去毛洗净，灌食盐、水、油，再至烈日下暴晒4—5日，待皮成红褐色即可。使用时用嘴或工具充气，扎紧充气孔，即可浮于水面。可见，西夏的浑脱和元朝的革囊基本一致。元代的革囊也叫馄饨。"馄饨，即《元史》所载革囊也。不去毛而氄剥毅皮，扎三足，一足嘘气其中，令饱胀，扎之，骑以渡水。本蒙古渡水之法，曰'皮馄饨'。元世祖至其宗，革囊渡江。夷人仿而习之，至今沿其制。"③时至今日，宁夏中卫市沙坡头等旅游景区，仍在使用以浑脱制作的羊皮筏子摆渡游客。

刀、剑、枪等铁制兵器，分生铁和熟铁打制。西夏法律规定，打制斩刀、屠刀、镬头、斧头等粗铁器，"一斤耗减八两"；打制火锹、锹头、城叉、辔衔铁、镫等细铁器，"一斤耗减十两"；打制刀剑、枪下刃等水磨铁器，"一斤耗减十一两"④。制作十分精细，尤其是制作过程中已完成了"淬火"和"回火"两道重要工序。淬火是将钢加热到临界点温度以上，保温后进行快速冷却的热处理方法。回火是将淬火后的钢重新加热到临界点温度以下，保温后冷却，目的是改善淬火后的钢的性能，消除其内应力。通过这两道工序的配合，大大增强了兵器的韧性。以这种方法制出来的"夏人剑"，与契丹鞍、高丽秘色等被宋太平老人誉为"天下第一"⑤。北宋著名的文学家晁补之作诗称赞说："红妆拥坐花照酒，青萍拔鞘堂生风。螺旋铓锷波起脊，

---

① （元）脱脱等：《宋史》卷486《夏国传》，中华书局1977年点校本，第14028页。
② （明）李开先：《李中麓闲居集》卷4《七言绝句》，《四库全书存目丛书》，齐鲁书社1997年影印本，集部，第92册，第496页。
③ （清）余庆远：《维西见闻纪·物器》，《西南民族文献》第4卷，兰州大学出版社2003年影印本，第329页。
④ 史金波、聂鸿音、白滨译注：《天盛改旧新定律令》卷17《物离库门》，法律出版社2000年版，第555—556页。
⑤ （宋）太平老人：《袖中锦》，《丛书集成》初编本，中华书局1985年版，第1页。

白蛟双挟三苍龙。试人一缕立褫魄，戏客三招森动容。东坡喜为出好砺，洮鸭绿石如坚铜。收藏入匣人意定，蛾眉稍进琉璃钟。"① 在西夏人看来，刀、剑是兵器的代表，是兵器中的"利器"。西夏文辞书《文海》解释"利器"为"一切刀剑巧之名"②。可见刀剑是他们引以为豪的兵器。

在兵器冶炼过程中，西夏人也掌握了冷锻硬化的先进工艺，用这种工艺制作出来的瘊子甲，"坚滑光莹，非劲弩可入"③。沈括记载瘊子甲的制作方法是：

> 青堂羌善锻甲，铁色青黑莹彻，可鉴毛发，以麝皮为缃旅之，柔薄而韧。镇戎军有一铁甲，椟藏之，相传以为宝器，韩魏公帅泾原曾取试之，去之五十步，强弩射之不能入，尝有一矢贯札，乃是中其钻空，为钻空所刮，铁皆反卷，其坚如此。凡锻甲之法，其始甚厚，不用火，冷锻之，比元厚三分减二乃成，其末留箸头许不锻，隐然如瘊子，欲以验未锻时厚薄，如浚河留土笋也，谓之"瘊子甲"。今人多于甲札之背隐起伪为瘊子，虽置瘊子，但元非精钢，或以火锻为之，皆无补于用，徒为外饰而已。④

所谓"比元厚三分减二乃成"，即"冷锻形变量控制在70%左右，这是符合冷锻加工的科学规律的"⑤。形变量过大，工件的脆性大增；形变量过小，则工件的强度较差。可见，西夏冷锻甲的制作水平是很高的。正因如此，夏人锻造的瘊子甲，被宋人当作宝器收藏，就连宋将韩琦也久闻其名。瘊子甲流传至宋朝后，因名声大噪，甚至

---

① （宋）晁补之：《鸡肋集》卷10《赠戴嗣良歌时罢洪府监兵过广陵为东坡公出所获西夏刀剑东坡公命作》，《四部丛刊》初编本。
② 史金波、白滨、黄振华：《文海研究》，中国社会科学出版社1983年版，第417页。
③ （宋）李焘：《续资治通鉴长编》卷132"庆历元年五月甲戌"条，中华书局1985年点校本，第3137页。
④ （宋）沈括撰，金良年点校：《梦溪笔谈》卷19《器用》，中华书局2015年版，第187页。
⑤ 苏冠文：《西夏军队装备述论》，《宁夏社会科学》2000年第6期。

有人仿造此甲，并特意留出"瘊子"，但只不过是骗人的把戏而已，质地与夏人的"瘊子甲"已相去甚远。

　　为了保持冶铁过程所需的持续高温，西夏冶铁业中已开始使用竖式双扇风箱。安西榆林西夏壁画中有一幅图，学界通常称为《锻铁图》，图中描绘了西夏人正在打铁的情景。其中所绘鼓风设备，即是这种竖式双扇风箱。这种风箱能推拉互用，可以将风连续吹入锻炉，从而使炉膛始终保持所需高温。① 竖式双扇风箱比韦囊鼓风更进了一步，是后世抽拉风箱的前身，在当时处于领先地位。

　　从出土的实物来看，西夏的刀剑规格、形状各不相同。内蒙古准格尔旗出土的西夏铁刀，宽背，直刃，刃横断面呈三角形。通长39.4厘米，刃宽4.8—6.5厘米，把长8厘米。② 伊金霍洛旗牛其圪台窑藏西夏铁刀呈平背直刃，残长13.5厘米，宽1.2厘米；根皮庙出土西夏铁刀则是弧背凹刃，背较厚，残长8.5厘米。③ 西夏军人的铁剑有两种类型：一种又宽又长、双刃，顶断稍窄，剑柄附有平衡饼（被宋人誉为"天下第一"的"夏人剑"当属这一类）；另一种是又短又弯的宽剑。④ 银川西夏陵出土的铁矛长17厘米，插杆一端直径3.5厘米。⑤ 此外，西夏博物馆展出的陈列品中亦有铁矛、铁剑等出土实物。

　　神臂弓是西夏又一驰名的远射兵器，对此沈括《梦溪笔谈》有明确记载：

　　　　熙宁中李定献偏架弩，似弓而施干镫，以镫距地而张之，射
　　　三百步，能洞重札，谓之"神臂弓"，最为利器。李定本党项羌

---

① 王静如：《敦煌莫高窟和安西榆林窟中的西夏壁画》，《文物》1980年第9期。
② 内蒙古伊克昭盟文物工作站：《准格尔旗发现西夏窖藏》，《文物》1987年第8期。
③ 高毅、王志平：《内蒙古伊金霍洛旗发现西夏窖藏文物》，《考古》1987年第12期。
④ 艾尔米塔什博物馆陈列品，第67—70、47号。参见［俄］捷连提耶夫-卡坦斯基《西夏书籍业》，王克孝、景永时译，宁夏人民出版社2000年版，第148页。
⑤ 宁夏回族自治区博物馆：《西夏陵区101号墓发掘简报》，《考古与文物》1983年第5期。

西夏元史研究论稿

酋，自投归朝廷，官至防团而死，诸子皆以骁勇雄于西边。①

据此可知，神臂弓应该是党项人的兵器，实为一种蹶张弩（以脚蹬弩之括机发射），而并不是真正的弓。神宗时期党项部落首领李定叛夏，将此兵器的制作技术传入宋朝，李定也由此获得宋朝官职。关于神臂弓，学界已有不少研究成果，吴天墀《西夏史稿》、史金波《西夏·党项史料正误三则》②以及刘兴全、吴炎《党项"神臂弓"考》③均有讨论。近年来，宁夏大学西夏研究院彭向前又撰文两篇，④做了进一步的探讨。他以《宋会要》《文献通考》《宋史》《梦溪笔谈》《容斋三笔》《曲洧旧闻》以及高承《事物纪原》、王应麟《玉海》、章如愚《群书考索》等史料为依据，在以往学者研究的基础上，指出《宋会要》的记载是第一手资料，具有原始性、可靠性，其余记载皆为第二手资料。向宋朝献神臂弓的党项羌酋名叫"李宏"，而不是"李定"。西夏语将这种兵器称作"镫弓箭"，或简称"镫弓"。因此，向宋朝献弓的党项部落首领，到底是李定还是李宏，尚需做进一步考证。

明代《武备志》对神臂弓的规格尺寸有详细记载："弩身通长三尺二寸，两弭各长九寸二分，两闪各长一尺一寸七分，弝长四寸，通长四尺五寸八分，弦长二尺五寸，箭没羽长数寸。"⑤弭指弓末弯曲处，弝指弓背。据此我们对神臂弓的形状及整体尺寸、各构件尺寸都有了明确的了解和认识。

西夏将士所用箭是木羽箭，箭长数寸。箭镞开3尖或4尖，3尖的称"三刃箭"。《文海》对"三刃箭"的解释是："箭簇有三棱之

---

① （宋）沈括撰，金良年点校：《梦溪笔谈》卷19《器用》，中华书局2015年版，第184页。
② 刊于《民族研究》1981年第3期。
③ 刊于《宁夏社会科学通讯》1988年第6期。
④ 彭向前、王巍：《神臂弓创制人考》，《宁夏师范学院学报》2013年第1期；彭向前：《党项人创制的神臂弓》，《文史知识》2016年第6期。
⑤ （明）茅元仪辑：《武备志》卷103《军资乘·战八·器械二·弩》，《中华再造善本》，国家图书馆出版社2013年影印本，明代编·子部。

西夏兵器及其在中国兵器史上的地位

谓也。"① 西夏军队中配备的箭数，不同的将士有不同的规定，其中诸臣僚属的正军，依据官爵高低，所配箭数依次为：

"十乘"起至"胜监"，箭五十枝；
"暗监"起至"戏监"，箭百枝；
"头主"起至"柱趣"，箭百五十枝；
"语抵"起至"真舍"，箭二百枝；
"调伏"起至"拒邪"，箭三百枝；
"涨围"起至"盛习"，箭四百枝；
"茂寻"以上，一律箭五百枝。②

西夏的指挥类兵器中，军旗有军令旗、营门旗等，由旗幅和旗杆组成。作战中如果丢失旗、鼓、金等指挥器械，则要受到相应的军规处罚。③ 符牌的种类更多，就质地而言有银质、铜质、铁质、木质乃至纸质等，其中铜牌符数量多，流布广。从用途来看，主要有信牌、守御牌、宿卫牌及其他牌符。④ 其中《文海》对"信牌"的解释是"官语，执者诸人所信名显用，迅速紧急之燃马上用，故名信牌也"⑤。旋风炮是西夏一种小型单梢杆抛石机，依据转杠杆原理制成，力臂短而重臂长，力臂用绳索拉曳，重臂端放置石弹。支点装有转轴，以减小摩擦。旋风炮可以架设在骆驼背上发射，可攻击约110步乃至更远的城堡上的目标，十分轻便、灵活。

二 兵器的配备和校验

上文从种类以及制作的材料、方法、规格等方面，对西夏兵器做

---

① 史金波、白滨、黄振华：《文海研究》，中国社会科学出版社1983年版，第432页。
② 史金波、聂鸿音、白滨译注：《天盛改旧新定律令》卷5《军持兵器供给门》，法律出版社2000年版，第226—227页。
③ 陈炳应：《贞观玉镜将研究》，宁夏人民出版社1995年版，第66、89页。
④ 杜建录：《试论西夏的牌符》，载漆侠、王天顺主编《宋史研究论文集》，宁夏人民出版社1999年版，第372—375页。
⑤ 史金波、白滨、黄振华：《文海研究》，中国社会科学出版社1983年版，第416页。

23

一简要介绍。下面我们看看西夏兵器的管理制度,这主要体现在兵器配备和校验两个方面。这两方面的材料以《律令》的记载最为集中。现以该书卷5《军持兵器供给门》为据,对西夏军队的武器配备情况列表如下。

西夏军队兵器配备表

属类	军种	甲	披	弓	箭	箭袋	拨子手扣	弦	剑	枪	长矛杖	囊	凿斧头	五寸叉	革	铁笊篱	圆头木橹	有后毡木橹
各种独诱类属	正军	1	1	1	30		1		1	1	1							
	正辅主			1	20		1			1								
	负担			1	20		1		1		1							
牧主	正军			1	60	1	1	1	1	1	1	1						
	正辅主			1	20		1			1								
	负担			1	20		1			1								
农主	正军			1	30		1	1	1	1	1							
	正辅主			1	20		1			1								
	负担			1	20		1			1								
使军所属	正军			1	30		1		1	1								
	正辅主			1	20		1		1									
	负担			1	20		1		1									
诸臣僚属	正军	1	1	1	50—500		1		1	1						1		
	正辅主			1	20		1			1								
	负担			1	20		1		1									
帐门后宿属	正军	1	1	1	100	1	1	1	1	1	1	2	1		1			
	正辅主			1	60													1
	负担			1	20		1			1								

续表

属类	军种	甲	披	弓	箭	箭袋	拨子手扣	弦	剑	枪	长矛杖	囊	凿斧头	五寸叉	革	铁笊篱	圆头木橹	有后毡木橹
内宿后卫等属	正军	1	1	1	100	1	1	1	1	1	1	1	2	1		1	1	
	正辅主				1	60		1			1							1
	负担				1	20		1										
神策内外侍属	正军	1	1	1	50	1	1	1	1	1	1	1	1		1		1	
	正辅主				1	30		1			1							1
	负担										1							

通过该表，我们可以发现，西夏军队的兵器配备具有如下几个特点。

其一，弓、箭以及射箭用的拨子手扣（即指环）是西夏军队最重要的兵器装备，基本上每一位士兵都要配备一套。长矛杖也是西夏军队常备兵器之一，剑、枪是各类正军的必备兵器。

其二，兵器的配备具有十分明显的等级性。同为正军，负责西夏皇室安全的正军要比牧、农主所属正军的装备好，而牧、农主所属正军的装备，又要比下层使军所属正军的装备好。同样是诸臣僚属的正军，箭数的配发则依据官爵的高低而不同，官爵越高，箭数越多。官爵较底的"十乘""胜监"配发50枝箭，而官爵较高的"茂寻"则配发500枝箭，相差10倍。

其三，西夏军队的兵器配备注重实用，即不同的对象配发不同种类和数量的兵器。正军的装备自然要比正辅主和负担优良而齐全，因为正军是西夏军队的主力。担负不同任务的军种，其兵器的配备也不完全相同。

西夏政府对军队统一配备的兵器实行定期的校验制度，以确保兵器的合格和装备完整，提高军队的战斗力。校验分大校和小校两种类型，大校的时间是每年的十月一日，这是西夏有组织的全国范围的大型兵器审验活动，但并非每年都要举行大校。大校由殿前司组织，是否举行大校由殿前司报奏西夏国主决定，可见西夏对兵器大校是非常重视的。若不举行大校，则经殿前司同意，由军队的基层将领如行监、溜首领等组织小校以代替大校。但连续三年必行校验。举行大校一般选择在天丰国稔之时，由殿前司行文经略司所属，再由经略司主管按其处司所属次序，派遣能胜任的官员为校验队长负责校验。校验完毕，所派官员各自遣回，校验的记录则交给殿前司备案。不属于经略司的军队，则由殿前司组织能胜任的官员一齐于十月一日进行校验。

对于校验过程中发现的问题，西夏政府做了明确的处罚规定。综合起来，大致有以下几种情况：第一，短缺兵器。第二，兵器已损毁或式样不合格。第三，弄虚作假，包括借索兵器、冒名顶替、隐瞒不校、虚报等情况。第四，受贿。第五，迟到。

上述五个方面，是《律令·季校门》对西夏兵器校验过程中出现的各种违法现象的具体处罚规定，其中有些情况下对军事首领的处罚比对普通士兵的处罚更重。如该门第15条中，规定按畜产等级搜寻兵器，如果首领知情，而属下不自备兵器，则对首领的处罚罪加一等。

从处罚的手段来看，主要有：笞，杖，罚马，短、长、无期徒刑，革职、军、官等，而绞杀等极刑则很少。处罚亦能分清主要、次要责任人，对不知情的则不治罪，体现出西夏军法较为合理的一面。

此外，为了掌握实际情况，保证兵器校验顺利、成功地进行，西夏政府还鼓励各级将士揭发检举校验过程中出现的违法现象，对揭发检举属实者，给予奖赏。

军首领、军卒的所有兵器，在校验中互相借索，披、甲、马3种全借或借一二种，若有人举报，违律者给举报者出15缗钱作为奖赏。杂物、武器中箭袋1副及弓、箭、枪、剑、木橹、锹、矛杖等8种有互借者，要给举报者出7缗钱作为奖赏。

披、甲、马3种及各种杂物等能补而未使补偿，其所属首领就应革官、军、职。下属人员举报时，如果举报人勇健刚劲、善战，且有战功，并被诸司院载于典籍，则该举报人可以做首领；如果该举报人体弱不善战，要求转院，则当在本院内调转；属于其他举报者（且是不求转院者），则根据被告人的处罚轻重给予不同的奖赏：所告军首领获月徒刑，则举报人得 10 缗赏钱；获 1 年徒刑，举报人得 20 缗赏钱；徒 2 年时，举报人得 30 缗赏钱；徒 3 年时，举报人得 50 缗赏钱；若所告军首领被革职、军时，举报人得 70 缗赏钱，并且赏金按高低由获罪的行监、大小溜首领、舍监、末驱等各级军官出给。

举告校军时对军卒摊派者，举报人求官、职、军，如果所言属实，则依举告杂罪得赏法获赏，即"获死罪赏五十缗，三种长期、无期等赏四十缗，自徒四年至徒六年赏三十缗，自徒一年至徒三年赏二十缗，月劳役十缗，杖罪五缗，当由犯罪者予之举赏"①。

三　西夏兵器在中国兵器史上的地位

西夏的冶铁工艺比较发达，"唐古特人的剑以制作精良而驰名"②。宋代诗人陆游赞美夏国刀的诗句亦云："金络洮州马，珠装夏国刀"③。因工艺精湛，西夏刀、剑往往被当作赏赐、馈赠物品，甚至是装饰品，成为一种身份的象征。如为了笼络党项豪酋野利氏，元昊就曾赏赐宝刀给驻守天都山的谋主"天都大王"野利遇乞。④ "天下第一"的"夏人剑"不但深受夏人喜爱，甚至成了宋人的一种装饰品。大文豪苏东坡就非常欣赏它，就连北宋的皇帝钦宗赵桓也把它佩戴在身，充分说明了"夏人剑"精湛的制作工艺。有学者在分析了西夏兵器的化学成分和制作方法后认为："'夏国剑'的问世，标志着党项族钢铁的热处理技术领先于同时代的宋、辽等国。"⑤

旋风炮体积小，轻便灵活，而且石弹可以随驼队用筐运载，自然是攻城作战的理想战具。宋代兵书《武经总要》所记载的炮有十几

---

① 史金波、聂鸿音、白滨译注：《天盛改旧新定律令》卷 13《举虚实门》，法律出版社 2000 年版，第 450 页。
② ［俄］捷连提耶夫－卡坦斯基：《西夏书籍业》，王克孝、景永时译，宁夏人民出版社 2000 年版，第 147 页。
③ （宋）陆游：《剑南诗稿》卷 28《小出塞曲》，文渊阁《四库全书》本。
④ （宋）沈括撰，金良年点校：《梦溪笔谈》卷 13《权智》，中华书局 2015 年版，第 138 页。
⑤ 王福良：《西夏的兵器制造与化学》，《宁夏大学学报》1999 年第 2 期。

种之多，但多数是将炮架置于地上或插埋于地下，固定施放，虽有威力，但很笨重。虽有一些炮下装有四轮，但也不如西夏旋风炮可以架置在骆驼背上那样携带方便，运载迅速，操作灵活，可以向各个方向发弹。可见，西夏旋风炮的性能是很优越的，"它们灵活机动，称得上最有威力的武器"①。

以冷锻工艺制成的西夏铠甲，或者是一副完整的护身甲，包括护肩、护腿、护肘；或者只是护胸和背的短甲，都由几排矩形薄片构成，使用的材料是金属。由于制作精良、坚固耐用，得到了宋朝田况、沈括等人的称赞。

"神臂弓"不但是西夏军队的重要装备，传入中原地区后流行更广、影响更大。上文提到《容斋三笔》中就记载，宋将韩世忠将其更名为"克敌弓"，用于宋金战争，果能克敌制胜。更有甚者，绍兴十二年（1142）词科试日，考官竟以"克敌弓铭"为题进行考试。宋朝南渡以后，曾编撰过《御前军器集模》一书，其中有《造神臂弓法》1卷，是关于神臂弓制造方法的专著，可惜此书今已亡佚。宋朝将领所布置的阵法中，就有专门的神臂弓手，宋朝军队中也设专人教习神臂弓。宋孝宗时，虞允文的奏议中就提道："臣见委忠义统领官关宝结集义士，搜拣伉健之人，教习神臂弓，以为战守之备。"② 南宋高宗建炎二年（1128）三月初四日，"群'贼'杨进号'没甲牛'，领众……并力攻城，一齐发弓弩及神臂弓箭凿射城上人，并持云梯四面奔城"③。就连起兵反宋的义军中，也使用神臂弓。至元、明两代，神臂弓仍然在战斗中广泛使用，并且在不断改进制作技艺。

元世祖忽必烈曾"命总管王青制神臂弓、柱子弓"。王青原是宋朝将领，降元后被忽必烈任命为总管，负责"教武卫军习射"。至元

---

① ［俄］捷连提耶夫 - 卡坦斯基：《西夏书籍业》，王克孝、景永时译，宁夏人民出版社2000年版，第147页。

② （明）黄淮、杨士奇编：《历代名臣奏议》卷336《御边》，上海古籍出版社2012年影印本，第4354页。

③ （宋）陈规：《守城录》，载（明）谢缙等《永乐大典》卷8339《兵·兵守》，世界书局1977年影印本，第52册，第21页。

三年（1266），元世祖曾下令让制国用使司造神臂弓一千张，矢六万。① 说明元初神臂弓正是由宋朝传入的，并且元朝选派对神臂弓性能、用法熟悉的宋朝降将负责专门训练。明人刘天和则对神臂弓进行了一些改造，以充分发挥其优越性能。

> 宋始有神臂弓之制，其实弩尔，臣亦未敢遽造也。近于陕西省城，见有城楼旧贮神臂弓数百张，相传百余年矣。乃知先朝亦尝制此，虽皆损坏，而制度犹存，但箭则无矣。臣谨从宜遵仿造成。
> 其制用阔厚坚劲大弓，其力一百五十斤上下及九十斤上下，为三等，虑人力有强弱也。其长均四尺五寸。下施弩，以机发之。制箭为长短、大小、轻重等。及仿周礼施人之制，以箭竿三分之一居前，二分居后，前后铁镞以衡平之，俾轻重适均。历试之，取其射最远而端可及三百步内外者为式。其长均三尺五寸。其重则六钱，上下亦三等，俾与弩称。
> 复仿汉耿恭之法，箭镞开四尖叉。传以河南嵩县等处射虎箭药，俾人马中之，无不立毙，尤虏所畏。其箭镞后小，铁管心仅长分许。入箭干处，内用胶漆，外用竹丝以夹缚之，俾虏不能取以返射。此则不分诸边、腹里、马步、轻车、边墙、墩台、城堡，皆可通用，久之精熟，足以克敌制胜。盖虏之射艺极精，矢无虚发，惟此足以胜之。②

由元明时期神臂弓的广泛使用，可以想见这种兵器的威力及其影响。前引刘兴全、吴炎文认为："自它传入中原王朝后，不断有所更制、变化，一直流传至明朝中晚期，延续了几百年，是我国兵器大观园中的重要一员，在历史上应有一定的地位。"这一评价应当是客观而公允的。

---

① （明）宋濂等：《元史》卷4、6《世祖纪》，中华书局1976年点校本，第72、73、112页。

② （明）刘天和：《条陈战守便益以图御虏实效疏》，载（明）陈子龙等辑《明经世文编》卷157《刘庄襄公奏疏》，中华书局1962年影印本，第1574—1575页。

西夏元史研究论稿

此外值得一提的是，西夏的马鞍和头盔的制作水平也十分精良。大安九年（1083），宋朝边将"擒获西界探事宜部落子策木多莽，缘其人善斫造蕃鞍，边人颇称之，乞令押赴京制造军器所"，后因策木多莽制作的马鞍的确精良，"诏策木多莽特免死"①。从现存西夏绘画中，我们可以发现西夏军士制作的头盔也很精致。甘肃武威西夏墓出土的彩绘木版画上，西夏的军士"戴毡盔，盔顶红结绥……甲护臀胸腹，手执月牙铲"②，十分威武，这是毡制头盔。还有一种金属制作的头盔，这种头盔大概在战斗中应用更多。"在西夏绘画中，圆盔带有一副后垂的软片（护耳），有时是头朝上的，头盔上附有饰物。一副高的黑色头盔，像顶帽子而很有趣，有护片和头带"，"一种是甲士无懈可击的护具是脸罩。在一幅回鹘绘画中我们看到，面罩是一个附在头盔上的钟形金属套片，两目处留一条缝"③，这种头盔和面罩起到了良好的防护作用。

上述西夏的刀、剑、铠甲、旋风炮、神臂弓等兵器，不但是西夏军队的主要装备，提高了西夏军队的战斗力，在西夏对外作战中发挥了巨大作用，而且有的还传入了中原地区，对中原王朝产生了相应的影响，在中国兵器史上写下了浓重的一页。

（原载《宁夏社会科学》2002年第1期）

---

① （宋）李焘：《续资治通鉴长编》卷336"元丰六年闰六月辛巳"条，中华书局2004年点校本第2版，第8094页。

② 陈炳应：《西夏文物研究》，宁夏人民出版社1985年版，第198页。

③ ［俄］特林德－卡坦斯基：《西夏人的外貌、服饰和用具》，罗矛昆译，胡若飞校，《宁夏社会科学通讯》1987年第3期。

西夏手工业成就及其在中国科技史上的地位

西夏立国期间，无论是传统的民族手工业，还是新兴的其他手工业，都有不同程度的发展，其中有些手工业部门在当时还处于比较领先的地位。西夏立国的经济基础，离不开手工业所取得的成就。

一　西夏的手工业技术成就

党项建国后，随着社会经济的不断进步，国家的农、牧、工、商亦得到较全面的发展。而手工业的迅速发展，使西夏的各种手工技术得到了普遍提高。

冶铁方面。出于日益发展的农业和对外战争的需要，西夏的冶铁业有了迅速发展，冶铁技术达到了相当高的水平。西夏整体上缺铁少铜，但境内也有一些铁矿，如横山地区"千里沃壤，人物劲悍善战，多马，且有盐铁之利，夏人恃以为生"[①]。"其银、夏州可置盐监、铁冶、钱监、马牧。"[②]"传闻葭芦山已北一带，茶铁财用之饶，贼界所恃。"[③]《圣立义海》于"夏国山美，山体二种"下注解说："石山诸林，出宝石、矿"；于"一峰巴陵"下注解说："黑山郁郁溪谷长，

[①] （宋）李焘：《续资治通鉴长编》卷328"元丰五年七月丙戌"条，中华书局2004年点校本第2版，第7893页。

[②] （宋）李焘：《续资治通鉴长编》卷326"元丰五年五月丙午"条，中华书局2004年点校本第2版，第7858页。

[③] （宋）李焘：《续资治通鉴长编》卷220"熙宁四年二月乙酉"条，中华书局2004年点校本第2版，第5363页。

生诸树种；熔石炼铁，民庶制器"；于"兽选宝山"下注解说："熔石炼铁，民亦制器。"① 西夏文献中也有关于冶铁原料的记载，如《文海》中对"矿"的解释是"料石也，石也，神石也。石也，刚之谓，铁种种宝出处也"，可见党项人甚至把矿石看成"神石"。《文海》释"矿藏"为"矿藏也，宝物种种出处也"；"矿石，料石也。料石也，石料也，铁种种宝生处也"；"铁，矿也，使石熔为铁也"②。"神石也，矿石也，石也。又天地未生出时神石是。"③ 也有关于冶铁所需燃料的记载，如"炭，焚木令闷"，"燃料也"④。夏汉双解字典《番汉合时掌中珠》中也收有"松炭""石炭"等词语。⑤

西夏设有专门的冶铁工场。据《续资治通鉴长编》和《梦溪笔谈》，可知早在元昊建国之前，他为了从事反宋活动，即已于兴庆府设立冶铁作坊，从事兵器锻造活动。建国之后，元昊对冶铁业更加重视。天授礼法延祚三年（1040），即"设铁冶务于夏州"⑥。茶山也有铁冶，并且在西夏冶铁业中占据重要地位，"乾顺恃茶山盐铁之利……用以抗中国"⑦。其后"夏人茶山铁冶既入中国，乏铁为器"，不得已，只好以青、白盐易陕西大铁钱为用。⑧ 因失茶山铁冶之利，西夏于天盛十年（1158），"始立通济监铸钱"⑨。西夏铸造的钱分为铁钱和铜钱。

西夏中央政府设有"铁工院""冶金司"等机构统辖全国的冶铁业。冶铁业中开始使用铁炉和活门木风箱等冶炼工具。我国古代的炼

---

① ［俄］克恰诺夫、李范文、罗矛昆：《圣立义海研究》，宁夏人民出版社1995年版，第58、59、60页。

② 史金波、白滨、黄振华：《文海研究》，中国社会科学出版社1983年版，第417、443、487页。

③ 同上书，第444页。

④ 同上书，第507页。

⑤ （西夏）骨勒茂才著，黄振华、聂鸿音、史金波整理：《番汉合时掌中珠》，宁夏人民出版社1989年版，第99页。

⑥ 龚世俊等：《西夏书事校证》卷14，甘肃文化出版社1995年版，第166页。

⑦ 龚世俊等：《西夏书事校证》卷33，甘肃文化出版社1995年版，第379页。

⑧ （元）脱脱等：《宋史》卷185《食货志·坑冶》，中华书局1977年点校本，第4530页。

⑨ （元）脱脱等：《宋史》卷486《夏国传》，中华书局1977年点校本，第14025页。

铁炉主要有三种——块炼炉、坩埚炉和竖炉。《文海》中记载有"坩锅",释为"熔用之袋"①,这显然是坩埚炉。甘肃安西榆林窟第3窟壁画中有一幅西夏锻铁图,描绘两个人手举铁锤,共同对着一台铁砧锻打铁器,另一个人正在拉动一座竖式风箱为锻炉鼓风。该活门木风箱形体高大,而且装有左、右两扇箱盖板,由一人操作,两扇箱盖板轮流一推一拉,可以不间断地鼓风,能大大增加风量,提高风压,使炉温升高。这种风箱"直到清末,冶金业里仍在使用"②。西夏率先使用这种风箱,表明当时的冶铁技术已相当先进。

铁制品在日常生产、生活及战斗中用途十分广泛。生产、生活用品如针、钻、锅铲、壶、铃、锁、火炉、犁、锄、镰、小刀、斧等,用作兵器的前文已有叙述,其中"神臂弓""夏人剑"、甲胄等,均是西夏高超的冶铁技术的反映。

制盐方面。制盐是西夏国内十分发达而又极为重要的一个传统手工业部门,在西夏人民日常生活和政府财政收入中都占有举足轻重的地位。《文海》"醎"释为"醎池也,如盐巴是也",又释"池"为"盐池也、醎池也"③。政府设有盐铁使专门掌管盐的开采、管理、销售等工作。西夏境内湖泊、水渠较多,具有十分有利的采盐、制盐条件。《新唐书》载:"盐州五原有乌池、白池、瓦池、细项池,灵州有温泉池、两井池、长尾池、五泉池、红桃池、回乐池、弘静池,会州有河池,三州皆输米以代盐。"④尤其是盐州(治今宁夏盐池)的乌池、白池所产青、白盐,质地最佳,深受蕃汉人民的喜爱,是西夏对外贸易的主要商品。早在李继迁时,青、白盐就已走俏周边各市场。据《契丹国志》记载,党项在向契丹呈献的贡物中就有井盐一千斤。⑤宋朝与李继迁作战,为了迫使李继迁降宋,曾下令禁青、

---

① 史金波、白滨、黄振华:《文海研究》,中国社会科学出版社1983年版,第515页。
② 白滨等:《莫高窟、榆林窟西夏资料概述》,《兰州大学学报》1980年第2期。
③ 史金波、白滨、黄振华:《文海研究》,中国社会科学出版社1983年版,第415、538页。
④ (宋)欧阳修、宋祁等:《新唐书》卷54《食货志》,中华书局1975年点校本,第1377页。
⑤ (宋)叶隆礼撰,贾敬颜、林荣贵点校:《契丹国志》卷21《外国贡进礼物·西夏国贡进物件》,中华书局2014年版,第230页。

白盐，可见青、白盐在宋朝边市上已十分流行。李元昊时期，为了与北宋换取粮食，曾"请岁入乌白池青白盐十万石，售于县官"①，宋朝不许。至于官市、民市上食盐的买卖、交换它物就更为频繁了。西夏所产食盐尤其是青、白盐，不仅数量大，而且能够走俏周边其他各国，深受各族人民喜爱，这与西夏先进的制盐技术也是有关的。

纺织方面。西夏建国以后，在原有的皮毛加工手工基础上，逐步建立和发展了纺织业。1972年于甘肃武威出土的木刮布刀、石纺轮等纺织工具，表明西夏的纺织技艺已达到一定水平。《文海》中即收有不少与纺织业有关的词汇，如"织，与汉语同，番言织粗绢之谓也"；"络，织者，经口纬线织结之谓"；"麻，麻草，可做纱布也"；"毛布，毛料做褐用也"；"绫，绫锦之名是也"；"锦，绫锦也，种种花有之谓"②。此外，还有纺织所用染料，如"青染草，染青用也"；"染红药，染红用，染红药之谓"③。西夏法律对官民服饰有严格的等级规定，"节亲主、诸大小官员、僧人、道士等一律敕禁男女穿戴鸟足黄（汉语石黄）、鸟足赤（汉语石红）、杏黄（汉语杏黄）、绣花、饰金、有日月，及原已纺织中有一色花身，有日月，及杂色等上有一团身龙（汉语团身龙），官民女人冠子（汉语冠子）上插以真金之凤凰龙样一齐使用"；官民的青帐、白帐，"允许头盖青下为白"，不能违律用一种青或白色。④这些史料表明，西夏的纺织技艺，包括浸染技术都有一定程度的发展。西夏毛纺织品主要有毡罽、毛褐、毡、毯，以及衣、巾、鞋、帽、屋顶、帐篷等日常生活用品。马可·波罗于兴庆府所见毡、布，即以其精美和名贵而远销中原及世界各地，这也能够说明西夏时期毛纺织技术之发达。

---

① （清）张鉴著，龚世俊、王伟伟点校：《西夏纪事本末》卷14《渭州之变》，浙江古籍出版社2015年版，第157页。
② 史金波、白滨、黄振华：《文海研究》，中国社会科学出版社1983年版，第414、428、411、518、497、530页。
③ 同上书，第538、430页。
④ 史金波、聂鸿音、白滨译注：《天盛改旧新定律令》卷7《敕禁门》，法律出版社2000年版，第282页。

造纸印刷方面。西夏的造纸技术颇为精湛。《文海》释"纸"为"白净麻布、树皮等造纸也"①。说明麻布、树皮等是造纸的原料。负责全国造纸管理的机构当是"纸工院"。从出土的西夏文书和刊本看,西夏人多用自己所造纸张,同时在与宋贸易中也输入纸张。西夏人使用的纸品种较多,有绵纸、黄麻纸、褐麻纸、本色麻纸、白麻纸、粗麻纸等,质量多有不同,其中各类麻纸最多。"从厚而坚密的、光滑的纸和胶合纸,到薄而透明的,像现代烟卷纸一样的纸都有。纸张的颜色多是灰色而深浅程度不等,从雾白色到近乎褐色者都有。也有少量纸张是涂鲜黄色。"②但从出土文书来看,黄色的麻纸数量也很多。"薄而透明"的纸多为西夏上等纸,如甘肃武威发现的西夏医方,即是用上等白麻纸书写的。再如夏惠宗天赐礼盛国庆年间的瓜州审判案文书,用的纸"木本韧皮纤维,粗帘纹,纸较薄,透眼较多"③,也属上等纸。

西夏在末等司中设有刻字司,这是专门负责刻印事业的政府机构。刻字司对西夏印刷业的重要意义是不言而喻的。除了官方的印刷机构之外,西夏还存在民间作坊从事刻印工作。西夏文《音同》正德六年(1132)的跋文,反映出西夏刻字司等官方刻字机构中的"刻工印匠不晓事人等因贪小利,肆开文场,另为雕刻。彼既不谙文字,未得其正,致使印面首尾颠倒,左右混杂,学者惑之"④。说明民间作坊所刻书籍经卷在社会上的流传和影响不小。西夏刊刻的印刷品中,数量最多的是佛经,这与西夏大力崇佛是密切相关的。除了用西夏文刊刻书籍之外,西夏还大量刊刻汉文和藏文书籍经卷,以满足国内各民族的需要。西夏的雕版印刷技术非常发达,"与最先进的中

---

① 史金波、白滨、黄振华:《文海研究》,中国社会科学出版社1983年版,第497页。
② 白滨:《〈文海〉所反映的西夏社会》,载史金波、白滨、黄振华《文海研究》,中国社会科学出版社1983年版,第36页。
③ 潘吉星:《中国造纸技术史稿》,文物出版社1979年版,第141页。
④ 史金波、黄振华:《西夏文字典〈音同〉序跋考释——〈音同〉研究之二》,载宁夏文物管理委员会办公室、宁夏文化厅文物处编《西夏文史论丛》(一),宁夏人民出版社1992年版,第11页。

原王朝并无二致"①。西夏的活字印刷技术也很高，并且存有保留下来现存世界上最早的活字印刷品。西夏活字印刷属于政府行为，属工院管理。活字印刷分泥活字和木活字，至今甘肃武威、敦煌，内蒙古额济纳旗黑水城遗址，宁夏拜寺沟方塔、灵武等地，都出土了西夏的泥活字或木活字印刷品。关于西夏活字，史金波等已有详细的研究。②总之，西夏的印刷形式是多种多样的，且水平已达到很高程度。甚至到了元代，"杭州的雕印工人亦有西夏人。元代杨桓所著《书学正韵》一书，就曾录有西夏刻工数人，并用西夏文印出。此书是元至大元年（1308）左右刻印的"。至今已发现的有元刊西夏文木活字佛经和明代保定出土的西夏文石幢。③

　　建筑方面。西夏的建筑业是在党项羌内迁定居以后，随着社会经济的日益发展而兴起的。从史料记载和西夏建筑遗址来看，其建筑技术也发展到较高的程度。《文海》中有关房屋建筑的词条有宫、寺、楼、房、草房、帐、回廊、桥、花园、墙、壁，以及檩、辐、袱、椽、柱、杆、房木、屋中木、房木杆、砖、墼等，涉及建筑物的结构、形状、用途、建造材料等各个方面，体现出建筑物的类别已很繁多。《番汉合时掌中珠》中亦有楼阁库帐、泥舍、回廊、重袱、平五袱、檐袱、桅袱、椽准、檩、栏桅、柱脚、枓栱、木匠、泥匠、体工、斤斧、凿锯等有关建筑的词条。从这些词汇中我们可以看出，西夏的建筑基本以砖木结构为主，但普通平民居住的只能是"泥舍"，"俗皆土屋，惟有命者得以瓦覆之"④。皇室居处的"宫"以及佛道的寺庙、宫观等，则是比较豪华的建筑，也正是西夏人民建筑技艺的集中体现。

　　史籍中关于西夏宫殿、寺庙等建筑的记载很多。如北宋大中祥符三年（1010），李德明"役民夫数万于鳌子山，大起宫室，绵亘二十

---

① 史金波：《西夏社会》，上海人民出版社2007年版，下册，第504—505页。
② 史金波、雅森·吾守尔：《西夏和回鹘对活字印刷的重要贡献》，《光明日报》1997年8月5日第5版。
③ 王静如：《西夏文木活字版佛经与铜牌》，《文物》1972年第11期；郑绍宗、王静如：《保定出土明代西夏文石幢》，《考古学报》1977年第1期。
④ （元）脱脱等：《宋史》卷486《夏国传》，中华书局1977年点校本，第14029页。

余里，颇极壮丽"①。元昊称帝以后，在都城兴庆府内"作避暑宫，逶迤数里，亭榭台池，并极其胜"②。又"役丁夫数万，于（贺兰——引者）山东营离宫数十里，台阁高十余丈，日与诸妃游宴其中"③。天祐民安五年（1094），乾顺下令重修凉州（治今甘肃武威）护国寺，于是"众匠率职，百工效技，圬者缋者，是墁是饰，丹雘具设，金碧相间，辉耀日月，焕然如新，丽矣壮矣，莫能名状"④。这些宏伟瑰丽的宫室、寺庙，尽管大多已焚于战火、自然灾害，但从史籍的描述中，亦能看出西夏人民高超的建筑技术。而位于贺兰山东麓的西夏帝陵，号称东方"金字塔"，更是西夏人民建筑技艺的见证。帝陵依山势按年代排列，结构严整，规模庞大，宏伟壮观，现已成为宁夏一道著名的旅游景点，每年都吸引着众多的中外游客前往参观。

西夏对各类建筑的装饰有严格的等级规定，这是西夏建筑技术发展到一定程度才出现的。

> 诸人为屋舍装饰时，不许用金饰。若违律用金饰时，依前述做金枪、剑、辔鞍等罪状告赏法判断，所装饰当毁掉。
> ……
> 佛殿、星宫、神庙、内宫等以外，官民屋舍上除□花外，不允装饰大朱，大青，大绿。旧有亦当毁掉。若违律，新装饰，不毁旧有时，当罚五缗钱，给举告者，将所饰做毁掉。
> ……
> 装饰屋舍时用金饰等，匠人有官罚马一，庶人十三杖。⑤

可见，金饰只能用于统治阶层的建筑装饰，普通民居是禁止使用的。同时，到西夏中后期，随着建筑技术的提高、西夏法律等统治机

---

① 龚世俊等：《西夏书事校证》卷9，甘肃文化出版社1995年版，第109页。
② 龚世俊等：《西夏书事校证》卷18，甘肃文化出版社1995年版，第210页。
③ 同上书，第213页。
④ 《西夏凉州重修护国寺感应塔碑铭》，载杜建录《党项西夏碑石整理研究》，上海古籍出版社2015年版，第155页。
⑤ 史金波、聂鸿音、白滨译注：《天盛改旧新定律令》卷7《敕禁门》，法律出版社2000年版，第282—283页。

器的完善以及等级制度的进一步加强，建筑装饰中所使用的颜色也有了明确的等级规定，大朱、大青、大绿等颜色，禁止民间使用，只能用于皇宫和维护西夏封建统治的宗教建筑如佛殿、神庙、星宫等。若在西夏法律禁用之前已经使用于官民屋舍等建筑装饰的，则要依律拆毁。

此外，西夏政府设有铁工院、木工院、砖瓦院、京师工院等机构，均是与建筑有关的职能部门。同时，西夏的工匠分工也已十分精细，有石匠、瓦匠、绯白匠、木匠、垩匠、铁匠，等等。①

金银铜器、陶瓷、竹木器的加工方面。西夏政府设有金作司、文思院、作首饰院、世界工院、三边工院等机构，是与金银铜器、犀、玉等高级用品的制作有关的部门。西夏法律规定，官员达到一定行政级别后可以请封官印，一定级别的政府机构也可封印，印的制作材料有金、银、铜镀银、铜制四种。具体规定如下：

> 诸司行文书时，司印、官印等纯金、纯银及铜镀银、铜等四种，依司位、官品等，分别明其高下，依以下所定为之。
> 司印：
> 皇太子金重一百两。
> 中书、枢密银重五十两。
> 经略司银重二十五两。
> 正统司铜上镀银二十两。
> 次等司铜上镀银十五两。
> 中等司铜上镀银十二两。
> 下等司铜重十一两。
> 末等司铜重十两。
> 僧监、副、判、权首领印等铜重九两。
> 官印：
> 三公诸王银重二十五两。

---

① 《西夏凉州重修护国寺感应塔碑铭》，载杜建录《党项西夏碑石整理研究》，上海古籍出版社2015年版，第158页。

有"及授"官中宰相铜上镀银重二十两,其余铜十五两。

有"及御印"官者铜重十二两。

有"惠臣""柱趣"官者铜重十两。

有"威臣""帽主"官者铜重九两。①

西夏法律中,亦可见统治者往往使用金饰的各种装饰品,如金刀、金剑、金枪、金玉衣、金骑鞍等,并且严禁普通官员和百姓使用。外交使节的服饰中也有金饰品,如西夏建国后,即派使节"戴金冠,衣绯,佩蹀躞"②,出使宋朝。甚至有些统兵将领也可"人马皆衣金,出入阵中"③。拱化五年(1067),西夏遣使向辽朝进贡"金佛"④。1958年,在内蒙古高油房西夏古城址中,出土了大批的金、银器。1976年在宁夏灵武发现的一批银器中,有曲腹钵、敞口碗、盒等,外表光莹,造型轻巧,厚薄均匀。有的器底还有线雕卧牛的精美图案。西夏八号陵地表散布的遗物中,有表面凸起呈葡萄纹样的金带饰,有镏金的甲片;在墓室出土的遗物中,有镏金兽面形银饰、花瓣形镂孔金饰和嵌绿松石镏金银饰等器物,其造型都比较复杂。这些造型优美、轻巧的金银器,常常成为西夏统治阶级的装饰品和贵重的进贡品。如出土的镂雕人物金耳坠,长只有4.2厘米,重31克,但却分三层镂雕——中央是三个人物像,上层三朵花,下层五花架。花芯镶嵌宝石,非常精细。⑤ 1956年在内蒙古伊金霍洛旗发现的一批西夏文物中,有西夏文铜方印,印的背面铸有西夏文纪年"韉都五年"(1061),印文是西夏文"首领"二字,制作精细。⑥ 出土的其他铜器

---

① 史金波、聂鸿音、白滨译注:《天盛改旧新定律令》卷10《官军敕门》,法律出版社2000年版,第358—359页。

② (宋)司马光撰,邓广铭、张希清点校:《涑水记闻》卷11《元昊称帝》,中华书局1989年版,第212页。

③ (元)脱脱等:《金史》卷124《郭虾蟆传》,中华书局1975年点校本,第2708页。

④ (元)脱脱等:《辽史》卷115《二国外记·西夏》,中华书局1974年点校本,第1527页。

⑤ 陈炳应:《西夏冶金业初探》,载李迪主编《中国少数民族科技史研究》第4辑,内蒙古人民出版社1989年版,第215—223页。

⑥ 陈炳应:《西夏文物研究》,宁夏人民出版社1985年版,第404页。

还有官印、私章、纪年印记以及符牌、钱币、小刀、铜镜等。这些铜器大都做工精细，轻巧优美，形状多种多样，各具特色。1976年在西夏陵区出土的镏金青铜牛，长1.20米，宽0.38米，高0.45米，重188公斤。铜牛呈跪卧式，双目前视，体态丰盈，形象逼真。系模制浇铸成型，内空心，腹中尚残留铁砂内模。① 另外在其他墓葬中也有铜牛发现。上述各种司印、官印、金、银饰品，金、银、铜器，以及铜牛，正是西夏金、银、铜器加工和铸造的精湛技艺的体现。

西夏的陶瓷主要用于日常生活。1949年以后，考古工作者从宁夏石嘴山市西夏省嵬城遗址、宁夏灵武市崇兴、甘肃武威市南营、内蒙古伊克昭盟等地，以及银川市西夏帝陵、武威市西夏墓中出土了不少西夏陶瓷器，主要有碗、碟、盘、壶、瓶、双耳罐、人头像等。大部分制作比较粗糙，注重实际应用，而不大注意外形美观。器底有砂痕，釉色多用白釉、褐釉，较少光泽，具有明显的民族特色。不过也有一些陶瓷具有一定的艺术造型，如内蒙古出土的牡丹花瓶等陶瓷，即不失为精美之作。牡丹花瓶高37厘米，口径5.5厘米，腹径17.3厘米，底径10厘米，由下而上内敛小口，瓶身刻牡丹花和其他装饰图案，酱釉与瓷胎二色相间，色调明快，十分精美。②

西夏竹木器的制作也很精巧。如西夏帝陵出土的竹雕，雕刻有庭院、山树、花卉、人物，形象逼真生动。武威墓的木家具，有木条桌、木衣架、小木塔、大笔架、木宝瓶、木缘塔和木板画、木碗、木唾盂以及竹笔木筒等，其中木缘塔有塔座、塔身、塔顶、塔刹四部分，制作精致、结构复杂、匠心独具，相当美观。西夏的竹笔，是将一根光滑的竹子一头削成笔尖形，在笔尖中间划开一道缝隙，形状与现在蘸水笔类似。武威墓中出土的竹笔有两支，其中一支笔尖有墨迹，说明已经使用过。这支笔略残，长9.5厘米，直径0.8厘米。另一支尚未使用，长13.6厘米，直径0.7厘米。③ 我国历史上用笔多为毛笔，西夏的竹笔在我国笔史上是罕见的。

---

① 吴峰云等：《介绍西夏陵区的几件文物》，《文物》1978年第8期。
② 陈炳应：《西夏文物研究》，宁夏人民出版社1985年版，第424页。
③ 陈炳应：《西夏文物研究》，宁夏人民出版社1985年版，第188—189、427页；宁笃学等：《甘肃武威西部林场西夏墓清理简报》，《考古与文物》1980年第3期。

二 西夏手工业技术在中国科技史上的地位

在我国古代光辉灿烂的科学文化中，每个民族都做出过自己不同程度的贡献，西夏也不例外。西夏境内各族人民，用他们的智慧创造了引人注目的科学技术成就，构成了中国科学技术史上不可分割的一个组成部分，其中一些手工业技术成就，在当时亦处于比较领先的地位。

食盐是人们生活最基本的调味品之一，在人类开始以植物为食时即已食用。《尚书·说命》中就有"若作和羹，尔惟盐梅"的记载，可见食盐早在商朝就已是调味的生活必需品。西夏所产的青盐、白盐，制作精良，色味俱佳，产量丰富，价格低廉，深受国内人民和兄弟民族的喜爱，是西夏对外贸易的大宗商品，也是政府财政收入的一个重要来源。西夏人民经常用青、白盐换取邻近蕃、汉各族人民的谷物及其他生活用品，为此，宋朝曾多次下令禁止西夏的青、白盐贸易。即便是天授礼法延祚七年（1044），宋夏达成和约，同意"置榷场于保安军及高平寨"进行边境贸易，也还是"不通青盐"[1]。但因为西夏青、白盐的质地好，价格低，所以夏宋之间的青、白盐走私贸易一直很严重。这说明西夏无论是日晒或熬制，其制盐技术已达到相当高的水平，在当时应该是处于领先地位。

西夏在冶金业中运用的竖式活门木风箱，在使用年代和技术性能方面，在历史上均处于领先地位。直到1332年，元末陈椿的制盐专著《熬波图》中所画的鼓风设备，才是与西夏活门木风箱类似的双扇木风扇，[2] 但时间上已比西夏晚了一百多年。活门木风箱使用双扇，可以轮流交替，一推一拉，从而改变了单扇木风扇不能连续鼓风的弊端，明显增大了风量和风压，从而保持炼炉所需的高温。这种风箱极大地提高了鼓风设备的技术性能，在从单扇木风扇到风箱的发展过程

---

[1] （宋）李焘：《续资治通鉴长编》卷153 "庆历四年十二月乙未"条，中华书局1985年点校本，第3724页。

[2] （元）陈椿：《熬波图》卷下第37图《铸造铁㮿图》，文渊阁《四库全书》本。

中起到了承前启后的作用，在我国冶金鼓风技术史上占有很重要的地位。此外，西夏的"神臂弓""夏人剑""瘊子甲"等兵器，已深得兄弟民族的称赞，"神臂弓"传入宋朝，流传至元明，在战争中仍被广泛使用；"夏人剑"则被誉为"天下第一"；"瘊子甲"成为宋人收藏的宝器和仿制的对象，这都说明西夏的冶铁技术是十分发达的，其兵器制造技术，无论是在中国兵器史上还是中国科技史上，均占有一席之地。

西夏制作的红、白毡及驼布，被马可·波罗誉为世界之最，先后贩往世界各地，说明西夏的毛纺织技术不仅富于民族传统，而且制作水平也到达了很高程度。西夏的雕版印刷技术在我国印刷史上也有很大影响，印刷术中使用的泥活字和木活字，不但提供了早期泥活字和木活字印刷的实物，体现出党项族等我国古代少数民族在活字印刷史上做出了重要贡献，而且也为活字印刷的西传提供了证据。[1] 20世纪初，被沙俄军官科兹洛夫从黑水城盗走的一些西夏文献中，除了大量的佛经之外，还有历书、医书等书籍和佛像、陶器、铁器、木器、纺织品、雕塑品、皮制品、图画、雕版、金属钱币、妇女饰物、生活用具等器物。其中一些书籍和文卷，除了有汉文和西夏文的刊本、写本外，还有藏文、回鹘文、蒙古文刊本或写本的残片。[2] 甚至到元明时期，雕印工人中还有西夏人，如元刊西夏文《大方广佛华严经》木刻活字版印本和明弘治年间的西夏文石幢，刻工中都有西夏人。

（原载《固原师专学报》1996年第2期）

---

[1] 史金波：《西夏社会》，上海人民出版社2007年版，下册，第522页。
[2] ［俄］科兹洛夫：《蒙古、安多和故城哈拉浩特》，陈炳应节译，载《西夏文物研究》"附录"，宁夏人民出版社1985年版，第488、489、501、505、506、507页。

试论西夏文化的多元性

西夏文化一个显著的特点，即西夏文化的多元性，这也是西夏文化之所以能够取得一度辉煌的一个主要原因。西夏形成文化多元性的原因很多，有民族的因素、地理的因素，也与西夏国家的政治、经济、文化、外交密切相关。西夏文化的多元性表现在许多方面，如国家制度、艺术、宗教等诸多领域。

一 西夏文化多元性的成因

西夏多元文化的形成与发展，是西夏统治者长期推行开放国策的结果。在这一国策的指导下，西夏对外来文明能够采取十分积极的态度，兼收并蓄，博采众长以为己用，从而极大地融合了本民族的传统文化和外来文化，形成了一度灿烂辉煌的西夏文化。西夏文长诗《夫子巧式歌》（又译作《颂师典》）正是这种多元性和包容性的体现："蕃汉弥人同一母，语言不同地乃分。西方高地蕃人国，蕃人国中用蕃文。东方低地汉人国，汉人国中用汉文。各有语言各珍爱，一切文字人人尊。"[①]

西夏开放国策的形成，是西夏历史发展的必然结果。实际上从夏州割据政权开始，党项人就对外部政权抱以积极而又灵活的态度。从唐初夏州割据政权建立，到西夏正式建国，在一个半世纪里，党项割据政权经历了唐、五代、北宋等朝代的更替和辽朝的兴起，经历了从小到大、由弱变强、由割据到立国的艰苦过程。在各朝代夹缝中生存的党项人，为了保持和壮大自己割据政权的实力，与各王朝进行的不

---

① 张迎胜主编：《西夏文化概论》，甘肃文化出版社1995年版，第120页。

仅是军事斗争，而且也有灵活多变的外交斗争，他们往往根据形势的变化而采取相应的外交措施。

　　唐朝灭亡后，后梁代之而起，党项政权权衡利弊之后，臣服于后梁。清朝史学家吴广成站在"中原正统"的立场上，对党项政权予以笔伐："思谏嗣职，庸庸自保。视椒兰之弑而不知援，见汴梁之篡而不之讨。略公义，重私恩，以视思恭殆有愧焉。"① 但吴氏的笔伐也正说明了党项政权善于审时度势、灵活应变。后唐庄宗灭梁后，党项政权的首领定难军节度使李仁福，即派宥州刺史李仁裕奉表入贺，向后唐献媚。但在向后唐献媚的同时，也不忘和契丹暗中交通，引以为好。后晋代唐，对党项政权施以怀柔，党项又起兵助后晋攻契丹。后汉时期，朝廷对党项政权"以恩泽羁縻之"，而党项政权也乘机不断扩充自己的实力，"每藩镇有叛者，常阴助之，邀其重赂"②。到了后周，党项政权已具备一定的实力，对后周也很轻慢。后周封其首领李彝殷为陇西郡王，但彝殷未尝表贺，并遣使附于北汉，继而又叛北汉归附后周。

　　综观五代之世，在半个世纪的时间里，党项政权对五代各朝是时附时叛，"暮楚朝秦"。但这种"暮楚朝秦"的做法，却为党项政权获取了最大的利益："银、夏、绥、宥、静五州，兵不事战征，民不睹金革，休养生息，几及百年。西夏之昌，早基于此。"③ 可见，早在夏州割据政权成长之时，党项统治者对外就采取一种开放的态度，审时度势，展开灵活的外交，取长补短，以获取自己的最大利益。

　　西夏立国后，与之并立的有诸多民族政权。西夏初期，其东南是北宋，北面和东北是辽朝，西面是回鹘和黑汗，西南是吐蕃，吐蕃的东南又有大理。西夏后期，东面是金朝，北方有蒙古诸部，西面有西辽，西南有吐蕃，南方是南宋和大理等政权。在各并立政权之中，力量比较强大的要数辽、宋、夏、金等国以及新兴的蒙古，而在夏与辽、北宋和金、蒙古对抗的过程中，西夏的势力最弱，力量也最小。在这种情况下，西夏要想生存，不被大国吞并，就必须与其他两大国

---

　　① 龚世俊等：《西夏书事校证》卷1，甘肃文化出版社1995年版，第14页。
　　② （宋）司马光编著：《资治通鉴》卷288《后汉纪》，中华书局2011年点校本第2版，第9536页。
　　③ 龚世俊等：《西夏书事校证》卷2，甘肃文化出版社1995年版，第28页。

周旋，取得一方甚至两方的支持，或利用一方牵制另一方，从而达到三足鼎立的目的。因此，西夏继承了党项政权传统的外交灵活政策，推行开放国策。实践证明，党项西夏政权的这一策略是正确的，它不但壮大了割据政权的实力，奠定了西夏长久立国的基础，同时也加强了党项和周边各民族的文化交流，加快了党项传统文明和周边各民族文明融合的步伐，最终形成了独具特色的多元文化。

西夏多元文化的形成亦有其深厚的民族基础。西夏不是一个单一的民族政权，相反是一个由众多民族组成的大家庭。境内民族成分较多，除了党项人外，还有汉人、吐蕃人、回鹘人、契丹人、女真人、鞑靼人、吐谷浑人，等等。所谓"表里山河，蕃、汉杂处"①。西夏文《新集碎金置掌文》亦描绘说："弥药勇健行，契丹步履缓。羌多敬佛僧，汉皆爱俗文。回鹘饮乳浆，山讹嗜荞饼。"②诗中形象地揭示了党项、契丹、吐蕃、汉族、回鹘、横山羌等各民族的特征。不同的民族有着不同的风俗习惯、宗教信仰和文化传统。即使是同一民族，其文化风习也不尽相同。以党项族为例，其族内民族成分就比较复杂，既有羌藏系统的因素，又有阿尔泰民族的因素，同时还夹杂着各种土著因素，从而使党项民族的风俗成为一种五花八门的杂俗。此外，西夏在与周边各政权交战或与各国交流的过程中，又会有一些新的民族进入西夏，如大食人就经常过往西夏从事贸易活动，女真人和蒙古诸部亦有进入西夏者。不同的民族，各不相同的文化风俗和宗教信仰，就为西夏文化的多元性奠定了民族基础。

西夏多元文化与西夏的经济和政治密切相关。西夏王国的经济基础，既不仅仅是农业，也不仅仅是畜牧业，而是农牧并举的半农半牧经济。并且西夏半农半牧的经济，在地域和民族上的表现都是相对而言的，即在西夏没有绝对的农业区和牧业区，也没有绝对的农耕民族和游牧民族。③ 这种经济基础，就决定了西夏文化既不是纯粹的游牧文化，也不是完全的农耕文化，而是党项传统文化和中原汉文化以及

---

① 龚世俊等：《西夏书事校证》卷16，甘肃文化出版社1995年版，第186页。
② 聂鸿音、史金波：《西夏文本〈碎金〉研究》，《宁夏大学学报》1995年第2期。
③ 杜建录：《西夏经济史》，中国社会科学出版社2002年版，第151—152页。

吐蕃文化、回鹘文化等多种文化融汇而成的混合多元文化。

西夏的经济基础和民族基础，决定了西夏在政治上实行的是蕃汉联合而治的统治制度。蕃汉联合而治的统治制度，是保障各民族利益的最好方式。这种统治方式，不仅有助于完善西夏的统治机制，而且也有利于中央权力的集中和西夏政策的推行，有利于西夏内部各族之间的团结协作。这种政治制度，就决定了西夏文化只能向多元方向发展，而不会成为一种单一文化。

西夏地处东西方交汇地段，东西方向连接中原和西域，南北方向连接内地和草原。这种地缘特点，决定了西夏是一个多种文化融合交汇的地带。而西夏文化上的多源，也是西夏历史的特点之一，这也是决定西夏文化多元性的一个重要原因。

除了党项族传统的民族文化外，汉文化也是西夏文化的源头之一。从党项割据政权，到西夏立国，再到西夏灭亡，在近三个半世纪的时间里，中原汉文化对西夏的影响可谓根深蒂固，西夏对中原汉文化的吸收和借鉴也可说是全面深刻。西夏仿照中原制度，学习汉语，重用中原人才，掳掠汉人从事农耕，设立汉学培养人才，开设科举选拔官员……其社会的各个方面，无不深深地烙上汉文化的印迹。

吐蕃文化、回鹘文化，尤其是吐蕃文化，也深刻地影响着西夏文化，亦为西夏文化来源之一。吐蕃和党项都源出于羌，他们有共同的族源。《文海》就解释"藏番"为"国人之谓"[1]。汉文、藏文、西夏文资料一致记载，西夏党项人属于弥药（木雅）氏。弥药不仅是党项人的自称，而且也是吐蕃人对党项人的称谓。而藏文史籍认为，弥药是藏族先民四大姓氏中董姓的一个分支。可见党项人在北迁之前，是藏族先民的一部分，曾使用藏语的安多方言。正因如此，党项和吐蕃在语言、称谓、风俗习惯乃至宗教信仰等方面，具有高度的相似性。而在整个宋代，西夏也是藏文化与中原文化交流的最重要的桥梁，也是藏文化与北方草原民族文化交流的主要桥梁。[2] 近年来，有

---

[1] 史金波、白滨、黄振华：《文海研究》，中国社会科学出版社 1983 年版，第 443 页。
[2] 陈庆英：《西夏与藏族的历史、文化、宗教关系初探》，《藏学研究论丛》第 5 辑，西藏人民出版社 1993 年版，第 6—49 页。

学者就专门利用藏文、蒙文等文献资料，研究西夏的相关问题，如名称、王统世袭、成吉思汗伐夏、西夏遗民等问题。①

西夏建国前，西凉吐蕃、甘州回鹘，都曾是独立的政权，后来被党项人通过战争而征服，当地绝大部分吐蕃人、回鹘人，也就成了其后建国的西夏王朝的臣民，所以当地的吐蕃文化、回鹘文化也就被很好地继承下来。日本学者羽田亨指出，回鹘文明是一种"合成式文明"，它糅和了中国文明和西方文明（基督教文明和摩尼教文明）。以这种"合成式文明"作为来源之一的西夏文化，其"合成"性就更为突出了。西夏佛教十分发达，境内喇嘛僧人、回鹘僧人很多，而且地位也很高，颇受西夏统治者的尊崇，这也是吐蕃和回鹘的佛教文化盛行西夏的一种反映。此外，李蔚指出，西夏文化和河陇文化的关系也十分密切，河陇文化对西夏文化亦有很深的影响。②

二　西夏文化多元性的体现

西夏文化的多元性体现在很多方面，如在制度方面，西夏一方面保留了本民族和吐蕃、回鹘等民族的传统；另一方面又积极向中原王朝学习。"其设官之制，多与宋同。朝贺之仪，杂用唐、宋，而乐之器与曲则唐也。"③ 北宋大臣富弼在给仁宗所上《河北守御十二策》中也指出："拓跋自得灵、夏以西，其间所生豪英，皆为其用。得中国土地，役中国人力，称中国位号，仿中国官属，任中国贤才，读中国书籍，用中国车服，行中国法令，是二敌所为，皆与中国等。而又劲兵骁将长于中国，中国所有，彼尽得之，彼之所长，中国不及。"④ 在吸收各民族政治制度的基础上，西夏形成了蕃、汉、降汉、西番、回鹘等多民族"共职"的政治现象。西夏兵制亦是在综合吸收各民族长处的基础上而

---

① 杨浣：《他者的视野——蒙藏史籍中的西夏》，宁夏人民出版社2013年版。
② 李蔚：《略论西夏文化同河陇文化的关系》，《西夏史研究》，宁夏人民出版社1989年版，第121页。
③ （元）脱脱等：《宋史》卷486《夏国传》，中华书局1977年点校本，第14028页。
④ （宋）李焘：《续资治通鉴长编》卷150"庆历四年六月戊午"条，中华书局1985年点校本，第3640—3641页。

建立起来的。西夏最高军事机构是枢密院，与中书省并立，分管文武，这也是西夏学习宋朝的结果。西夏地方实行监军司制度，军事组织中设立"正军"和"负赡"，则是吸收吐蕃军事制度的结果。

  西夏的发式、服饰，也吸收了汉族、吐蕃、回鹘甚至鲜卑等民族的习俗。元昊建国前，为了标新立异，为西夏立国做准备，下令国人一律秃发。"元昊初制秃发令，先自秃发。及令国人皆秃发，三日不从令，许众杀之。"① 又"以衣冠采色别士庶贵贱"②，而自己则"衣白窄衫，毡冠红里，顶冠后垂红结绶"③。秃发是李元昊攀附鲜卑皇族拓跋氏的结果；"以衣冠采色别士庶贵贱"，显然是仿照唐宋服饰制度而做出的规定；元昊自己的服饰，结合敦煌壁画、西藏塑像和汉藏文献的相关记载来看，则是受吐蕃赞普和回鹘可汗服饰影响的结果。敦煌莫高窟壁画中供奉的吐蕃赞普，头戴红毡帽，这与元昊"毡冠红里，顶冠后垂红结绶"很相似，而吐蕃男子戴耳环与西夏"耳重环"也基本一致。④ 回鹘女子往往梳高髻，戴冠饰，西夏妇女也效仿了这种发式。莫高窟409窟东壁门北的两个西夏王妃供养像，两人发式均梳高髻，并戴镂刻朵云纹、凤凰纹的金属片冠饰及其他饰物。元人马祖常有诗云："贺兰山下河西地，女郎十八梳高髻。茜根染衣光如霞，却招瞿昙作夫婿。"⑤ 河西（元代对西夏故地的称呼）女子梳高髻，也是西夏妇女采用回鹘妇女发式的体现。

  西夏文化的多元性在西夏艺术领域亦有明显体现。以音乐为例，西夏音乐即是综合吸收了中原音乐和传统的"西音"以及其他民族音乐而形成的独具特色的音乐。一方面，中原音乐对西夏音乐

---

  ① （宋）李焘：《续资治通鉴长编》卷115"景祐元年十月丁卯"条，中华书局1985年点校本，第2704页。

  ② （明）陈邦瞻：《宋史纪事本末》卷30《夏元昊拒命》，中华书局1977年点校本，第251页。

  ③ （宋）李焘：《续资治通鉴长编》卷115"景祐元年十月丁卯"条，中华书局1985年点校本，第2704页。

  ④ 同上。

  ⑤ （元）马祖常：《马石田文集》卷5《河西歌效长吉体》，《元人文集珍本丛刊》，新文丰出版公司1985年影印本，第6册，第584—585页。

影响很大，史载惠宗秉常曾招诱汉界倡妇、乐人，仁宗仁孝任用乐官李元儒参考中原乐书改定西夏新乐《鼎新律》；① 一西夏归明官即曾说：西夏之地，"凡有井水饮处，即能歌柳词"②。所以《金史》的作者评价西夏音乐说："夏国声乐清厉顿挫，犹有鼓吹之遗音焉。"③ 另一方面，西夏在历史上是中国北方少数民族活动的舞台，许多能歌善舞的少数民族曾在这里创造出极富地域和民族特色的音乐文化，音乐史上称为"西音"。西夏建国后，顺理成章地继承了这些音乐文化的成就。所以西夏政府机构中就设有专门的音乐管理机构——蕃汉乐人院，对以党项羌为代表的少数民族音乐和以中原音乐为代表的汉族音乐进行管理，亦有专职的蕃、汉乐人。宋人"羌管悠悠霜满地""万里羌人尽汉歌"等诗句，也正是蕃汉音乐交汇融合的写照。

西夏宫廷使用的乐器，也颇能体现出西夏音乐对其他民族音乐的吸收和采纳。现在所知西夏的乐器有 70 种之多，包容了金、石、土、革、丝、木、匏、竹八音，而同时期的辽朝只有 54 种乐器，金朝仅有 52 种。三个朝代中西夏的乐器是最丰富的。这些西夏乐器中，既有民族传统乐器琵琶、缶、横吹，也有唐朝赐予的鼓吹全部，还有宋仁宗赐予元昊的"天下乐"，另外也有吐蕃、回鹘、天竺、契丹、女真以及中原民间流入西夏的乐器。④ 各民族乐器在西夏的流传和使用，正是西夏音乐吸收其他民族音乐的反映。

西夏音乐在当时就受到周边政权的青睐，宋神宗就曾于元丰六年（1083）召见宋夏边境米脂寨的党项乐人共计 42 人之多，让他们在崇政殿奏西夏音乐供其欣赏。甚至到元代，西夏乐仍被继续演

---

① （宋）李焘：《续资治通鉴长编》卷 312 "元丰四年四月庚辰"条，中华书局 2004 年点校本第 2 版，第 7571 页；（元）脱脱等：《宋史》卷 486《夏国传》，中华书局 1977 年点校本，第 14025 页；龚世俊等：《西夏书事校证》卷 36，甘肃文化出版社 1995 年版，第 418 页。

② （宋）叶梦得：《石林避暑录话》卷 3，上海书店 1990 年影印本，第 1 页。

③ （元）脱脱等：《金史》卷 134《西夏传·赞》，中华书局 1975 年点校本，第 2877 页。

④ 孙星群：《西夏艺术研究·音乐篇》，载上海艺术研究所、宁夏民族艺术研究所《西夏艺术研究》，上海古籍出版社 2009 年版，第 266 页。

奏，至元七年（1270），元世祖忽必烈定由"仪凤司掌汉人、回回、河西三色细乐，每色各三队，凡三百二十四人"①。其中河西乐就是西夏音乐。

再以绘画为例。西夏绘画是一种由多民族绘画技巧融汇而成的艺术形式，它不仅大量吸收了中原的绘画传统，而且还借鉴了高昌回鹘的画法，同时也采纳了吐蕃佛教密宗绘画的长处。现存西夏的卷轴画中，唐卡的数量很大，这正是藏传佛教绘画艺术对西夏绘画影响的具体表现。西夏敦煌壁画，"即显、密结合，并兼容汉、藏、回鹘等多民族因素，表现为多元的包容的文化状态"②。榆林西夏晚期的洞窟中，有大量密宗经变题材的壁画，如榆林3窟的"文殊""普贤""西方净土"等经变画中，就描绘出了一个个具有密宗曼荼罗特色的舞蹈人物。③而西夏晚期的绘画，辽、金的画风和南宋画风也有一定的影响，所以西夏绘画能博采众长，融会贯通，在构图、造型、线条、敷彩等方面，形成本民族特色的绘画风格。近人谢稚柳对此评价说："自来论绘事，未有及西夏者。……其画派远宗唐法，不入宋初人一笔，妙能自创，俨然成一家。"④可见，中原、西域、中亚等各地的绘画艺术风格，对西夏的绘画艺术均有很大影响，也正是在这些绘画艺术风格的影响下，西夏绘画形成了一种"浓郁的混合风格，即在西夏画风中既有中原画风的影响，又有藏传佛教艺术的特征，也可找到印度——尼泊尔风格以及中亚回鹘艺术的影子"⑤。

最能体现西夏文化多元性的，笔者以为当是西夏的宗教。西夏早期流行巫术和鬼神崇拜、自然崇拜。党项建国后，这种风俗并没有消失，而是和其他宗教信仰一起并存。《文海》中就收有许多与此有关的词语，如"巫、巫师、驱鬼者、禳、神、守羊神、鬼、魅、魑、魅

---

① （明）宋濂等：《元史》卷77《祭祀志》，中华书局1976年点校本，第1926页。
② 顾颖：《西夏艺术研究·绘画篇》，载上海艺术研究所、宁夏民族艺术研究所《西夏艺术研究》，上海古籍出版社2009年版，第16页。
③ 葛华：《西夏舞蹈遗存及其它》，《宁夏艺术》1986年第4期。
④ 谢稚柳：《敦煌艺术叙录》，上海出版公司1955年版，第30页。
⑤ 韩小忙、孙昌盛、陈悦新：《西夏美术史》，文物出版社2001年版，第352页。

蛾、闹鬼"等,① 并且有些词语出现不止一次,说明巫术和鬼神崇拜等在西夏流传还是较广的。西夏乾祐七年(1176)所立《黑水建桥敕碑》,就是仁宗对黑水诸神发布的敕令,"敕镇夷郡境内黑水河上下所有隐显一切水土之主山神、水神、龙神、树神、土地诸神等,咸听朕命",以祈求"水患永息,桥道久长"。并且仁宗在此之前,也曾"亲临此桥""躬祭汝诸神"②。说明党项统治者本身也崇奉鬼神。

西夏崇尚佛教,但也不排斥其他宗教。除了佛教之外,道教在西夏也很流行,西夏在政府机构的次等司中设有"道士功德司",官员有"一正、一副、一判、二承旨"③,专门管理本国的道教事务。西夏政府对道士也有许多法律规定,详见《律令》卷11《为僧道修寺庙门》。《文海》中对"仙"的解释是:"仙人,山中求长寿者也";"仙人也,山中住,寿长求道者之名是"④。元昊的太子宁明曾跟随定仙山的道士学避谷法,气忤而死;大安七年(1081),宋军大举攻夏,灵州城中的夏人纷纷逃离,只剩下僧道数百人;次年,梁氏进攻宋朝,因兵力不足,曾征调僧道入伍;出土的西夏书籍中,有很多汉文、西夏文的道教典籍,包括洞真、洞玄、洞神三部好几类……由此可见,道教在西夏流传也很广。

除了佛、道二教之外,西夏还流传景教(基督教聂思脱里派)和

---

① 《文海》对各词条的解释分别是:"巫:驱鬼也,消鬼也,除鬼也,驱鬼也,驱灾鬼害者用是也。"(参见史金波、白滨、黄振华《文海研究》,中国社会科学出版社1983年版,第507页)第526页也收有"巫"。"巫师:巫师也,本西巫者之名是也。"(第402页)"驱鬼者:驱鬼也,送祟也,驱鬼者之亦谓也。"(第426页)535、545、553页也收有此条。"禳:禳者也,巫也,鬼祟驱除者之谓也。"(第494页)"神,神也,天神、地神之谓。"(第453页)第488、500页也收有此条。"守羊神:羊中守护者神是也。"(第432页)"鬼:鬼也,魅也,蛾也,鬼蛾也,他杀自缢死之谓也。"(第494页)"魅:罗刹也,鬼怪也,鬼怪也,蛾也,厉鬼也,魔灾也,损害做者之谓也。"(第455页)第443页也录有此条。"魑:鬼魅也,魑魅也,鬼也,他杀自缢死之谓也。"(第545页)"魅蛾:魅惑也,鬼蛾也,鬼魅也,鬼蛾也,被杀上吊等之谓。"(第438页)"闹鬼:房舍中人不住,则鬼魅为依附之谓。"(第521页)

② (西夏)张世恭:《黑水建桥敕碑》,载杜建录《党项西夏碑石整理研究》,上海古籍出版社2015年版,第162页。

③ 史金波、聂鸿音、白滨译注:《天盛改旧新定律令》卷10《司序行文门》,法律出版社2000年版,第363、367页。

④ 史金波、白滨、黄振华:《文海研究》,中国社会科学出版社1983年版,第550、414页。

伊斯兰教。关于景教和伊斯兰教在西夏流传的具体情况，下文将作专门论述。

即使是西夏佛教，也能体现出西夏文化多元性的特点。西夏前期，统治者主要提倡中原佛教，突出表现为尊佛、赎经、译经、建寺等活动。中原佛教的宗派对西夏佛教的影响也很大，西夏凉州的《重修护国寺感应塔碑铭》载："佛之去世，岁月浸远，其教散漫，宗尚各异。然奉之者，无不尊重赞叹。"[1] 汉传佛教中的华严宗、净土宗、禅宗、法相宗、密宗等宗派，对西夏社会风俗影响很大。[2] 如1989年在甘肃武威凉州区新华乡亥母洞出土的西夏文抄本《志公大师十二时歌》，就是唐宋时期在中原地区十分流行的修禅佛教俚曲。西夏人不仅将《志公大师十二时歌》翻译成西夏文，而且每一句都做了注释，少者每句注解4字，多者每句有三十多字的解释。这是"西夏禅宗高僧对禅宗修禅得道偈颂的理解"，也是"目前发现唯一对《志公大师十二时歌》所做的注解"[3]。

西夏中后期是佛教广泛传播和兴盛的时期，这一时期对西夏佛教影响最大的是藏传佛教。西夏统治者给吐蕃僧人以很高礼遇，吐蕃僧人在西夏不仅从事宗教活动，而且也从事政治活动，很有势力。据藏文文献《贤者喜宴》记载，西夏王泰呼（即仁孝）很崇敬吐蕃佛教嘎玛嘎举派初祖法王都松钦巴，曾遣使入藏迎请，但都松钦巴未能前来，便派弟子格西藏索哇来到西夏。藏索哇到西夏后被尊为上师，很受宠信。萨迦派祖师札巴坚赞的弟子迥巴瓦国师觉本，也曾被西夏政府奉为上师。[4] 藏传佛教在西夏的流行，使莫高窟、榆林窟中西夏洞窟的后期壁画，明显染上了藏传佛教的密宗色彩。

藏文佛经在西夏也备受重视，十分流行。在已发现的西夏文佛经中，有相当一部分是译自藏文的佛经。据史金波统计，大约有二十余

---

[1]《西夏凉州重修护国寺感应塔碑铭》，载杜建录《党项西夏碑石整理研究》，上海古籍出版社2015年版，第155页。
[2] 史金波：《西夏社会》，上海人民出版社2007年版，下册，第593—598页。
[3] 杜建录编著：《中国藏西夏文献研究》，上海古籍出版社2012年版，第215页。
[4] 巴卧·祖拉陈哇：《贤者喜宴》，黄颢译注，《西藏民族学院学报》1981年第2期。

种。① 日本学者西田龙雄指出：唐古特人经常一视同仁地从汉、吐蕃经卷中，把不同的佛经译成母语。② 仁孝乾祐二十年（1189）印施的西夏文《观弥勒菩萨上生兜率天经》御制发愿文中，记载在大度民寺举行的求生兜率内宫弥勒广大法会上，"烧结坛作广大供养，奉广大施食，并念佛诵咒，读西番、番、汉藏经及大乘经典"③。这里把西番经（即藏文佛经）列在三种佛经的首位，足见仁孝对藏文佛经的重视。上文提到的《黑水建桥敕碑》，正面是汉文，而背面刊刻的也是藏文。

此外，《文海》中收有"罽宾"一词，释为："国名之谓，三藏名。又真言中用。"④ 罽宾（Kasmira，即今克什米尔）是佛教大乘派的发源地，西夏人将其收入自己的辞书中，并解释为"三藏名"，说明他们对大乘佛教是很尊崇的。西夏对罽宾的了解和对大乘佛教的吸收，应是通过吐蕃僧人进行的。西夏人认为疾病的产生是"四大不合"的缘故，⑤ 这显然是印度佛教对西夏人影响的结果。

除了受中原佛教和藏传佛教的影响之外，西夏对回鹘佛教文化也大加吸收，邀请回鹘僧人演绎经文，翻译佛经，并且西夏的最高统治者如谅祚和他的母亲没藏氏等，还经常临听回鹘僧人演经。甚至西夏统治者还将回鹘僧人和佛像、佛经一起，作为礼物进献给辽朝。另外，据《辽史》《金史》的记载，西夏和辽、金也有佛教交流活动。可见，尽管西夏早期流行汉传佛教，中后期流行藏传佛教，但同时西夏的佛教也受到回鹘佛教以及辽、金佛教的影响，尤其是回鹘佛教。所以西夏的佛教，实际上已是一种独具特色而又极具包容性的宗教，这也是西夏文化多元性的一种体现。

（原载《西北师大学报》2005年第3期）

---

① 史金波：《西夏佛教史略》，宁夏人民出版社1988年版，第56页。
② ［日］西田龙雄：《关于天理图书馆所藏西夏语文献》，《图书杂志》1957年第9期。
③ 史金波：《西夏佛教史略》"附录一"，宁夏人民出版社1988年版，第267页。
④ 史金波、白滨、黄振华：《文海研究》，中国社会科学出版社1983年版，第423页。
⑤ 同上书，第475、494、521、533、537页。

西夏医药学成就初探

通过西夏法典《律令》和西夏文辞书《文海》《番汉合时掌中珠》《西夏谚语——新集锦成对谚语》等西夏文文献，以及出土的西夏医方（主要集中在《俄藏黑水城文献》中），再结合汉文文献和藏文文献中的相关资料，我们对西夏的医学成就可以形成一个较为简略的认识。与同时期的辽、宋、金等王朝相比，西夏的医学水平是比较低下的，但也有本民族的特色。

一　西夏医疗概况

西夏立国之前，医药知识十分匮乏，人们非常迷信，以盛行的巫术"治病"。立国之后，随着社会经济的发展和与周边各政权经济、文化交流的日渐增多，西夏人从兄弟民族那里学来了许多医学知识，促使本国医学水平有了一定的发展和提高。

西夏政府机构中设有医人院,[①] 属于五等行政级别中的中等司，这是全国最高医疗行政机构。末等司中设有制药司,[②] 是国家制造药品的专门机构，属于次等司的三司，下辖十库，其中第一库是药钱库。该库设小监、出纳各二人，库监一人，而十库总设提举一人、都案一人、掌钥匙二人。[③] 药钱库的具体职能尚不清楚，但当与药物管

[①] 史金波、聂鸿音、白滨译注：《天盛改旧新定律令》卷10《司序行文门》，法律出版社2000年版，第363页。
[②] 同上书，第364页。
[③] 史金波、聂鸿音、白滨译注：《天盛改旧新定律令》卷17《库局分转派门》，法律出版社2000年版，第535页。

理或购销有关。西夏国家医疗机构大致如此。

西夏称医生为"医人""医者"。除了给普通老百姓治病的医人外，西夏还有御医、法医甚至兽医。西夏有御用药房，皇族服药所用器皿有专人"药酒器承旨"等负责管理。为了保障西夏皇室成员的健康和安全，西夏政府对御药的管理非常严格。从事御药管理的任何相关人员，稍有不慎，即可招来重刑甚至是杀身之祸。《律令》对此多有规定，如"合御药时若于药方上写名字有误，及侍服药法有错等，已献御前则谁有错者绞杀，主管、检校等徒十二年，未献御前则有错者徒十二年，主管、检校等徒六年"[①]。"医人小监依内宫法出入外，应有小医人每日在药房内，则当与当值内宿承旨回应方可入内"[②]。"御供之膳、药、酒等种种器中，不许他人饮用。若违律，是现用器则徒三年，是备用器则徒一年"；"和御供膳及和药等中，不好好拣选、器不洁净等，一律徒二年"[③]。内宫中的"医人"，若于当值时饮酒，则"庶人一个月，有官罚马二"；"药酒器承旨"，如果在当值时饮酒，则"庶人十三杖，有官罚钱五缗"[④]。

此外西夏还有"方御"（西夏文音译），可能也是御医系列的官员之一。西夏法律规定，对犯有种种罪则者，可以根据"有官及减免等法"实行判处。其中如果不遣送"苦役处"服苦役者，可于所属部门的杂役中做"笨工"代替，这显然是减轻处罚的一种措施。西夏政府对拥有这种权利的人员有界定，其中"医人中自方御以上"，可入笨工。[⑤] 可见"方御"的地位还是比较高的。

如果发生民事纠纷有人受伤，或遴选丁壮入伍遇到目盲、耳聋、

---

① 史金波、聂鸿音、白滨译注：《天盛改旧新定律令》卷1《大不恭门》，法律出版社2000年版，第127页。
② 史金波、聂鸿音、白滨译注：《天盛改旧新定律令》卷12《内宫待命等头项门》，法律出版社2000年版，第435页。
③ 同上书，第433页。
④ 同上书，第426、427页。
⑤ 史金波、聂鸿音、白滨译注：《天盛改旧新定律令》卷20《罪则不同门》，法律出版社2000年版，第616页。

蹩挛、病弱等情况时,则当派遣"医人看验"①;"牢狱中有染疾病时,都监、小监等应报,遣人视之。不应担保则使住于牢狱净处,视其原罪多寡、病轻重等,应释其枷锁则释之,医人当视之,依其所宜服药就医。应担保则担保,于司外医病,愈时当依法推问"②。这些负责检查、核实病情的医人当是法医,或者是兼有法医职责的医人。

西夏畜牧业很发达,马、骆驼、牛等牲畜,在军事和社会生活中均占有重要地位,因此西夏人对牲畜的病变非常关心。从西夏人对牲畜"黑病""狂犬病"等病变的认识以及出土的治疗马病的医方来看,③ 西夏也有兽医。

对用于祭祀的马、牛等牲畜,或是马院所属,抑或是经略司、群牧司所属的国有牲畜,如果遇到病、亡情况,牧人等相关责任人须立刻上报局分处等主管部门,由主管部门派遣"验者"或"视者"前往勘验。"有神马、祭牛、神牛一种者","突然死亡及患病等时,牧人当速告局分处派人视之",若死亡属实,"当令视者只关",然后注销。"马院所属熟马、生马及所予汉、契丹马等中之患疾病、生癞者,当速告局分处,马工当遣医人视之",如果经勘验确属病死,则可注销;若属于因牧监失误而导致的马匹瘦弱死亡等情况,则记名牧人,或小牧主,或末驱,视各自资力情况赔偿。"诸牧场四种官畜中患病时",属于经略司的禀报经略司,属于群牧司的禀报群牧司,"验者当往,于病卧处验之"。如果是"不患病及并未亡而入死中为虚假时,以偷盗法判断"④。对于黑水镇燕监军司辖地内患病的牲畜,则

---

① (西夏)骨勒茂才著,黄振华、聂鸿音、史金波整理:《番汉合时掌中珠》,宁夏人民出版社1989年版,第61页;史金波、聂鸿音、白滨译注:《天盛改旧新定律令》卷6《抄分合除籍门》,法律出版社2000年版,第262页。
② 史金波、聂鸿音、白滨译注:《天盛改旧新定律令》卷9《行狱杖门》,法律出版社2000年版,第335页。
③ 陈炳应译:《西夏谚语——新集锦成对谚语》,山西人民出版社1993年版,第17页;史金波、聂鸿音、白滨译注:《天盛改旧新定律令》卷8《相伤门》,法律出版社2000年版,第298页。
④ 史金波、聂鸿音、白滨译注:《天盛改旧新定律令》卷19《畜患病门》,法律出版社2000年版,第582—584页。

由监军司负责派人验视。① 这里的"验者""视者",当是具有法医职责的兽医。

西夏有负责药材采购、搜集的专职人员"采药"②。国内库藏药材(大概藏于"药钱库"中)品种繁多,约有二百余种,具体名称见于《律令》。《律令》对药剂在和合制作过程中,各类药材是否耗减、耗减多少等均有明确规定。

因蛆虫不食,不耗减:

朱砂、云母、玉屑、钟乳、空青、禹余粮、紫石英、菩萨石、雄黄、雌黄、硫磺、水银、磁石、汉水石、阳起石、秘地辛、长石、理石、石膏、石蛇、石斛、石叶子、刺流头、花乳石、县精石、紫萍、白桂、海哈、石决明、文哈、代赭石、珊瑚、马瑙、地黄、龙金、龙水、玳瑁、香象牙、珍珠、甲香。

蛆虫不食而应耗减,一斤耗减一两:

矾石、赤石脂、白石脂、硇砂、虎骨、沉香、琥珀、葛贼、乳香、檀香、紫□、乌药、麒麟竭、没药、相□、红卢、衣甲、宿香、苏香、萨霜、牛黄、麝香、碧波、茯苓、香脂、茯神、海马、菟丝子、木香、巴戟、赤精、苦参、大附皮、丹参、蚂蟥、苯苡、两弓、黄离勒、甘弓、预知子、决明子、五加皮、黄银、芍药、秦皮、桂辛、支考、枳实、海棠皮、缩砂、玉脂、柴胡、细辛、神马、硝石、金硝、马桂硝、丹矾、清风、云砂、龙脑、菖蒲、菊花、生地黄、熟地黄、白椿、苍椿、牛蝎、菖苇子、车前子、远志、草良丹、肉寺养、白□梨、川芎、□□、黄连、五味子、碧杏、狗脊、木香、紫草、紫菀、瓜牛、白薛皮、雪莲皮、斑蛤、白薇、石楠叶、郁李仁、薏苡仁、款冬花、杜仲、宅勒、牡丹皮、石薯蓣、海宝、牛蒡子、阿魏、草五头、莳萝、云金、录回、零陵香、海赞、县胡桑、碧赤契、乌薯蓣、山薯蓣、

---

① 史金波、聂鸿音、白滨译注:《天盛改旧新定律令》卷19《校畜磨勘门》,法律出版社2000年版,第589页。

② 史金波、聂鸿音、白滨译注:《天盛改旧新定律令》卷5《军持兵器供给门》,法律出版社2000年版,第224页。

大蓟、射干、丁香、巴蓟、甘草、藜芦、贯仲、半夏、牵牛、狼毒、川椒、槐角、骨碎补、乌鱼骨、马兜铃、葫芦把、地龙、马连子、海金砂、白宫□、川楝子、五灵脂、豇豆、赤小豆、荜豆、茴香、枸杞。

蛆虫食之不耗减：

犀角、羚羊角、牡蛎。

蛆虫食之耗减，一斤耗减二两：

常山、龙贞、天门冬、大黄、何首乌、宫黄、甘草、知母、天麻、葛荆、甘松、京三轮、苦勾加、白芨、白莲、丁辛、木贼、白芷、索赞仁、母猪苓、木鳖子、白豆蔻、陕考、桑螵蛸、薛萝、白附子、栀子、弁蒲金、大附子、肉豆蔻、泽泻、傍傲△、皂角、土和、空和、山芋、人参、丙胡、防风、贝母、附子、川乌豆、蛙经子、甘泻、五设、白花成、五味子、葛根、蜈蚣、巴麦、水斗、鸣虫。①

除此之外，实际生活中运用到的药材还有藿香、青盐、梧桐子、槟榔、良姜、白芥子、百草霜、金线矾、山丹花、砒霜、玄归、吴茱萸、生姜、黄丹、牛膝、莨菪子、花椒皮、秫米、厚朴、罗勒、麻黄、蒜、胡椒、安息香、草香、末香、涂香等。② 其中有些药材是西夏本土所产，如大黄、枸杞、甘草等。西夏肃州就盛产大黄，灵武也出产大黄，蒙古军攻下灵武后，耶律楚材就曾从城中搜集到两驼大黄，"既而军士病疫，唯得大黄可愈，所活几万人"③。有些药材属于汉药，当是西夏与周边各政权尤其是与宋朝贸易而来的，如牛膝、秫米、花椒等。还有

---

① 史金波、聂鸿音、白滨译注：《天盛改旧新定律令》卷17《物离库门》，法律出版社2000年版，第549—552页。

② 俄罗斯科学院东方研究所圣彼得堡分所、中国社会科学院民族研究所、上海古籍出版社编：《俄藏黑水城文献》（4），上海古籍出版社1997年版，第174、179、180、185、187—189、119、176、184—189页；陈炳应：《西夏文物研究》，宁夏人民出版社1985年版，第313页。

③ （元）宋子贞：《中书令耶律公神道碑》，载（元）苏天爵编《元文类》卷57，《四部丛刊》初编本；（元）陶宗仪：《南村辍耕录》卷2《大黄愈疾》，中华书局1959年版，第24页。

一些药材是自中亚、西亚等地传入的阿拉伯药材，如阿魏、莳萝等。库存药材在存放过程中会出现折损现象，对各种药材的折损量，西夏法律有明确的规定，如上引《律令》有一百三十多种蛆虫不食而应耗减的药材，500 克可耗减 50 克；五十余种蛆虫食之耗减的药材 500 克允许耗减 100 克。如果管理不善，折损量超出规定的范围，则责任人将受到法律的制裁，反映出西夏的药材管理已经制度化。

二 西夏的医药学成就

西夏在向周边国家学习和与疾病做斗争的过程中，结合本民族传统，逐渐掌握了许多医药学知识，取得了一定的医学成就，推动了西夏医药学水平向前发展。综合起来，主要体现在以下几个方面。

1. 对生理、病理现象的认识

西夏人关于人体解剖学方面的知识，表现在他们对人体各个部位的认识上。这些部位见于西夏文献记载的有：头、发、颈、肩、咽、喉、口、舌、唇、齿、颚、目、目眼、睑、鼻腔、耳、心、胸、腹、腰、肠、肚、肝、胃、肺、肪、肛、脊、髓、体、躯、身、骨、皮、胯、臀（屁股）、筋、腿、膊、胫、股、肋、脚、脸、面、手、眉毛、眼眶、睫毛、唾涕、脚跟、胯骨、骨架、虎牙、膈膜、手腕、手指、乳房、鼻胫、膀胱、睾丸、女阴等。

这些名词大量出现在西夏文辞书如《文海》《番汉合时掌中珠》以及《西夏谚语》中。同样，这些辞书也记录了西夏人对一些生理现象的认识，这些生理现象主要有：生、死、病（疾）、命、瘦、壮、雄、鼾、梦、惊梦、泪、血、凝血、津、产、屎、尿、晕、疲倦、瞌睡、痉挛、驼背、气闷、口吃、遗尿、小产、晚产、晚产子，等等。

在西夏人看来，血脉是关系到人身健康的一个重要因素。《文海》解释"血脉不周"为："血塞也，血脉病续断不通之谓也""脉阻，疾也，病患血脉不通之谓。"[①] 可见如果"血脉不周"或"脉阻"，就

---

① 史金波、白滨、黄振华：《文海研究》，中国社会科学出版社 1983 年版，第 414、504 页。

要生病；如果血脉通畅，则人有活力，身体也会结实健壮。"生壮：生也，出生也，血活脉沸动摇之谓也。"① 另外，人的饮食、情绪、卫生等也会影响身体健康。

2. 对疾病的认识和治疗

西夏人认为疾病的产生是"四大不合"的缘故。《文海》对"病""疾""瘅""病患""受罪"等疾病现象的发生，皆归根于"四大不合"。如解释"病患"为："患病也，受罪也，疾病也，病患也，患也，疾病，四大不合和也。"② 这种将疾病归结于"四大不合"的认识来源于佛教。"四大"是佛教术语，全称"四大种"，亦称"四界"，指地、水、火、风四种基本元素。佛教认为，四大能造一切色法（相当于物质现象）。就四大的属性和作用来看：地大以坚为性，能载万物（持）；水大以湿润为性，能包容物（摄）；火大以暖为性，能成熟物（熟）；风大以动为性，能生长物（长）。世间万物和人之身体，均是由四大组合而成。《圆觉经》载："我今此身，四大和合……四大各离，今者妄身，当在何处？"因此，对于人身而言，若四大调和有缺，即所谓"四大不合"，则生疾病。可见西夏人的医学思想带有浓厚的宗教色彩，这是西夏医学受佛教影响的结果。

从文献记录和出土的医方来看，西夏境内比较流行的疾病有恶疮、热病、伤寒、泻痢等，其他疾病也有，但以恶疮最为厉害，也最使西夏人恐惧。黑水城出土的《治疗恶疮要语》及《文海》中许多涉及恶疮的词语，如"疮""癞""疮蛆""癞疥""生癞疥""肿疮""瘜"（鼻疮）、"疹痘"等，③ 都说明了这个问题。西夏人认为恶疮是一种传染性很强的疾病，"（染）传：传染也，传病也，染恶疮等之谓"④。因此他们制作了专门对付恶疮的"癞疮药"："松柏荸屎粪

---

① 史金波、白滨、黄振华：《文海研究》，中国社会科学出版社1983年版，第416页。
② 同上书，第475页。
③ 《文海》对各词的解释分别是："疮：人身出则不愈也，畜牲身出则愈也。"（参见《文海研究》，第533页）"癞：癞疮也，人头牲等出癞也，人身上出则癞谓。"（第505页）"疮蛆：疮中蛆生，则故名疮蛆也。"（第455页）"癞疥：疮癞也，疥癞疮也。"（第439页）"生癞疥：使疥癞也，令疥癞也。"（第452页）"肿疮：肿也，肉心中出疥疮之谓。"（第499页）"瘜：鼻疮也，鼻疮瘜之谓也。"（第504页）"疹痘：疮疥癞出之谓。"（第460页）
④ 史金波、白滨、黄振华：《文海研究》，中国社会科学出版社1983年版，第511页。

等之浆,是治癞疮用是也。"① 甘肃武威出土的3个医方,则都是治疗伤寒的专方。对此陈炳应有专门考证,② 兹不赘述。

《俄藏黑水城文献》中收录了大量西夏时期的西夏文和汉文医方,其中汉文医方集中在第4册中,第5册也收录有一些,但多有残损;西夏文医方集中在第10册中,有《治热病要论》《明堂灸经第一》及医书5篇。中国其他地方所藏西夏文献中也有医方,如敦煌研究院所藏西夏文药方、甘肃省博物馆所藏西夏文医方(共三方)等。③《治热病要论》是针对西夏流行的热病而作的医治专书,《明堂灸经》与今存《西方子明堂灸经》也大不相同,保留了党项族浓厚的民族特色,但都尚未译为中文。这些医书、医方,显然是研究西夏医学的非常宝贵的资料。值得指出的是,这些医方中有许多是译自中原传统的医学著作,而并非都是西夏自己的医方,如《孙真人千金方》,即是唐代孙思邈的《千金要方》。

《俄藏黑水城文献》收录的西夏医方治疗的疾病,还有头疼、牙疼、肢体麻木、头目昏眩、面上游风、皮肤瘙痒、痛经、癫痫、痔疮、脓肿、难产、疝气、痉挛、跛脚以及外伤等,采用的多是我国中医的传统用药法,即中草药配方,其用法甚至煎药的方法也是如此。

需要引起我们重视的是,《文海》对"疮"的解释是:"人身出则不愈也,畜牲身出则愈也。"说的是天花,这也是迄今所知世界上关于天花知识的最早记载,说明西夏人有可能发现种牛痘防天花的免疫法。我国关于这一人工免疫法最早的明确记载是在明朝隆庆年间,即16世纪下半叶,而国外直到18世纪才知道这种免疫法。④ 此外,西夏人还配制了一种据说能治各种疾病的"紫菀丸",并且有配制和服用方法的记载。⑤ 据《西夏书籍业》可知,紫菀丸是由多种植物配

---

① 史金波、白滨、黄振华:《文海研究》,中国社会科学出版社1983年版,第548页。
② 参见陈炳应《西夏文物研究》,宁夏人民出版社1985年版,第308—314页。
③ 杜建录编著:《中国藏西夏文献研究》,上海古籍出版社2012年版,第99、105页。
④ 陈炳应译:《西夏谚语——新集锦成对谚语》,山西人民出版社1993年版,第90页。
⑤ 陈炳应:《西夏文物研究》,宁夏人民出版社1985年版,第308页。

制而成，其中有紫菀和人参。①

西夏治疗疾病的方法有药物、手术及其他疗法。药物疗法是最主要的治疗方法，又分内服和外敷两种。手术疗法亦有两种情况，一种是直接将坏死的肌肉等切除，即西夏谚语所谓的"臭肉不挖癞疮不愈"②；另一种是用针刺破患处以释放脓血等，即所谓的"扎针"，"病患处铁针穿刺，使出血之谓"③。所用手术器械有刀、针、钳镊、钩镊等。④其他疗法如烤、晒、烫、灸等，目的是驱除患者身上的寒气，即《文海》所说的"热也，暖也，不寒之谓""令冷者为热之谓"⑤。也有用牛乳、清水或药水等清洗伤口，以防止感染，促使伤口愈合。如黑水城出土的医书中，就有"以牡牛乳洗下一切病患"的说法，⑥反映出西夏人用牛奶清洗伤口、治疗疾病，说明在畜牧业比较发达的西夏社会，牛奶不仅是食品，而且还有药用价值。这些方法也是比较常用的疗法。

西夏人制成的药品有汤药、丸药、膏药等形式。《文海》释"药"为"汤药也，搅和医治疾病用之谓"⑦。说明西夏的药品以汤药为主，这应是西夏人从宋人那里学来的。甘肃武威出土的3个医方中的第2个医方，是用牛膝和苍耳子配成的丸药。上述"癞疮药"，当是西夏人土制的偏方，是将采集到的药种捣碎后搅和在一起制成糊状，显然是外敷的膏药，这正如西夏谚语所说："治癞见药为涂灰。"⑧

---

① ［俄］捷连提耶夫-卡坦斯基：《西夏书籍业》，王克孝、景永时译，宁夏人民出版社2000年版，第132页。
② 陈炳应译：《西夏谚语——新集锦成对谚语》，山西人民出版社1993年版，第13页。
③ 史金波、白滨、黄振华：《文海研究》，中国社会科学出版社1983年版，第522页。
④ 俄罗斯科学院东方研究所圣彼得堡分所、中国社会科学院民族研究所、上海古籍出版社编：《俄藏黑水城文献》（4），上海古籍出版社1997年版，第322页。
⑤ 史金波、白滨、黄振华：《文海研究》，中国社会科学出版社1983年版，第436页。
⑥ ［俄］孟列夫：《黑城出土汉文遗书叙录》，王克孝译，宁夏人民出版社1994年版，第235页。
⑦ 史金波、白滨、黄振华：《文海研究》，中国社会科学出版社1983年版，第506页。
⑧ 陈炳应译：《西夏谚语——新集锦成对谚语》，山西人民出版社1993年版，第11页。

西夏人对药物的用法和用量也有认识和规定，用法如温酒服、热酒服、细嚼温酒下、盐汤服、白汤下、汤寒服、热含冷咽、忌油腻、忌生水、空腹温水下、临卧服、饭后服，等等。用量如"日3服，勿令中绝断""每服一丸至两丸"等。① 这种服法和用量，同样属于我国传统中医学的内容。上述内容说明西夏人已掌握了治疗疾病的一些常用的基本方法。

3. 养生保健与兽医学

在用药治病、求神保佑的同时，西夏人也很注意营养保健。"帐内清洁族女胜"，提醒人们要注意卫生，尤其是妇女。心情愉快、血脉畅通，是保持健康长寿的重要因素。"宽宽心心天佑助"，"以有伴命如双，如欢喜寿则长"，"无忧思胖有年，无苦乐肚已大"②。"胃囊好，天神受"，"不让饮酒害于饮"，"饮酒时胀腹"，"饮食甘甜耳垂黄"等谚语，③ 说明饮酒过量会伤及身体，要注意保持良好的胃口，体现出饮食和健康关系密切。

西夏牧业十分发达，国有牧场饲养着大量的牲畜，但一旦染上瘟疫，则牲畜的死亡量是很大的。西夏人称一种瘟疫为"黑病"，"千马万畜，毙到黑病无处去"④，可见这种"黑病"传染性很强。《文海》中也收录了不少反映牲畜病变的名词，如"马病：马病也，马染病之谓"；"牛病：牛病也，牛患病也"；"疮：骆驼之肋烂疮也，马之腿疮也"；"马蹄疮：马脚上长疮也"；"牛疮：疥癞疮，牛身出疮之谓也"；"鼻疮：牲畜野兽鼻疮也，又与人之鼻疮相似也"；"牛虻：虻虫也，牛蛆虫之谓"等。⑤《西夏谚语》亦记载有羊患水肿、生疮长蛆等症状。说明恶疮一类病症，不仅在人群中流行，而且在牲畜中也时有发生，对牲畜的威胁极大。

---

① 俄罗斯科学院东方研究所圣彼得堡分所、中国社会科学院民族研究所、上海古籍出版社编：《俄藏黑水城文献》（4），上海古籍出版社1997年版，第119、176、184—189页。

② 陈炳应译：《西夏谚语——新集锦成对谚语》，山西人民出版社1993年版，第11、10、25页。

③ 同上书，第12、22页。

④ 同上书，第17页。

⑤ 史金波、白滨、黄振华：《文海研究》，中国社会科学出版社1983年版，第550、511、477、472、484、524、515页。

既然西夏人已找到了解决人身恶疮的医治办法，那么也理应能找到治疗牲畜恶疮的办法，黑水城出土的治疗马病的医方，就有助于说明这一点。同时，西夏人也认识到了"狂犬病"的严重性，"诸人有犬染狂病者当拘捕，恶犬及牲畜桀厉显而易见者当置枷"[①]。对患有该症的恶犬及其他牲畜实行拘捕隔离，这也是西夏人兽医学水平发展的一种体现。

三 西夏医药学的几个特点

通过上述初步分析探讨，就西夏医药学成就，我们可以得出如下几方面的认识。

其一，党项人早期谈不上有多少医药知识，他们生活在落后和迷信的社会风俗中，部落里盛行巫术和鬼神崇拜，患有疾病不用医药，而是"召巫者送鬼"，或把病人迁入其他居室"闪病"[②]。

其二，进入中原地区之后，随着国家政权的建立和与周边各民族交流的日益频繁，西夏人开始从兄弟民族那里学来了许多医学知识，医药状况有了极大的改观，但仍然保留了本民族的传统，从而形成医巫不分、医巫难分的现象，并且这一现象一直伴随到西夏王国的灭亡。黑水城出土的文献中存有许多占卜书，如《六壬课秘诀》《魔断要语》、各种咒语集、占星术文、依十二生肖作图形排列的法术图等，曾在西夏流行。[③] 收藏于内蒙古考古研究所的《大轮七年星占书》，

---

① 史金波、聂鸿音、白滨译注：《天盛改旧新定律令》卷8《相伤门》，法律出版社2000年版，第298页。

② （元）脱脱等：《辽史》卷115《二国外记·西夏》，中华书局1974年点校本，第1523—1524页。

③ 俄罗斯科学院东方研究所圣彼得堡分所、中国社会科学院民族研究所、上海古籍出版社编：《俄藏黑水城文献》（4），上海古籍出版社1997年版，第85—118页；[俄] 捷连提耶夫-卡坦斯基：《西夏书籍业》，王克孝、景永时译，宁夏人民出版社2000年版，第160—161页；[俄] 孟列夫：《黑城出土汉文遗书叙录》，王克孝译，宁夏人民出版社1994年版，第240—242页；陈炳应：《西夏文物研究》，宁夏人民出版社1985年版，第323—326页。

也是占卜书的一种。星占书用西夏文写成，楷书6行。^① 其中的"大轮某年"，实际上是一种变相的岁星纪年法。这种纪年方式，应该是民间星命术士在实践中的简便用法。迄今为止，在有关中国历史上的纪年法的介绍中，不见这种纪年方式，^② 这也是《大轮七年星占书》的文献价值的体现。《文海》中有"巫、巫师、驱害、禳、驱鬼者"等词条，从释文来看，这些人都具有消除鬼怪灾害以及疾病的能力。同时，《文海》还收有"染（病）迁"一词，释为"染病也，又值迁之谓"^③。可能就是"闪病"之类的巫术。西夏谚语中"识巫行禳无不显""山谷鬼庙害日祭"等说法，^④ 也正是医巫不分现象的反映。甘肃武威出土的医方里有"面东"一词，指的是服药时的方位，同时服药时还要念咒语，这更是医巫并行的很好说明。

其三，西夏的医学带有浓重的宗教色彩。西夏非常崇奉佛教，佛教本身也包含精邃的医学思想，在以佛教作为国教的国度里，西夏的医学思想受到佛教的影响，也在情理之中。

如前所述，西夏人认为疾病产生的原因是"四大不合"，这显然是受佛教影响的结果。西夏中后期，藏传佛教占据了主导地位，成为西夏影响最大的宗教，西夏医学自然也会受到藏传佛教的深刻影响。西夏人很尊崇药师佛，这不仅与宗教信仰有关，而且也与西夏人祈求除病免灾的美好愿望有关。黑水城出土的唐卡中，就有一幅《药师佛》，规格为121厘米×82厘米，主尊药师佛结跏趺坐于莲花座上，披红色袈裟。右手结触地印，左手托一钵，钵内盛长生不老药。药师佛宝的背部画大象、山羊和鹅。主尊两侧为二胁侍菩萨，左为红色日光菩萨，右为白色月光菩萨。主尊上部画药师佛的七位侍从，下排为十二夜叉。^⑤ 今存甘肃东千佛洞第2窟的一幅12世纪即西夏中期时的壁画，也是《药师佛》。而据藏文文献《汉藏史集》的记载，药师佛在藏医史

---

① 宁夏大学西夏学研究中心、中国国家图书馆、甘肃五凉古籍整理研究中心编：《中国藏西夏文献》，甘肃人民出版社、敦煌文艺出版社2006年版，第17册，第154页。
② 杜建录编著：《中国藏西夏文献研究》，上海古籍出版社2012年版，第223页。
③ 史金波、白滨、黄振华：《文海研究》，中国社会科学出版社1983年版，第454页。
④ 陈炳应译：《西夏谚语——新集锦成对谚语》，山西人民出版社1993年版，第11、10页。
⑤ 韩小忙、孙昌盛、陈悦新：《西夏美术史》，文物出版社2001年版，第53页。

上也占有重要地位。吐蕃在赤松德赞时期，医学就有了很好的开端，"当时，由译师毗卢遮那迎请各方的医师，把他们的医术译成藏文。对由印度人辛达迦巴把药师佛所说的续部全部译成藏文……"① 可见西夏人尊崇药师佛，不仅仅是为了信仰的需要。

  黑水城出土的文书中，后来被俄国学者编为298、299、300、301号的文书，均为"佛教医文"。其中298号为蝴蝶装写本，是三篇医文的汇集，记述了除病的仪式和药品，包括《念一切如来百字忏悔剂门仪轨》《求佛眼母仪轨》（文中有陀罗尼《佛眼母咒》，提到了《月轮咒》）、《利他截病四种内》；299号文书为《佛眼母仪轨》，记述了除病的仪式和药品，内亦有《佛眼母咒》，提到了《月轮咒》；300号文书亦为蝴蝶装写本，是《利他截病四种内》中《念一切如来百字忏悔剂门仪轨》和《求佛眼母仪轨》正文的后记；301号佛教医文记述了药剂的成分，服药时念诵的陀罗尼，以及药方是由谁传给谁的。② 这四份佛教医文，正是西夏医学和佛教密不可分的有力证据。

  西夏人服药时不仅讲究方位，而且还要念各种咒语，如《魔断要语》《佛眼母咒》《月轮咒》及其他各种咒语集中的咒语等，同时还要举行除病的宗教仪式。大概在西夏人看来，念咒语是很管用的，"野立卜石念秘咒，赞雷角剑敌归伏"③。对着石头念一篇秘咒，便可以战败敌人，使之归伏，那么念念咒语也是可以消除疾病的，这其实是宗教信仰和巫术盛行的必然结果。

  其四，总体来看，西夏医学水平是不发达的，直到西夏后期情况依然如此。仁宗时期，权臣任得敬患疾，仁孝曾派使者向金求良医。金国派保全郎王师道佩银牌赴夏，治好了任得敬的病。④ 天庆七年（1200）正月，因太后罗氏病头风，桓宗纯祐派遣使臣连都敦信入金为其母求医，金"诏太医判官时德元及王利贞往，仍赐御药。八月，

---

  ① （明）达仓宗巴·班觉桑布：《汉藏史集》，陈庆英译，西藏人民出版社1986年版，第102页。
  ② ［俄］孟列夫：《黑城出土汉文遗书叙录》，王克孝译，宁夏人民出版社1994年版，第235—236页。
  ③ 陈炳应译：《西夏谚语——新集锦成对谚语》，山西人民出版社1993年版，第7页。
  ④ （元）脱脱等：《金史》卷134《西夏传》，中华书局1975年点校本，第2869页。

再赐御药"①。说明西夏的医学水平不如金朝发达。

此外，西夏与周边各政权如宋、金、吐蕃等，均有比较密切的医学交流。西夏曾向宋朝求医书，英宗即位后，即"以九经及《正义》《孟子》、医书赐夏国，从所请也"②。《千金方》《神农本草》等汉文中医学著作也在西夏广为流传。从文献记载和出土的医方来看，传统的中医学在西夏医学领域占据主导地位，这当是受宋朝影响的结果。《汉藏史集》所载吐蕃的13种疗法中有"木雅的医疗法"，吐蕃国王所封的九位御医中也有木雅人，③ 其中的木雅指的就是西夏，说明西夏的传统医学在吐蕃也很受重视。

西夏地处丝绸之路之孔道，在与宋、金、吐蕃等周边民族的医学交往中，不仅提高了本民族的医学水平，而且也促进了各民族之间的互通有无，为我国西北地区的医学发展做出了贡献，也为东西方医药文化的交流做出了贡献。

（原载《宁夏社会科学》2003年第6期）

---

① （元）脱脱等：《金史》卷62《交聘表》、卷134《西夏传》，中华书局1975年点校本，第1468、2871页。

② （清）徐松辑，刘琳等校点：《宋会要辑稿》"礼六二·赍赐一·公用钱"，上海古籍出版社2014年版，第2135页。

③ （明）达仓宗巴·班觉桑布：《汉藏史集》，陈庆英译，西藏人民出版社1986年版，第103、104页。

试论伊斯兰教在西夏的流传

宋天禧三年（1019）之前，大食国"每入贡，路由沙州西界以抵秦亭。乾兴初，赵德明请道其国中，不许"。于是，到了天圣元年（1023），入内副都知周文质建议，大食进贡，"虑为西人所掠，乞令取海路由广州至京师"，诏可。① 这条史料常为学者引用，并且据此认为西夏时期阿拉伯人均通过海路前往中原，陆上丝绸之路已被西夏隔绝，因此西夏和西方阿拉伯世界没有多少来往。那么实际情况是不是这样呢？西夏有没有阿拉伯人，伊斯兰教有没有传入西夏呢？

吴天墀根据《马可·波罗行纪》的记载，认为在元代早期，或者西夏王国末期，西夏领域有伊斯兰教存在。② 在《中国大百科全书·中国历史·辽宋西夏金史》中，他重申西夏有伊斯兰教徒。③ 李蔚也以马可·波罗的记载为依据，认为"西夏末和元初，在沙州和甘州一带，与佛教并存的还有景教和伊斯兰教，尽管它的势力远远不及佛教势力之大"④。尽管吴天墀、李蔚并没有对自己的观点做进一步的论证，但他们关于伊斯兰教于西夏时期就已在其境土流传的推论，应当说是合理的。

---

① （宋）李焘：《续资治通鉴长编》卷101"天圣元年十一月癸卯"条，中华书局1985年点校本，第2342页；（元）脱脱等：《宋史》卷490《大食传》，中华书局1977年点校本，第14121页。
② 吴天墀：《西夏史稿》（增订本），四川人民出版社1983年版，第226页。
③ 《中国大百科全书·中国历史·辽宋西夏金史》，中国大百科全书出版社1988年版，第122页。
④ 李蔚：《简明西夏史》，人民出版社1997年版，第329—330页。

一 西夏与阿拉伯世界的商贸往来

中国古代和西方阿拉伯国家有着友好的交往历史。辽、宋、夏、金割据时期，西方阿拉伯人经过丝绸之路来到中国西北，甚至进入内地，他们或作为出使使臣，或前往各国经商，反映出各政权和西方阿拉伯国家仍有正常的往来。

元修辽、宋、金三史，《宋史》专门立有《大食传》，辽、金二史中亦有关于大食、波斯、阿萨兰回鹘（即喀喇汗回鹘，亦称黑汗、黑韩）等记载，体现出当时前往宋、辽、金各国的穆斯林的活动情况。关于辽、宋、金时期西北地区穆斯林的活动状况，邱树森师在《回族族源问题刍议》一文中已有论述，[①] 尤其是关于辽朝伊斯兰教的流传情况，学界的相关研究成果已不少，[②] 但西夏及金朝的伊斯兰教情况，至今是研究中的空白点。

西夏因为所处地理位置十分优越，因此和西方大食等阿拉伯国家仍有较为密切的贸易往来。西夏的经济基础是农牧并举的半农半牧经济，这就要求西夏与周边各政权之间发展积极而又频繁的对外贸易，[③] 以形成对半农半牧经济的互补。鉴于此，西夏积极推行开放的对外政策，以满足国内的贸易需求。夏宋、夏辽、夏金，以及西夏与吐蕃、回鹘、大食等各民族政权（各国）的贸易，均是如此。

阿拉伯民族以擅长经商而著称，他们与辽、宋、夏、金各王朝均有贸易关系。据《辽史》等史料记载，信奉伊斯兰教的大食、波斯、阿萨兰回鹘等国，就曾多次遣使入辽；辽朝的墓室壁画中，也有许多关于西方阿拉伯国家的壁画；出土的辽代文物中，有不少伊斯兰教的

---

① 邱树森：《贺兰集》，江苏古籍出版社1997年版，第328—333页。
② 主要研究论文有：黄时鉴：《辽与"大食"》，《新史学》1992年第1期；马文宽：《辽墓辽塔出土的伊斯兰玻璃——兼谈辽与伊斯兰世界的关系》，《考古》1994年第8期；傅宁：《内蒙古地区发现的辽代伊斯兰玻璃器——兼谈辽时期的对外贸易和文化交流》，《内蒙古文物考古》2006年第2期；姜歆、马丽娟、杨永芳：《伊斯兰教在辽朝的传播与发展探析》，《赤峰学院学报》2005年第6期；马建春：《辽与西域伊斯兰地区交聘初探》，《回族研究》2008年第1期等。
③ 参见杜建录《西夏与周边民族关系史》，甘肃文化出版社1995年版，第186—211页。

玻璃器等器皿；而曾是中国伊斯兰教协会所在地的北京牛街礼拜寺，就始建于辽朝。因此，学界认为伊斯兰教已经传入辽朝。

西夏居于丝绸之路的孔道上，阿拉伯人进入辽朝有一条经自西夏的通道。11世纪时今土库曼斯坦马鲁人马卫集（Marvazi）在其著作《马卫集论中国、突厥人和印度》一书中指出，沙州（治今甘肃敦煌）是当时联系东方交通的总枢纽。该书的英译者敏诺斯基（Minorsky）在注释中根据俾路尼（Biruni）和马卫集的计算，列出了沙州到辽上京（今内蒙古巴林左旗南）的公里数和具体旅行日程。① 根据他的列举，阿拉伯人取道西夏进入辽上京的路线，应当是从沙州出发，沿河西走廊向东，再折而向北，经过西夏的黑水镇燕监军司，进入辽境，然后越乌德犍山（今杭爱山支系），最后到达上京。也就是有学者所指出的，从沙州东北行至居延，再东行到鸡鹿塞（今内蒙古磴口）外转向东，可直驱辽上京。② 敏诺斯基还列出了从沙州进入河西走廊抵达北宋开封的路程，说明阿拉伯人也从这条通道前往宋朝。

西州回鹘朝贡宋朝的使臣，"往来皆经夏国"③。回鹘人"善造宾铁刀剑、乌金银器，多为商贾于燕，载以橐它过夏地。夏人率十而指一，必得其最上品者，贾人苦之"④。由此可见，在西夏占领河西走廊之后，从西域经过西夏进入辽朝的商路并没有中断，这条商道上依然活跃着大量从西方来的阿拉伯人和回鹘人（包括信奉伊斯兰教的回鹘人）。西夏政府向这些过境的商人征收较高的商税，同时这些商人也和西夏进行商贸交易。

大食和回鹘商人往来西夏经商非常普遍，西夏法典《律令》中对他们经商等活动的相关规定，就是最好的证明。笔者翻检法典，共找出5条关于"大食"的记载，现分别将这几条史料摘录如下。

---

① 冯家昇、程溯洛、穆广文编著：《维吾尔族史料简编》，民族出版社1981年版，上册，第68页。
② 王北辰：《古代居延道路》，《历史研究》1980年第3期。
③ （元）脱脱等：《宋史》卷490《回鹘传》，中华书局1977年点校本，第14118页。
④ （宋）洪皓：《松漠记闻》卷上，载周光培编《历代笔记小说集成·宋代笔记小说》，河北教育出版社1995年影印本，第8册，第242—243页。

向他国使人及商人等已出者出卖敕禁物时,其中属大食、西州国等为使人、商人,已卖敕禁物,已过敌界,则按去敌界卖敕禁物法判断。已起行,他人捕举告者当减一等,未起行则当减二等,举告赏亦按已起行、未起行得举告赏法获得。大食、西州国等使人、商人,是客人给予罚罪,按不等已给价□当还给。此外其余国使人、商人来者,买物已转交,则与已过敌界同样判断。若按买卖法价格已言定,物现未转交者,当比未起行罪减一等。

大食、西州国等买卖者,骑驮载时死亡,及所卖物甚多,驮不足,说需守护用弓箭时,当告局分处,按前文所载法比较,当买多少,不归时此方所需粮食当允许卖,起行则所需粮食多少当取,不允超额运走。若违律无有谕文,随意买卖,超额运走时,按卖敕禁法判断。

谍案:汉、契丹、西番、西州、大食等中使……写转传谍诏……

大食之骆驼数依所成幼仔交纳。

大食之骆驼毛绒、酥不须交纳,牧者持之。①

上引法律条文中,前两条是《敕禁门》中西夏政府关于与大食、西州回鹘使者、商人从事贸易时,如果出现违规现象的处罚规定,其中特别提到大食和西州回鹘的使臣和商人。从这两条规定中我们可以看出,在西夏从事商贸活动的大食人不少;这些大食人往来于西夏及周边各政权之间从事贸易活动;大食使者和商人也从事一些走私贸易。

---

① 史金波、聂鸿音、白滨译注:《天盛改旧新定律令》卷7《敕禁门》、卷9《事过问典迟门》、卷19《畜利限门》,法律出版社2000年版,第284、285、320、577、578页。

第三条是《事过问典迟门》中关于大食等国使者从事间谍活动的相关刑事处罚规定。西夏法律将案件分为密案、搜交案、磨勘案、军案、官案、家案、大卢令案、□案、刑案、谍案等,[①] 每次审判按以上顺序依次进行。尽管谍案条文已残缺,但能反映出在西夏有从事间谍活动的大食使者。

后两条是《畜利限门》中关于大食骆驼登记注册和向政府交纳骆驼毛绒、酥等的相关规定。西夏骆驼、马、牛、羖䍽四种牲畜中,除马之外其他三种,每年都要向政府交纳规定数量的毛和酥。这些牲畜都要登记在册,并且同时登记有相应主人的姓名,由群牧司负责具体收缴工作,然后上报皇城司、三司、行宫司。其中大食骆驼要按照"所成幼仔"的数量向政府交纳,并登记注册,但不用交纳毛绒和酥,应向政府交纳的部分归"牧者"所有。由于该法律条文没有说明牧者是何人,所以很难判断牧者到底是不是大食人,然而这两条条文却说明西夏有为数不少的大食骆驼。这些骆驼应当是大食使者、商人前往西夏的交通工具,甚至大食的骆驼也开始在西夏牧养,由此反映出大食和西夏之间应该是经常互派使者、商人。

二 伊斯兰教传入西夏

由上述可知,西夏与西方阿拉伯世界有正常的政治、经贸交往,西夏有不少来自西方的穆斯林。《律令》中记载,西夏在中等司中设有"回夷务",设有二正、二承旨共四名管理官员。[②] 西夏的回夷务可能和辽朝的"回鹘营"有些类似。辽时东来的西域商人中有大量的回鹘人,其中包括信奉伊斯兰教的西州回鹘和已经伊斯兰化了的阿萨兰回鹘,辽朝为他们在上京专门建立了"回鹘营",以便于他们聚居和政府管理。那么,"回鹘营"中应当有相应的管理官员。

《律令》的译注者在回夷务的"回"字下划有横线,故"回夷"

[①] 史金波、聂鸿音、白滨译注:《天盛改旧新定律令》卷9《事过问典迟门》,法律出版社2000年版,第318—320页。

[②] 史金波、聂鸿音、白滨译注:《天盛改旧新定律令》卷10《司序行文门》,法律出版社2000年版,第363、368页。

应该指东来西夏的一类人或有共同属性的几类人，其中应该包括大量的回鹘人。至于是否包括大食人，尚不得而知。史金波认为，"此机构应为管理河西走廊回鹘地区某些民族或宗教事务的机构。随着伊斯兰教的东渐，回鹘人由西至东先后由信奉佛教改信伊斯兰教……也许即指信仰伊斯兰教的回鹘人而言"①。联系西夏有大量东来的穆斯林的事实，回夷务很可能就是西夏管理其境内穆斯林的相关机构，或者至少与此有关。既然西夏有为数众多的穆斯林使者和商人在其国内活动，甚至国家为此还设立了相关的政府机构，那么伊斯兰教传入西夏就是顺理成章的事情了。《马可·波罗行纪》所载西夏故地伊斯兰教的流行情况，实际上就是西夏末期伊斯兰教传播的写照。

马可·波罗在经过沙州时，称当地的确有一些撒拉逊人（Saracens，即伊斯兰教徒）；经过甘州时，见到一些礼拜穆罕默德的人；在额里湫国（Ergiuul，即凉州），马可·波罗见到的居民有三种：除了偶像教徒（即佛教徒）和许多聂思脱里派基督教徒外，还有一些礼拜穆罕默德的撒拉逊人；在额里哈牙国的哈剌善（Calacian，今宁夏银川），居民中亦有许多撒拉逊人。②从马可·波罗的记载来看，伊斯兰教已传入整个西夏故地，包括河西走廊和兴灵地区，并在当地已经流行了较长时间。

正是西夏时期伊斯兰教在其领地内已有传播，这才为元初伊斯兰教在西北地区的迅速流行奠定了基础。元初安西王忙哥剌、阿难答父子镇戍西北，其属下就有大批的穆斯林。忙哥剌出任安西王期间，其辖境内因穆斯林人数很多，他们中间甚至流传着来自西方阿拉伯国家的货币。今宁夏海原县就收藏有数枚这样的阿拉伯文字银币，"正面有阿拉伯文'安拉'字样"，"背面亦为凸起的阿拉伯文，汉意为'万物非主，唯有真主，穆罕默德是主的钦差'。其流通时间应当为至元十年至至顺三年（1273—1332）"③。同时，至元十五年十月十一

---

① 史金波：《西夏社会》，上海人民出版社2007年版，上册，第49页。
② A. C. Moule & Paul Pelliot, *Marco Polo*, *The Description of the World*, New York：AMS Press，1976, pp. 150–151, 158, 178–179, 181.
③ 李进兴：《镌刻在银币上的民族史》，《中国文物报》2001年2月18日第7版。

日,司天少监可马束丁照得:"在先敬奉皇子安西王令旨:'交可马束丁每岁推算写造回回历日两本送将来者。'敬此。"①忙哥剌颁发令旨让司天少监可马束丁推算回回历法,显然是供辖区内穆斯林使用,这说明其辖境的穆斯林一定不在少数。其子阿难答统治时期,曾使依附于他的15万蒙古军队大部分皈依伊斯兰教,并且其镇戍地中"有二十四座大城,该处居民大多数为木速蛮"(木速蛮是元代对回回人的通称)②。很难想象,阿难答的15万蒙古大军中的大部分,如果没有一定的伊斯兰教信仰基础,会在很短的时间内全部皈依伊斯兰教。

此外,西夏时期伊斯兰教的流传,也与其西部国家伊斯兰化的东进有关。西夏末期,位于其西部的西辽,主要流行的宗教是伊斯兰教。魏良弢指出:"在十二世纪末中亚大部分地区的突厥语各部族基本实现了所谓'伊斯兰化'。"③西辽的附属国西州回鹘的伊斯兰化进程也很快,元初常德西使经过其地时,发现昌八剌以西的地区已经伊斯兰化了。"盖此以东昔属唐,故西去无僧,回纥但礼西方耳。"④昌八剌即《元史·地理志·西北地附录》所谓"彰八里",即今新疆昌吉市。而马可·波罗在经过欣斤塔剌思州(Chingintalas)时,也见到当地居民中有回教徒。⑤欣斤塔剌思到底指何地,学术界一直存在争论。法国人居伊涅(De Guignes)认为是古之鄯善,帕拉东(Palladius)认为在赤斤,沙海昂(A. J. H. Chaignon)认为是巴尔库勒(Barkoul),即今新疆巴里坤哈萨克自治县。⑥还有学者研究指出是曲先塔林,即今库车和塔里木附近地区。⑦笔者以为,综合马可·波罗

---

① 高荣盛点校:《秘书监志》卷7,浙江古籍出版社1992年版,第124页。
② [波斯]拉施特主编:《史集》第2卷,余大钧、周建奇译,商务印书馆1985年版,第379页。
③ 魏良弢:《西辽史研究》,宁夏人民出版社1987年版,第173页。
④ 王国维:《长春真人西游记校注》卷上,《王国维遗书》,上海古籍书店1983年影印本,第13册,第29页。
⑤ A. C. Moule & Paul Pelliot, *Marco Polo, The Description of the World*, New York: AMS Press, 1976, p. 156.
⑥ 冯承钧译:《马可·波罗行纪》第1卷第59章《欣斤塔剌思州》注释1,上海书店出版社2000年版,第121—122页。
⑦ 田卫疆:《元代欣斤塔剌思(Chingintalas)地望考释》,《新疆社会科学》1990年第4期。

的记载，欣斤塔剌思应该是沙海昂所说的巴尔库勒，其他三种说法皆不符合马可·波罗所描述的地理方位和行程。若此，则反映出伊斯兰教已传播到了哈密一带，可见整个西州回鹘境内都有伊斯兰教徒。伊斯兰教在西夏西部的西辽和西州回鹘向东传播，对位于东西方交通孔道上的西夏不可能不产生影响。前往西夏的回鹘人很多，其中应该也包括已经信奉伊斯兰教的回鹘人。

西夏立国期间，先后与其毗邻的辽朝和金朝，也都流传过伊斯兰教。辽朝的伊斯兰教流传情况，前文已有论及。金朝的伊斯兰教流传情况，笔者也做过探讨。[①] 而西夏与辽、金的关系一直是很密切的。夏辽除了德明、元昊、谅祚时有过三次短暂的战争之外，绝大部分时间都保持结盟友好关系。[②] 夏金自"天会议和"后80余年间，基本上是"未尝有兵革之事"[③]。信仰伊斯兰教的传教士、商人、使者及其他人员，从西方经丝绸之路进入内地，其中经过河西走廊的通道势必道经西夏才能抵达辽、金或宋。夏辽、夏金之间经济、文化上的联系与交流，自然有助于三国宗教上的影响与往来。因此，正如景教在西夏、辽、金三朝的流传，并不是孤立的现象一样，伊斯兰教在三个王朝的传播也应是相互关联的。

综上所述，我们可以初步得出以下结论：西夏时期，境内活动有不少阿拉伯人，他们或担任使臣，或从事商贸活动，西夏和西方阿拉伯世界有正常的政治、经贸交往。前往辽、宋、金等朝的阿拉伯人，有一些也取道西夏过境。马可·波罗所见西夏末期伊斯兰教的流传情况，说明至少在西夏末期，伊斯兰教已经进入河西走廊，并且传入西夏腹地兴灵一带。所以可以这样说，西夏有阿拉伯人，伊斯兰教也已传入西夏，只不过伊斯兰教在西夏的影响远远不及佛教和道教而已。

（原载《回族研究》2005年第1期）

[①] 陈广恩、黄橙华：《金代伊斯兰教初探》，《北方民族大学学报》2011年第3期。
[②] 杜建录：《论西夏与周边民族关系及其特点》，《西夏史论集》，上海古籍出版社2016年版，第258页。
[③] （元）脱脱等：《金史》卷134《西夏传》，中华书局1975年点校本，第2876页。

西夏景教流传初探

在基督教入华历史上，唐、元二代无疑是两个重要阶段，[①] 这也就是学界所谓基督教第一次和第二次入华时期。一般认为，唐武宗会昌灭佛之后，景教就在中国内地基本灭绝，直至元代才再次传入中国。那么，景教在唐、元之间的西夏王朝有无传播呢？

学界关于西夏景教的流传情况，因为资料十分匮乏，所以至今尚未引起学界的注意。笔者曾发表过《西夏流传过景教吗？》一文，[②] 但严格地讲，这篇小文只能算是一篇通俗读物。现据相关考古资料，对西夏景教问题做进一步的探讨。

一

西夏景教的流传情况，汉文史籍中未发现有记载，而域外史料的相关记载和考古资料，却为该问题的探索提供了重要契机。

西方旅行家马可·波罗在东行中国期间，发现元初西夏故地有基督教徒。因此吴天墀据此认为，在元代早期或者西夏王国末期，西夏领域有过景教（基督教聂思脱里派）存在。[③] 李范文亦据马可·波罗的记载，认为西夏地区"有景教聂斯脱里派的信徒"[④]。李蔚也据此认为"西夏末和元初，在沙州和甘州一带，与佛教并存的还有景教和

[①] 详见罗香林《唐元二代之景教》，中国学社1966年版。
[②] 刊于《世界宗教文化》2007年第3期。
[③] 吴天墀：《西夏史稿》（增订本），四川人民出版社1983年版，第226页；《中国大百科全书·中国历史·辽宋西夏金史》，中国大百科全书出版社1988年版，第122页。
[④] 李范文主编：《西夏通史》，人民出版社、宁夏人民出版社2005年版，第559页。

伊斯兰教，尽管它的势力远远不及佛教势力之大"①。笔者同意三位先生的观点，即西夏流传过景教。但三位先生只是根据《马可·波罗行纪》的记载提出这一观点，除此之外再无其他论据，并且对该观点没有进行论证。鉴于此，笔者拟对西夏景教流传情况做如下讨论。

12世纪末期，蒙古高原部落林立，互相攻伐，混战不已，其中和西夏毗邻的是克烈部。克烈部是信奉聂思脱里基督教的蒙古部落。②波斯史家拉施特所著《史集》中关于西夏与克烈部关系的记载，为我们考察西夏景教的流传情况提供了有益的帮助。《史集》记载西夏与蒙古克烈部关系良好，因此克烈部的景教信仰应该对西夏也产生了一定影响。美国西夏史专家邓如萍指出：党项"与高昌、龟兹、于阗、哈剌契丹、鞑靼、乃蛮、克烈部等西方或北方的贸易伙伴，他们肯定也保持了类似的友好关系。在蒙古人入侵前夕，党项国家在东亚的文化和政治中占据了重要的地位"③。可见，西夏与其北部毗邻的克烈部的关系非常密切，对此，汉文史籍中有相应的记载。成吉思汗之父也速该曾"亲将兵逐菊儿可汗走西夏，复夺部众归之汪可汗"④。菊儿可汗兵败走投西夏，西夏国主"仁孝悯其穷蹙，使居于西偏"⑤。可见，早在菊儿汗时，克烈部就和西夏结下了关系。后来汪罕与乃蛮部争战，败后，"涉畏吾儿、西夏诸城"⑥。《元史》记载说：乃蛮部"发兵伐汪罕，尽夺其部众""汪罕走河西"⑦。清人对此记载得更为具体：汪罕战败后"部众尽失，与其属走河西，假道夏国。仁孝馈以资粮，俾由回鹘走契丹"⑧。可见汪罕在战败后，也是西夏收留了他，

---

① 李蔚：《简明西夏史》，人民出版社1997年版，第329—330页。
② ［美］柔克义译注：《鲁布鲁克东行纪》，何高济译，中华书局1985年版，第235页。
③ ［德］傅海波、［英］崔瑞德编：《剑桥中国辽西夏金元史》，史卫民等译，陈高华等审校，中国社会科学出版社1998年版，第173—174页。
④ 王国维：《圣武亲征录校注》，《王国维遗书》，上海古籍书店1983年影印本，第13册，第19页。
⑤ 龚世俊等：《西夏书事校证》卷37，甘肃文化出版社1995年版，第439页。
⑥ 王国维：《圣武亲征录校注》，《王国维遗书》，上海古籍书店1983年影印本，第13册，第19页。
⑦ （明）宋濂等：《元史》卷1《太祖纪》，中华书局1976年点校本，第6页。
⑧ 龚世俊等：《西夏书事校证》卷38，甘肃文化出版社1995年版，第442页。

并给予资粮。而汪罕的儿子桑昆，在汪罕最终与成吉思汗战败后，也是道经西夏的黑水城逃往吐蕃东北部的。① 西夏与信奉景教的克烈部的领袖菊儿可汗、汪罕、桑昆等人的这种密切关系，对西夏的景教信仰会起到积极作用。

尤其值得我们注意的是，克烈部汪罕脱斡邻勒的弟弟客列亦台，曾被西夏人俘去，在西夏生活了若干年。由于他聪明能干，于是党项人赐给他"札阿绀孛"（一地区的大异密，即首领）的称号。札阿绀孛有几个女儿，其中阿必合别吉嫁给了成吉思汗；必克秃惕迷失旭真被娶做术赤的妻子；另一个嫁给了拖雷，这就是著名的唆鲁和帖尼别吉，蒙哥、忽必烈、旭烈兀和阿里不哥的母亲，她是一个基督教徒；还有一个则嫁给了西夏国王。据说嫁给西夏国王的札阿绀孛的女儿非常美丽，容貌净洁，成吉思汗进攻西夏时，曾竭力搜寻这个女人，但没能找到。②

《史集》提到的这个西夏国王，很可能是夏桓宗纯祐。《史集》的这段记载出自《成吉思汗纪》（三），记事的起止时间是1195—1203年。1203年，成吉思汗与克烈部汪罕决裂，先败后胜，最终消灭了克烈部。纯祐在位的时间是1194—1206年，那么娶克烈部汪罕弟弟的女儿为妻的西夏国王，应该就是纯祐。再者，根据《西夏书事》的记载，仁孝、纯祐时期，西夏和克烈部的关系十分密切，西夏往往给克烈部以援助，克烈部为回报西夏，进一步密切与西夏的关系，与西夏缔结政治婚姻的可能性就很大，而克烈部被成吉思汗攻灭之后，其与西夏缔结政治婚姻的可能性就不大了。《史集》的记载告诉我们，信奉景教的克烈部汪罕家族中，至少有两名成员在西夏生活了很多年。而西夏的王妃，克烈部汪罕弟弟的女儿，不可能是只身一人前往西夏，一定有克烈部族人陪同前往。作为西夏的王妃和受西夏人尊敬的一个地区的大异密，札阿绀孛父女对西夏国内景教的流行应该起到不小的促进作用。

---

① 王国维：《圣武亲征录校注》，《王国维遗书》，上海古籍书店1983年影印本，第13册，第19页。
② ［波斯］拉施特主编：《史集》第1卷第2分册，余大钧、周建奇译，商务印书馆1983年版，第145—146页。

二

除了《史集》的记载之外，考古发现也能为西夏流传景教提供一些线索。在20世纪末敦煌北区的考古发掘中，考古专家们从被流沙掩埋的B105窟发掘出一枚青铜铸造的十字架，"横竖交叉的十字位于圆环中央，十字各端均伸出圆环之外1.3—1.5厘米"。据研究人员的考古报告推断，此枚十字架"时代为宋代或宋代以前"①。这为研究唐元之间景教在中国的流传情况，无疑提供了重要的实物资料。姜伯勤认为，"在敦煌北区宋、西夏窟发掘出的景教十字架，恰可作为重新研发这一阶段同样'晦隐'历史的契机"，证实了"景教曾是敦煌地区活生生的现实"；这枚十字架是出自瘗窟（即B105窟）的随葬品，"此随葬品当为死者生前的收藏品，则此十字架应出自宋西夏时期的遗物"②。可见，姜先生认为这枚十字架是宋、西夏时期的遗物。西夏占领敦煌的时间是宋景祐三年（1036），③在唐末至西夏占领敦煌期间，敦煌地区的实际统治者是归义军和沙州回鹘。而在唐元之间，统治敦煌时间最长的正是西夏。"西夏管辖敦煌近两个世纪，在敦煌莫高窟修建或重建数十个洞窟"，其中包括北区的不少洞窟，它是除唐朝之外统辖敦煌时间最长的王朝，④在敦煌的宗教活动也非常频繁，因此从时间上看，这枚铜十字架正如姜伯勤所说那样，很可能是属于西夏时期的遗物。如果这枚十字架是西夏时期的，那么它无疑是西夏流传景教的十分重要的物证。

我们从这枚十字架展现的艺术风格和西夏—元代文化的传承关系

---

① 彭金章、王建军、敦煌研究院编：《敦煌莫高窟北区石窟》第2卷，文物出版社2004年版，第42、43页。
② 姜伯勤：《敦煌莫高窟北区新发现中的景教艺术》，载中山大学艺术史研究中心编《艺术史研究》第6辑，中山大学出版社2004年版，第339、345、348页。
③ （宋）李焘：《续资治通鉴长编》卷119"景祐三年十二月辛未"条，中华书局1985年点校本，第2813页；龚世俊等：《西夏书事校证》卷12，甘肃文化出版社1995年版，第140页。
④ 史金波：《西夏皇室和敦煌莫高窟刍议》，载杜建录主编《西夏学》第4辑，宁夏人民出版社2009年版，第167—168、165页。

上进行考察，也有助于说明其为西夏时期的遗物。该十字架体现出"当时景教艺术中希腊风格、波斯风格和中亚风格交相辉映的情景"①。这种艺术风格，和西夏文化艺术风格的多元性正相适应。② 史金波指出，西夏艺术"往往表现出你中有我，我中有你的综合艺术特征"，"或者说是'四不象'艺术"③。陈育宁、汤晓芳所著《西夏艺术史》中，收录了一幅黑水城出土的书籍封面图片，该封面的图案设计"有伊斯兰风格"④。笔者以为，如果这幅书籍封面是西夏时期的，那么这更是西夏文化艺术受西方影响的又一有力证据。西夏文化对其后元代的文化有很大影响，尤其是在宗教方面，二者有传承关系。元代统治者借鉴了西夏包容并蓄的宗教政策，同西夏一样，在各种宗教中，最推崇的也是藏传佛教。⑤ B105窟青铜十字架，和晚近在内蒙鄂尔多斯出土的元时期的青铜十字架，应该是一脉相承的，"它可以看成是鄂尔多斯十字架铜章的前行形态。由于敦煌既有唐代经由长安反馈而来的景教遗物。在敦煌，过往此地的有宋、西夏直至元代的使用叙利亚文做礼拜的景教士、波斯人景教徒、吐蕃人西夏人中受景教影响的人士乃至元代色目人中的景教信仰者等，所以敦煌一地的景教遗物不绝如缕"⑥。按照姜先生的说法，既然西夏有景教士，那么使用十字架也就是合情合理的事情。

此外，1908年伯希和在敦煌藏经洞发现了一份重要的景教写本——《景教三威蒙度赞》和《尊经》，这份文献现藏巴黎国家图书馆，编号为Pelliot Chinois 3847，简称P.3847。穆尔认为其重要性仅

---

① 姜伯勤：《敦煌莫高窟北区新发现中的景教艺术》，载中山大学艺术史研究中心编《艺术史研究》第6辑，中山大学出版社2004年版，第348页。
② 陈广恩：《试论西夏文化的多元性》，《西北师大学报》2005年第3期。
③ 史金波：《西夏艺术研究·导言》，载上海艺术研究所、宁夏民族艺术研究所《西夏艺术研究》，上海古籍出版社2009年版，第4、5页。
④ 陈育宁、汤晓芳：《西夏艺术史》，上海三联书店2010年版，第173页。
⑤ 陈广恩、陈伟庆：《试论西夏藏传佛教对元代藏传佛教之影响》，《宁夏社会科学》2008年第5期。
⑥ 姜伯勤：《敦煌莫高窟北区新发现中的景教艺术》，载中山大学艺术史研究中心编《艺术史研究》第6辑，中山大学出版社2004年版，第348页。

次于西安景教碑，而在有些方面确实比景教碑更有意义。① P. 3847 景教写本"按语"中有"唐太宗皇帝"字眼，说明写本抄于唐亡之后。藏经洞的封闭时间，目前学界仍存在争论，有封闭于 11 世纪初期、中期和末期等不同观点。② 如果说藏经洞封闭时间是 11 世纪中期或末期，则 P. 3847 景教写本的制作时间，也不排除为西夏时期的可能性。这份写本，显示出当时"中国仍有虔诚的景教徒为了本教的生存延续，还在整理传抄本教的经文"③。

三

分析至此，让我们再来看看意大利旅行家马可·波罗的记载。13世纪70年代，马可·波罗在经过西夏故地时，见到当地有很多景教徒和几座华丽的景教教堂。他在经过沙州（Saciou，治今甘肃敦煌）、肃州（Succiu，治今甘肃酒泉）、甘州（Campcio，治今甘肃张掖）、额里湫国（Ergiuul，即凉州，治今甘肃武威）、额里哈牙国（Egrigaia）的哈剌善（Calacian，今宁夏银川）时，均见到当地居民中有许多聂斯脱里派教徒，其中甘州有三所巨大而又华丽的基督教堂。④ 根据《元史》的记载，忽必烈母亲别吉太后死后，就被安放在甘州路的十字寺内进行祭祀。⑤ 那么这三所基督教堂中当有一所是安放别吉太后的景教堂。西夏旧都哈剌善亦有三所华丽的聂思脱里派教堂。⑥ 尽管此时距西夏灭亡已经将近半个世纪，但马可·波罗所记西夏故地的宗教信仰状况应是西夏时期的遗风。这正如何高济评价鄂多立克所

---

① ［英］阿·克·穆尔：《一五五〇年前的中国基督教史》，郝镇华译，中华书局1984年版，第59页。
② 参见钱伯泉《一场喀喇汗王朝和宋朝联兵进攻西夏的战争——藏经洞封闭的真正原因和确切时间》，《敦煌研究》2000年第2期。
③ 林悟殊：《唐代景教再研究》，中国社会科学出版社2003年版，第145页。
④ A. C. Moule & Paul Pelliot, *Marco Polo, The Description of the World*, New York：AMS Press，1976，pp. 150 – 151，158，178 – 179.
⑤ （明）宋濂等：《元史》卷38《顺帝纪》，中华书局1976年点校本，第826页。
⑥ A. C. Moule & Paul Pelliot, *Marco Polo, The Description of the World*, New York：AMS Press，1976，p. 181.

记中国南方一位富翁的豪华生活时所说的那样："与其说这描绘的是元代大地主的生活，还不如说揭露的是南宋末年贾似道等的荒淫。"①鄂多立克在中国旅行的时间大致在14世纪20年代，这时距宋亡已有四五十年的时间，这和马可·波罗经过西夏故地时距西夏灭亡的时间相差无几，所以马可·波罗所记景教的流传情况，也正是西夏末期景教信仰遗风的体现。马可·波罗关于当地景教信仰的描述，不仅见于唐古忒州，而且遍布整个西夏故地，说明景教在当地已流行了较长时间。

1276年左右，当出生在中国的聂思脱里教士列班·扫马（Rabban Sauma）和拉班·马可（Rabban Mark）前往耶路撒冷朝圣经过唐古忒首府时，受到当地居民的热烈迎送。居民男女老幼均是心地纯洁的热烈信徒，他们向两位教士赠送各种礼物，同时也接受后者的祝福。② 研究中外关系史的专家方豪所列元代景教堂所在地有51处，其中在西夏故地者就有沙州、甘州、肃州、凉州、鄂尔多斯、宁夏、灵州等七处。③ 而阿姆鲁斯（Amrus）在其《论东方教会大主教区》（*Notes on the Patriarchs of the Eastern Church*）中，列了一份共27个大主教区的创建顺序表，其中第26个大主教区即为"唐古忒"（Tankut）大主教区。④ 周良霄所分基督教几大地区中的第一大地区，也是"新疆、甘、陕地区"⑤。

宗教的传播绝非一朝一夕之事，而是有一个相对漫长的过程。据此我们可以想见，如果西夏没有流传过景教，那么在西夏灭亡后的短短三四十年间，景教是不可能迅速传遍整个西夏故地，并拥有数量不少的景教徒和景教教堂。元代西夏故地景教传播之所以形成蔚为大观

---

① 何高济：《鄂多立克东游录》中译者前言，载［意］鄂多立克《鄂多立克东游录》，何高济译，中华书局2002年版，第33页。

② E. A. Wallis Budge, *The Monks of Kublai Khan Emperor of China*, London: The Religious Tract Society, 1928, p. 138.

③ 方豪：《中西交通史》，岳麓书社1987年版，第539页。

④ ［英］阿·克·穆尔：《一五五〇年前的中国基督教史》，郝镇华译，中华书局1984年版，第27页。

⑤ 周良霄：《元和元以前的中国基督教》，载元史研究会编《元史论丛》第1辑，中华书局1982年版，第151页。

之势，正是因为西夏时期景教已有了一定程度的传播，具备了相应的基础。因此，民国时期的天主教神父、教会史家萧若瑟认为，景教经唐武宗灭佛之劫之后，"渐至绝灭无踪者，特指黄河以南数省而言。若中国北境与塞外区域，当时在契丹与西夏势力范围者，必有景教士前往传教"①。

除此之外，西夏国内的回鹘人、浑人中，应该有景教徒。西夏境内在唐代时，有很多粟特人居住，如何国人、史国人等。② 何国、史国都属于唐代昭武九姓。"唐代九姓胡诸城邦，扼东西交通大道的要冲。这里是中国、印度、波斯和拜占庭四大文明汇聚之区，占有重要的国际地位。"③ 九姓胡诸国是祆教流行的地区，同时这里也流行景教。也就是说，九姓胡中有不少人是景教徒。我们不能肯定唐代居住在后来西夏境内的粟特人都是祆教徒或者景教徒，但他们把自己民族的宗教文化带到了唐代西北地区，则是显而易见的。西夏壁画上的胡旋舞、胡腾舞造像，与宁夏盐池和固原境内昭武九姓何国、史国人墓葬考古所见胡旋舞造像即如出一辙，这表明"粟特人在东迁定居河套时把中亚文化带入到居地，中亚文化也有一部分融入党项统治的西夏"④。这些定居其后西夏境内的唐代粟特人，他们对景教在唐以后西北地区的流传，或许也起到了一定的作用。

回鹘人曾一度风行摩尼教，但后来又代之以景教，被称为"特尔赛国"⑤。辽夏金元时期，高昌回鹘的景教信仰比较普遍，从而使中原地区因遭受会昌法难而受到打击的景教徒终于找到了一个较好的传教环境。于是，一批在东西方均受迫害的景教徒来此传教、生活，相互聚集起来，并结成景教团体，使这里的景教势力大涨，逐渐发展成为当时世界的景教一大中心。⑥ 回鹘人善于经商，前往西夏的回鹘人很多，《律令》中提到不少回鹘人。进入西夏的回鹘人中当不乏景教

---

① 萧若瑟：《天主教传行中国考》卷1，上海书店1990年版，第30页。
② 宁夏回族自治区博物馆：《宁夏盐池唐墓发掘简报》，《文物》1988年第9期；罗丰编：《固原南郊隋唐墓地》，文物出版社1996年版，第104—105页。
③ 蔡鸿生：《唐代九姓胡与突厥文化》，中华书局1998年版，第69页。
④ 陈育宁、汤晓芳：《西夏艺术史》，上海三联书店2010年版，第370页。
⑤ 江文汉：《中国古代基督教及开封犹太人》，知识出版社1982年版，第97页。
⑥ 杨富学：《回鹘文献与回鹘文化》，民族出版社2003年版，第238页。

徒，他们对西夏景教的流传应该也起到了推动作用。

西夏在与周边各政权及与东西方的文化交流过程中，也不可避免地会受到基督教的影响。而西夏所处的地理位置，从唐代景教传入开始，就一直是景教传播的重要基地，因此这里有景教信仰的传统和基础。这些因素，自然会对西夏景教的流传造成影响。

对于西夏景教的具体流传情况及其细节，因为现有资料十分匮乏，所以我们还不可能进行全面细致的研究，但至少景教在西夏已有一定规模的传播，其后元代也里可温教的兴盛，与景教在西夏的传播密切相关。马可·波罗元初来华东行，一路于西夏故地均见到不少景教徒和景教教堂，"肃州、甘州、整个唐兀惕（Tangut）国、天德及天德以东各城，乃至满洲里和朝鲜毗邻的各地区，均有景教徒"[①]。可见，景教徒在西夏末期的分布，已遍及西夏大部分地区。

和西夏同时代的少数民族政权辽、金也流传着景教。[②] 西夏与辽、金毗邻，夏辽、夏金的关系也一直很密切，同时西夏又位于西域通往辽、金的通道上。因此，从三个王朝的宗教政策、民族成分、地理位置、对外关系的角度进行分析，我们有理由相信景教在西夏、辽、金三朝的流传，并不是孤立的，而应是有相互关联的。前述马可·波罗元初来华东行，一路所见景教徒和教堂，不仅仅分布在西夏故地，也包括金朝故地，其实即是这种现象的体现。因故，景教在西夏有流传，尤其是在西夏王国末期，只不过其规模远远不及佛、道二教。景教在西夏、辽、金三朝的流传，为其在从唐至元之间流传的链条上补上了被认为是已经缺失的一环，为研发基督教在古代中国传播过程中的"晦隐"历史提供了新的拓展空间。

（原载《西夏学》第9辑，上海古籍出版社2014年版）

[①] Henry Yule, *Cathay and the Way Thither*, Reprinted by Ch'eng Wen Publishing Company, Taipei, Vol. 1, 1972, pp. 117–118. [英] H. 裕尔撰，[法] H. 考迪埃修订：《东域纪程录丛》，张绪山译，云南人民出版社2002年版，第89页。

[②] 陈广恩：《试论景教在辽金的流传》，载马明达、纪宗安主编《暨南史学》第9辑，广西师范大学出版社2014年版，第135—145页。

蒲寿庚叛宋降元主谋非蒲寿宬考

20世纪，国际汉学界掀起了研究宋元之际回回人蒲寿庚的热潮。法国的伯希和（Paul Pelliot）、德国的希尔德（Hirth）、美国的罗志意（又译柔克义，Rockhill）、日本的藤田丰八（Toyohachi Fujita）和桑原骘藏（Jitsuzo Kuwabara）等著名学者，都很重视对蒲寿庚的研究，而中国研究蒲寿庚的学者则更多。迄今为止，国内外关于蒲寿庚的研究，可谓是硕果累累。除了大量的研究论文之外，中外学者关于蒲寿庚研究的代表性成果，主要有日本桑原骘藏的名作《蒲寿庚考》和罗香林的《蒲寿庚传》《蒲寿庚研究》（据《蒲寿庚传》增订而成）等。此外，李玉昆《20世纪蒲寿庚研究述评》一文，[1] 对20世纪蒲寿庚的研究情况做了整体介绍。

与蒲寿庚相比，学界对其兄蒲寿宬[2]的研究则显得十分薄弱。桑原骘藏和罗香林的研究著作涉及蒲寿宬，但论述都很简略，而专门研究蒲寿宬的论文则更少，据笔者统计主要有如下数篇：陈自强《蒲寿宬史料考辨》[3]、马成化《蒲寿宬其人其诗》[4]、林松《关于〈蒲寿宬其人其诗〉的补充》[5]、吴海鸿《宋末回族诗人蒲寿宬研究》[6]、张竹

---

[1] 刊于《中国史研究动态》2001年第8期。
[2] 蒲寿宬，史籍中又作蒲寿晟、蒲寿崴。《四库全书总目》认为，《永乐大典》所录蒲寿宬诗，人名卷卷皆作"宬"字，当非偶误。其作"晟""崴"字者，殆传写之讹。参见（清）永瑢等《四库全书总目》卷165，中华书局1965年影印本，第1419页。学界据此多作蒲寿宬，本文亦作蒲寿宬。
[3] 刊于《泉州文史》第6、7期合刊，1982年6月。
[4] 刊于《甘肃民族研究》1988年第2期。
[5] 刊于《甘肃民族研究》1989年第1期。标题误"宬"为"宸"。
[6] 刊于《西北第二民族学院学报》1996年第1期。

梅《清泉·明月·扁舟——蒲寿宬与他的〈心泉学诗稿〉》[①]、刘倩《元代回回诗人蒲寿宬仕履及文学成就综论》[②]、陈广恩、高兰芳《蒲寿宬交游考》[③]等。上述成果主要是从文学角度对蒲寿宬诗歌成就进行探讨。鉴于此，关于蒲寿宬的研究，尚有很大的挖掘空间。拙文拟对蒲寿宬是否是其弟蒲寿庚叛宋降元主谋之事，尽可能做全面的分析考辨。

一

蒲寿宬为其弟蒲寿庚策划叛宋降元之说，始见于明代史书。黄仲昭《八闽通志》、何乔远《闽书》、曹学佺《大明舆地名胜志》等均有记载，对此学界已熟知，兹不赘述。其后学者对明人之说多有认同，如明末清初顾炎武即认可此说："宋末蒲寿庚叛逆之事，皆出于其兄寿宬之画。"[④]他的《井中心史歌》也极力批评蒲寿庚变节投降："蒲、黄之辈何其多，所南见此当如何！"[⑤]全祖望认为顾炎武"纪蒲寿宬事，令人发指。明初禁锢蒲氏子孙，谅寿宬之后亦同在其中，可以报之矣"[⑥]。清末晋江人陈棨仁也说："寿宬阴谋，确有明证……夫寿宬身为宋臣，当以忠义劝其弟。劝而不听，绝之可也。今也国破君亡，遗孤漂泊，寿庚挟忿拒跸，未闻有一言之劝……虽曰计非己出，其谁信之？"[⑦]清修方志如乾隆《福建通志》、同治《泉州府志》等，也据明代史书的记载，对此观点加以采录。到了近现代，国内外持此说者也不少。桑原骘藏即认为："寿庚有武人气质，策略非所长。寿

---

① 刊于《回族研究》2000年第2期。
② 刊于《北方民族大学学报》2009年第3期。
③ 刊于《北方民族大学学报》2010年第6期。
④ （清）黄汝成：《日知录集释》卷13《禁锢奸臣子孙》，上海古籍出版社1985年影印本，第1064页。
⑤ 王蘧常辑注，吴丕绩标校：《顾亭林诗集汇注》卷6，上海古籍出版社1983年版，下册，第1170页。诗中"蒲"指蒲寿庚，"黄"指黄万石。参见下文。
⑥ （清）全祖望：《鲒埼亭集外编》卷33《题蒲寿宬诗》，《四部丛刊》初编本。
⑦ （清）陈棨仁辑：《闽中金石略》卷12《重建清源纯阳洞记》，《石刻史料新编》第1辑，新文丰出版公司1982年影印本第2版，第17册，第13036页。

戚则优于文学，思虑绵密。宋元鼎革之际，寿庚之进退，其谋多出于寿戚。寿戚晚年畏时议，隐居泉州东南郊外之法石山，寄情风月，不问世事云。"① 近人蒋逸雪也认为"寿庚之悖逆，谋出其兄寿戚"②。唐圭璋在编《全宋词》时亦采纳此说："蒲寿庚叛宋降元，寿戚为谋主。"③ 昌彼得等编，王德毅增订的《宋人传记资料索引》，认为是蒲寿戚"密令寿庚纳款于元"④。时至今日，"仍有许多史家相信这种说法"⑤。可见这种观点至今在学界尚占主流地位。那么这种说法是否正确呢？蒲寿戚到底有没有策划其弟叛宋降元？

其实自清代开始，学人对蒲寿戚谋划说即产生怀疑。首先对这一说法提出质疑的是四库馆臣。蒲寿戚撰有《心泉学诗稿》一书，但原书早已散佚。清修《四库全书》时，四库馆臣从《永乐大典》中辑出蒲寿戚诗，编成六卷。⑥ 在《心泉学诗稿》提要中，四库馆臣指出：

> 《八闽通志》则称宋季益、广二王航海至泉州，守臣蒲寿庚距城不纳，皆出其兄寿戚阴谋。寿戚伴著黄冠野服，入法石山下，自称处士，而密令寿庚纳款于元。既而寿庚以归附功授官平章，富贵冠一时，寿戚亦居甲第。一日，二书生踵门献诗，有"水声禽语皆时事，莫道山翁总不知"之句，寿戚惶汗失措，追

---

① [日]桑原骘藏：《蒲寿庚考》，陈裕菁译，中华书局1954年版，第186页。原书断句只用句号，引文标点为笔者所加。
② （宋）郑思肖著，陈福康校点：《郑思肖集》附录四《辨证·心史辨伪》，上海古籍出版社1991年版，第386页。
③ 唐圭璋编：《全宋词》，中华书局1965年版，第5册，第3301页。
④ 昌彼得等编，王德毅增订：《宋人传记资料索引》，中华书局1988年版，第3613页。
⑤ 陈自强：《蒲寿戚史料考辨》，《泉州文史》第6、7期合刊，1982年6月。
⑥ 文渊阁《四库全书》本《心泉学诗稿》仍有漏收蒲寿戚之作，如《〈四库珍本丛书集成〉所收四库辑本别集六十一种拾遗》所辑《南村》一首，即为寿戚所作："每怀渊明老，昔欲居南村。诛茅结矮屋，种桑荫前轩。嘉蔬不盈掬，浊酒时一尊。客至如许行，惟爱神农言。"参见（明）谢缙等《永乐大典》卷3580"村"韵，中华书局1986年影印本，第3册，第2096页。朱孝臧辑校《彊村丛书》录有蒲寿戚《心泉诗余》一卷，实乃《心泉学诗稿》卷6所收小词。参见《彊村丛书》，广陵书社2005年影印本，第3册，第1334—1336页。

之不复见云云,则寿宬又一狡黠之叛人。稗官小说,记载多岐,宋、元二史,皆无明文,其孰伪孰真,无从考证。①

四库馆臣认为蒲寿宬谋划之说,不见于宋、元正史,稗官小说,不足为信,因此真伪尚"无从考证"。

受四库馆臣的启发,清末吕廷焯明确指出蒲寿宬不是蒲寿庚叛宋降元的主谋。吕廷焯是同治间诰授奉政大夫,是蒲寿宬后裔蒲理荃的同窗。蒲理荃曾请他为先祖蒲寿宬立传,这也是蒲氏后裔续修蒲氏家谱的一项工作。缘此,吕廷焯于同治十三年(1874)撰成《蒲氏初五世太祖刺史公(蒲寿宬)传》,这实际上是一篇为蒲寿宬平反的文章,可惜这篇传记尚未引起学界注意。

……

已清操之共见,不意元师定鼎,宋帝蒙尘。公已十年退老,两袖清风。欲握孤城以待援,犒军已乏张巡之帛;欲入敌师而决斗,夺甲又无冉有之矛。惟是湖上骑驴,痛洒旧君之涕泪;云间隐豹,远逃新主之弓旌。时乃弟招抚泉州,已失臣节。明桂王之出走,扈从见戮于藩臣;晋丞相之贤良,逆命乃出于贵介。八闽野史,传闻失实,疑公柔滑,暗预奸谋。不知公以胜国遗臣素孚众望,即使叩关献策,何忧爵禄之不加?而竟闭户食贫,甘向烟霞而寄傲,徒以假柯,无自补救……是则黄冠旋里,安知不痛恨夫殷顽?空教白水盟心,亦难谊寸私于公子……顾或谓:公既食人之禄,自当分人之忧。任教似道窃权,将帅已多异志;倘效仲连蹈海,帝制或戢雄心。况介弟专闽潜谋,既已倒戈而反正;设我公投袂奋起,尚堪并辔以驱驰。明知不守阴平,难翊汉家之气运;或者共扶灵武,重收唐室之河山。乃劲虏北来,两京惊闻蹂躏;而老臣南顾,一矢未见加遗。仁人事君,讵宜出此……则匿深山而完晚节,外观纵无党恶之真……况彼稗官弄笔,蛇画每多添足之谈;要惟四库品题,骚集克定盖棺之论。同学理荃,乃公

---

① (清)永瑢等:《四库全书总目》卷165,中华书局1965年影印本,第1420页。

十八世孙也，以公行状向晚乞言，晚讲学之余恒好尚论，明公心迹，因为纪其略而并辨其诬（按：《四库全书》评《心泉诗集》，诚洞见公之心迹。特为辨明《闽史》之诬，诚千古之定论也）。①

因为吕廷焯和蒲理荃是同窗，二人关系密切，加之吕廷焯是为蒲氏家谱撰写《蒲寿宬传》，所以吕廷焯文自然有为亲者、贤者讳之嫌。传文中，吕廷焯认为蒲寿宬非蒲寿庚叛宋降元之主谋，根据仍是前文所引四库馆臣的质疑，此外并没有提出其他论据，所言也只是作者感情色彩十分明显而又辞藻华丽的个人推论，因此虽然他指出蒲寿宬非蒲寿庚叛宋降元之主谋，但观点实际上并没有突破四库馆臣的说法。

其后陈垣在其名作《元西域人华化考》中，据蒲寿宬挚友丘葵《钓矶诗集》卷三所载丘葵与蒲寿宬的唱和之诗，及卷四丘葵为蒲寿宬所做挽诗，指出丘葵"对寿宬始终无异词，所谓'水声禽语皆时事，莫道山翁总不知'者，特《春秋》责备贤者之意耳"②。罗香林指出，"寿宬是否曾参与寿庚降元之密谋，今仍未能论定。据其同时学者邱葵之《钓矶诗集》推论，则寿宬似与寿庚之降元无关"。但他同时又说："虽寿宬、寿庚背宋降元，多可评议。然其活跃史迹，亦终不可掩。"③ 可见，罗氏认为蒲寿宬谋划之事尚不能论定。前引陈自强文也沿袭了陈垣的观点，认为蒲寿宬"为其弟叛宋仕元筹画之说存疑"。由此我们可以看出，无论是四库馆臣、吕廷焯，还是其后陈垣、罗香林等人，都只是对蒲寿宬谋划说提出质疑，而没有进行分析论证。

二

笔者以为，上述诸家对蒲寿宬谋划说提出的质疑是可信的，尤其

---

① 丁国勇点校：《南海甘蕉蒲氏家谱》，天津古籍出版社1987年版，第142—143页。
② 陈垣：《元西域人华化考》，上海古籍出版社2000年版，第7页。
③ 罗香林：《蒲寿庚研究》，中国学社1959年版，第61、235—236页。

是陈垣发现的《钓矶诗集》中的资料，可以作为推翻蒲寿宬谋划说的一条论据。丘葵和蒲寿宬是至交，又是吕大圭的学生。吕大圭乃宋温陵（即今泉州）人，淳祐七年（1247）进士，尝为中书舍人①，是宋末有名的死节之士。四库馆臣称其"立身本末，皎然千古，可谓深知《春秋》之义……大义凛然，足以维纲常而卫名教"②。丘葵游学吕门最久，③和老师的感情也非常深厚，常以老师作为自己学、行的榜样。他是这样称赞吕大圭的：

> 泉南名贤，紫阳高弟。造诣既深，践履复至。致身事君，舍生取义。所学所守，于公奚愧？④

蒲寿庚降元后，命吕大圭署降笺，大圭不从，因故遇害。⑤以情理推之，丘葵对杀害自己恩师的蒲寿庚应该是痛恨的。若谋划之事乃寿宬所为，则丘葵也不应对寿宬始终无异词。尽管丘葵和蒲寿宬的关系可以作为推翻蒲寿宬谋划说的一条论据，但显然过于单薄。

其实，仔细分析相关史料，我们发现关于蒲寿宬谋划说的最早也是最重要的史料——《八闽通志》《闽书》所载蒲寿宬隐居时间有误，也就是说二书关于蒲寿宬谋划说的史实记载有误，这是推翻蒲寿宬谋划说的关键所在。

在现存史籍中，关于蒲氏叛宋降元之事迹，有明确记载的（除了《八闽通志》《闽书》等明人史书外）只提到蒲寿庚如何如何，并没有提到蒲寿宬。如《宋史》载："蒲寿庚及知泉州田真子以城降"⑥；

---

① （宋）俞琰：《读易举要》卷4，文渊阁《四库全书》本；（宋）王应麟：《四明文献集》卷5《吕大圭特授秘阁修撰知漳州诰》，《宋集珍本丛刊》，线装书局2004年影印本，第87册，第335页。
② （清）永瑢等：《四库全书总目》卷27，中华书局1965年影印本，第224页。
③ （清）李清馥：《闽中理学渊源考》卷33《征士丘钓矶先生葵》，文渊阁《四库全书》本。
④ （清）李清馥：《闽中理学渊源考》卷33《侍郎吕朴乡先生大圭》，文渊阁《四库全书》本。
⑤ 《续文献通考》卷153《经籍考》，浙江古籍出版社1988年影印本，第4110页。
⑥ （元）脱脱等：《宋史》卷47《瀛国公纪》，中华书局1977点校本，第942页。

"蒲寿庚以泉州降,告其民曰:'陈文龙非不忠义,如民何?'"①《元史》载,"福建漳、泉二郡蒲寿庚、印德傅、李珏、李公度皆以城降"②;至元十三年(1276),"泉州蒲寿庚降"③"昔者泉州蒲寿庚以城降,寿庚素主市舶,谓宜重其事权,使为我扞海寇,诱诸蛮臣服,因解所佩金虎符佩寿庚矣"④。凡涉及蒲寿宬者,如蒲氏兄弟仕宋、击海寇、元人劝降等事迹,《元史》《新元史》《万姓统谱》《粤大记》《八闽通志》《闽书》《大明舆地名胜志》等史书均是兄弟二人并书,奈何蒲寿宬为其弟谋划叛宋降元之事,独见于《八闽通志》《闽书》等明人稗史,而不见于其他史书?"稗官小说,记载多岐,宋、元二史,皆无明文",《八闽通志》《闽书》关于蒲寿宬谋划说的记载的确经不起推敲。

蒲寿宬与南宋文学家刘克庄有交往,他在结庐"心泉"归隐泉州法石山之后,曾多次请刘克庄为其居庐作文,刘克庄遂撰《心泉》一文相赠,其中记载说:

初,君行山间,得泉一泓,爱之。有会于心,即其所结庵,扁曰心泉。曰:"渴饮泉,饥读书,终吾身于此矣"……余非君,安知君之心,然即泉名以求其义,盖有可得而言者。夫泉至清,挠之则浊;心至虚至明,泊之则昏。善疏泉者,必澄其源,否则末流之弊,河污济矣;善治心者,必端其本,否则毫厘之差,舜为跖矣。以此复君,可乎?君请其序,余曰:"《蒙》之《象》曰:'山中出泉。'《蒙》谓存养此心也。《孟子》曰:'泉之始达',谓充广此心也。《中庸》曰:'溥博渊泉,而时出之',存养充广者然也。"此其序也。

君既厌铜臭而慕瓢饮,舍尘居而即岩栖,以心体泉,以泉洗心,于游息之间备仁智之事,虽圣贤复起,必不麾之门廧之外

---

① (元)脱脱等:《宋史》卷451《陈文龙传》,中华书局1977点校本,第13280页。
② (明)宋濂等:《元史》卷9《世祖纪》,中华书局1976点校本,第189页。
③ (明)宋濂等:《元史》卷129《阿剌罕传》,中华书局1976点校本,第3148页。
④ (明)宋濂等:《元史》卷156《董文炳传》,中华书局1976点校本,第3673页。

矣。因次其语为君勉。①

据刘克庄所言,则蒲寿宬于刘克庄作《心泉》之前即已隐居。对此,元末明初张以宁在为蒲寿宬之孙蒲仲昭所作《蒲仲昭诗序》中亦有明言:"蒲为泉故家,自其祖心泉公已以故梅州守察宋国危,遂隐身不出,读书泉上,遗诗若干卷,宋尚书刘克庄所序者具在。"②刘克庄作《心泉》的时间不得而知,但刘克庄卒于1269年,则蒲寿宬结庐隐居不会迟于此年。而《南海甘蕉蒲氏家谱》亦载伯颜南征之际,蒲寿宬已"致仕多年,高隐岩壑"③。二者在时间上正可互相印证。蒲寿庚降元在景炎元年(1276)十二月,说明蒲寿宬隐居比蒲寿庚降元至少要早七年。又据《宋史》,益王(景炎帝赵昰)幸泉州在景炎元年十一月。《八闽通志》载益、广二王"幸泉州,驻跸港口。守臣蒲寿庚拒城不纳",寿宬遂为寿庚筹画,"部署决策既定,佯著黄冠野服,归隐山中,自称处士,示不臣二姓之意"④。《闽书》载:"寿庚迎降及歼淮兵、宗子,皆寿宬阴为之谋。事成,乃佯著野人服,入法石山,若无与其事者。"⑤则蒲寿宬隐居又在其为弟谋划之后,也就是在景炎元年十一月之后。若此,《八闽通志》《闽书》所载蒲寿宬隐居的时间与刘克庄所载是矛盾的。《心泉》乃当时人记当时事,又是蒲寿宬本人请刘克庄为其居庐作文,所以刘克庄所载当不会有误,同时《翠屏集》和《南海甘蕉蒲氏家谱》的记载亦可作为佐证。而《八闽通志》《闽书》为明人书宋人之事,又无史书依据,则其所载蒲寿宬是在策划蒲寿庚叛宋降元之后才隐居的说法确不可信。

不仅如此,蒲寿宬的诗作也能证明《八闽通志》《闽书》所载其隐居时间有误。《心泉学诗稿》卷二《舶使王会溪太守赵见泰九日

---

① (宋)刘克庄:《后村先生大全集》卷112《字说》,《四部丛刊》初编本。
② (明)张以宁:《翠屏集》卷3《蒲仲昭诗序》,文渊阁《四库全书》本。
③ 丁国勇点校:《南海甘蕉蒲氏家谱·叙》,天津古籍出版社1987年版,第8页。
④ (明)黄仲昭修纂,福建省地方志编纂委员会旧志整理组、福建省图书馆特藏部整理:《八闽通志》卷86《拾遗》,福建人民出版社1991年版,第1008页。
⑤ (明)何乔远:《闽书》卷152《畜德志上·泉州府》,《四库全书存目丛书》,齐鲁书社1996年影印本,史部,第207册,第729页。

领客枉顾山中赋采菊东篱下悠然见南山韵十首》，其中有如下诗句：

> 翠节摩秋云，朱𫓧暎朝彩。
> 欣欣两宾主，济济众僚采。
> 此会良已希，斯文固应在。
> 寂寞秋后香，今晨有人采。
>
> 结彼山下茅，对此山上瀑。
> 白日成蹉跎，长年抱幽独。
> 嘤嘤自禽鸟，踽踽乱樵牧。
> 门巷何多车，山中有佳菊。
>
> 此日不易得，有酒安可辞？
> 将以寿道脉，非惟制颓年。

同卷《九日贵客入山地狭不足以容歌舞故作》五古诗云："莫歌乱我蛩，莫舞践我菊。歌不入此耳，舞适局汝足。蛩吟今古心，菊老贫贱屋。斟菊听我蛩，绝胜人间曲。"此诗应该也是蒲寿宬因王会溪、赵见泰入山来访而作。

据诗题及诗意，王会溪、赵见泰应该是在蒲寿宬隐居以后，率领同僚前往其隐居山中拜访蒲寿宬，因故蒲寿宬以陶渊明《饮酒》"采菊东篱下，悠然见南山"一联作为韵脚，作诗十首，另及五古一首以纪事。那么王会溪、赵见泰是何时去拜访已经归隐的蒲寿宬呢？

王会溪，即王櫄，字茂悦，会溪是其号，蜀人。曾任郴州知州、福建市舶使。[1] 王櫄自福建市舶使卸任后，归居于霅溪（今浙江湖州），卒于咸淳戊辰。[2] 戊辰指咸淳四年（1268）。而景定五年（1264，景

---

[1] （宋）周密撰，吴企明点校：《癸辛杂识》别集下《钿屏十事》，中华书局1988年版，第304页。标点本误"郴"为"彬"。

[2] （宋）周密撰，吴企明点校：《癸辛杂识》别集上《刘朔斋再娶》，中华书局1988年版，第244页。

定只有五年），王楠尚任郴州知州，[1] 那么他任福建市舶使应该在咸淳初。蒲寿宬诗题称他为"舶使"，则王楠拜访蒲寿宬的时间也应在咸淳初。这也说明蒲寿宬至少在1268年以前即已隐居，正和上文分析他隐居时间不会迟于1269年相符。

另外，据"结彼山下茅，对此山上瀑。白日成蹉跎，长年抱幽独"，"此会良已希"，"此日不易得，有酒安可辞"等诗句推敲，似乎蒲寿宬作此诗时已归隐很久。同样表达蒲寿宬归隐的诗还有七律《岭后山庄》（《心泉学诗稿》卷五，以下括号内只注卷数，省略书名）：

　　感慨重来岁月深，手栽松柏已成林。
　　万山自此无南北，一水长流不古今。
　　先训丁宁犹在耳，老吾寂寞自沾襟。
　　君恩已遂祈闲请，莘野归耕是本心。

"岭后山庄"，很可能就是诗人的隐居之处。诗人看到宋朝大势已去，于是谨遵先辈崇尚儒家伦理教化的训诫（参见下文），为保全气节而选择了归耕隐居的生活，哪怕这种生活清苦寂寞，独自伤怀。"万山自此无南北"，说明元朝已灭宋统一全国，而这时诗人栽种于隐居山庄的松柏已经成林，表明诗人在元朝灭宋之前已隐居很久。末联"君恩已遂祈闲请，莘野归耕是本心"，正是作者不负宋廷，过起"不予世事"[2] 的退隐生活的写照。

此外，咸淳十年（1274）特奏名进士莆田人郑钺有《哭陈丞相》一诗，诗云：

　　大厦将倾一木支，登陴恸哭志难移。
　　螳螂怒臂当车日，精卫衔沙塞海时。

---

[1] 武水人谭衡曾建枕流亭，王楠任郴州知州时撰《枕流漱石碑记》，并命邑人段景安为之作跋。碑记即跋文作于景定甲子（即景定五年）夏五月。参见（清）张声远主修，邹章周纂修康熙《临武县志》卷13《艺文志·记》，《故宫珍本丛刊·湖南府州县志》，海南出版社2001年影印本，第6册，第471页。

[2] 丁国勇点校：《南海甘蕉蒲氏家谱》，天津古籍出版社1987年版，第144页。

梦里忽惊元主朔，军中犹卓宋家旗。
孤臣万死原无恨，独怪山翁总不知。①

诗中记载宋末丞相陈文龙逸事，词甚愤激。陈文龙原名子龙，字君贲，福州兴化（今福建莆田）人，咸淳五年（1269）廷对第一，度宗赐名文龙。②元军攻占兴化，陈文龙被俘，不屈饿死。陈文龙募兵兴化时，郑铖为其门客，宋亡后不仕。③清人郑杰认为"结句殆刺蒲寿庚"④，似乎不然。山翁当指蒲寿宬。联系《八闽通志》所谓"水声禽语皆时事，莫道山翁总不知"，可见"莫道山翁总不知"当是针对郑铖"独怪山翁总不知"而言的，两句诗表达的意义正好相反。这说明在郑铖看来，蒲寿宬对蒲寿庚的叛宋降元活动应不知情，至少没有参与，否则郑铖不会发出"独怪山翁总不知"的感叹。郑铖显然是有强烈气节和操守的宋遗民，他对蒲寿宬之所以有这样的感叹，与他二人均是持节尽忠、拒不仕元的宋遗民有关。

三

前引吕廷焯《蒲寿宬传》尽管只是作者带有强烈感情色彩的推论，但他认为如果蒲寿宬"叩关献策"，又怎会没有爵禄之加？这一质疑也是有道理的。蒲寿宬在宋朝参加过科举考试，说明他也在意仕宦。如果他是蒲寿庚叛宋降元的主谋，那么他为弟弟出谋划策的动机，无非是为蒲氏家族的利益和他兄弟二人的前程而着想。但蒲寿庚降元后，仅四个月即官拜江西行省参知政事，行江西省事。至元十五年升福建行省左丞，而蒲寿宬为何拒绝仕元，要过"老吾寂寞自沾襟""长年抱幽独"的隐居生活？要回答这个问题，就要分析蒲寿宬

---

① 北京大学古文献研究所编：《全宋诗》，北京大学出版社1998年版，第66册，第41391页。
② （元）脱脱等：《宋史》卷451《陈文龙传》，中华书局1977年点校本，第13278页。
③ （清）李清馥：《闽中理学渊源考》卷34《郑彝白先生铖》，文渊阁《四库全书》本。
④ 北京大学古文献研究所编：《全宋诗》，北京大学出版社1998年版，第66册，第41391页。

个人的思想状况、性格志趣等，从而进一步确定蒲寿宬是否可能或有无必要为其弟出谋划策。

尽管蒲寿宬的先祖是来自西域的信仰伊斯兰教的阿拉伯人，但其先世入华甚早，至一世祖玛呔阿时，蒲氏已迁居广州。玛呔阿特别崇尚孔孟之道，非常重视汉文化。清人易维玑所撰《蒲氏初太祖荣禄公传》载，玛呔阿号"鲁尼氏"，是因为其"知东鲁尼山之道诚足为万世师也，因号'鲁尼氏'，以志景仰"。玛呔阿常告诫诸子说："人可十日无饮食，不可一日无诗书。至于三纲五常，则更不可一刻离也。汝曹其识之。"① 其后蒲氏子嗣多有秉承初祖之教诲者，蒲寿宬即是其中的代表。蒲寿宬自幼熟读经史，非常推崇儒家思想，"诗学、书学均自成名家……殿宋代之吟坛，为有明之津逮。实以循吏而兼诗人，与唐之元结等矣"②。可见，他是一位汉化程度很高、受儒家文化熏陶很深的异族文人。对此，陈垣亦指出："西域中国诗人，元以前唯蒲氏一家耳。"③ 罗香林亦云："宋元间，回教中人多能诗者，然除丁鹤年外，殆无能与蒲寿宬抗衡者矣。"④ 他的《心泉学诗稿》现存诗共计222题288首（篇），是为中国诗歌史上第一部穆斯林诗集。

鉴于此，我们与其说蒲寿宬是一位信仰伊斯兰教的穆斯林，倒不如说他是一位崇尚儒家思想的宋朝士大夫。《南海甘蕉蒲氏家谱》说蒲寿宬"性情冲淡，节操端严"⑤。从他的诗歌来看，这个评价是公允的。罗香林说："今读其《心泉学诗稿》，几无在而不充满中国儒家文士之感念。"⑥ 的确，《心泉学诗稿》展现给我们的正是一位崇尚气节和操守的士大夫形象。

蒲寿宬字镜泉，号心泉。《心泉学诗稿》中有5首题为《心泉》的诗，实际上每一首都是作者"诗言志"的内心表白。如卷六《心

---

① 丁国勇点校：《南海甘蕉蒲氏家谱》，天津古籍出版社1987年版，第138页。
② 同上书，第89页。
③ 陈垣：《元西域人华化考》，上海古籍出版社2000年版，第6页。
④ 罗香林：《蒲寿庚研究》，中国学社1959年版，第138页。
⑤ 丁国勇点校：《南海甘蕉蒲氏家谱》，天津古籍出版社1987年版，第89页。
⑥ 罗香林：《蒲寿庚研究》，中国学社1959年版，第236页。

泉》："泠泠一涧泉，炯炯千树雪。岁寒铁石心，山中玩芳洁。"隐居深山，洁身自好，无视苦寒，矢志不渝，此心如同泉水一样清澈，如同积雪一样洁白，这不正是作者本真本净的内心世界的写照吗？这也正符合伊斯兰教至清至真的基本教义。无独有偶，蒲寿宬写给拒不仕元的好友丘葵《寄丘钓矶》（卷一）一诗，其中"欲携我蓑笠，风雨从所之……我欲从伊人，薄酒分一卮"等诗句，也正是作者推重丘葵、崇尚气节的本心流露。

梅、兰、竹、菊号称"花中四君子"，是古代文人气节的象征。蒲寿宬《心泉学诗稿》中即有许多描写梅、兰、竹、菊的诗句。描写梅花的，如卷一《和倪梅村梅花赋》"异惟贞洁余一心兮，又奚必择乎都鄙"，"立耿耿于霜晨兮，岂欲别一醒于众醉"；《投后村先生刘尚书》"梅竹亦有性，岁寒争卜邻"；卷二《梅阳郡斋铁庵梅花五首》"翛然脱情尘，高标立寒峭"；卷三《游西岩》"岁寒心事梅花知"；卷六《早梅》"留取清芬待岁寒"；《瀑上见梅有怀老溪上人》"一生心事雪霜知"；《次韵》"倚阑心事到梅间"……通过这些诗句，蒲寿宬描绘出了梅花苦寒独放的孤傲与风骨。描写兰、竹、菊的，如卷一《梅阳寄委顺赵君》"别来柳初茁，今见兰吐芳。怀哉佩兰人，欲制芙蓉裳"；《和傅古直五首》"杞菊为粮糇，云山作宾友"；《与石岩方常簿游白水塘观龙湫》"握石为我饴，采菊为我粮"；卷二《亦竹轩》"缅怀爱竹人，气味千载同"；《九日贵客入山地狭不足以容歌舞故作》"蛮吟今古心，菊老贫贱屋。斟菊听我蛮，绝胜人间曲"；卷四《约赵委顺北山试泉》"拟寻青竹杖，同访白云龛"；《菊花潭》"何处无甘菊？何处无清泉？菊泉适相值，天地何尝偏"；《九月九日登山》"秋来常对菊，情适便登山"；卷五《近重阳作》"拟将黄菊去为粮"等。对兰、竹、菊的歌咏也和对梅花的歌咏一样，正是作者孤傲自洁、持操守节的自况。

此外，《心泉学诗稿》卷一《和傅古直五首》"规规一世士，礼法自绳纠"，卷二《白水岩》"堪笑失箸人，气骨何羸尪"，《头陀成庵主刺血写〈法华经〉》"杀身以成仁，遗训有先哲"，卷四《挽仁山杨先生》"命也吾何憾，天乎识固悭。平生修洁意，千载此西山"，卷六《满江红·登楼偶作》"梦觉宦情甜似蜡，老来况味酸如醋",《贺新郎·赠铁笛》"百岁光阴弹指过,算伯夷、盗跖俱尘土。心一寸,人千古"等诗词,也均能体现出作者看淡名利、崇尚气节的士大夫本色。是故,就连对蒲寿宬抱有偏见的全祖望,在读完《头陀成庵主刺血写〈法华经〉》后,也不无感叹地说:"何其谬为激烈,一至此也。"①

我们不仅从蒲寿宬自己的诗词中能读出他的气节与操守,从蒲寿宬友人的诗句中我们也能品味出蒲寿宬坚守气节、孤傲自洁的品质。蒲寿宬的挚友胡仲弓(字希圣,号苇航),曾登进士第,但仕途并不得意,只做过县令,"被斥以后,浪迹以终"②,但颇负诗名,有气节。在与蒲寿宬唱和的《次心泉卜隐韵》一诗中,胡仲弓以"窗户多栽竹,相期晚节坚"③与之共勉,这正是蒲寿宬坚守晚节的最好佐证。陈垣所引丘葵与蒲寿宬酬唱的诗句,以及丘葵为蒲寿宬写的挽诗,也能体现出宋亡后誓不仕元、隐居海屿的丘葵对蒲寿宬的推崇和二人之间的深厚感情。前引刘克庄所作《心泉》,既是对蒲寿宬的勉励,也是对蒲寿宬的赞赏。此外,根据《心泉学诗稿》,我们发现蒲寿宬的交游对象中,类似丘葵、胡仲弓等拒不仕元的具有强烈民族气节的宋遗民很多。④ 所谓"人以群分",这其实是蒲寿宬遗民思想在其社会交往中的体现。从蒲寿宬本人的诗词、友人与他的唱和之作以及蒲寿宬的交游对象,我们不难看出,蒲寿宬像丘葵等人一样,是一位崇尚气节、隐居遁世的宋遗民。

正因为蒲寿宬是一位崇尚气节、"不臣二姓"的宋遗民,所以他在看到宋亡已成使然,而弟弟蒲寿庚又与自己志趣不投,他又不可能和胞弟操戈相向(即便如此,也无济于事),于是乎"诛茅法石巅"⑤,毅然隐居,与胞弟分道扬镳。"栖栖鲁中叟,救世诚艰辛。鸟兽岂同群,由也徒问津"(卷一),"岂不随众草,正色乃自然"(卷

---

① (清)全祖望:《鲒埼亭集外编》卷33《题蒲寿宬诗》,《四部丛刊》初编本。
② (清)永瑢等:《四库全书总目》卷165,中华书局1965年影印本,第1410页。
③ (宋)胡仲弓:《苇航漫游稿》卷2,文渊阁《四库全书》本。
④ 陈广恩、高兰芳:《蒲寿宬交游考》,《北方民族大学学报》2010年第6期。
⑤ (宋)胡仲弓:《苇航漫游稿》卷2《次心泉卜隐韵》,文渊阁《四库全书》本。此句正可和蒲寿宬《南村》诗中"诛茅结矮屋"句相印证。

二），隐居示志，便成了他当时最好的选择。蒲寿宬非常喜欢陶渊明的诗，他的诗中多次提到陶柴桑，时人甚至将他比作陶渊明，"人说渊明我厚颜"（卷五），因故罗香林认为寿宬诗"冲淡闲远，非浸淫于陶渊明者，莫能致是"①。再如"南柯二十载，梦觉指一弹。谁云丘垤微，转觉天地宽"（卷二《蚁》）、"救世有何策，图名非本心。万言难复古，一语傥医今。已向山中老，因风怀所钦"（卷四《寄胡苇航料院》），以及前文注释所引《南村》一诗及《岭后山庄》"君恩已遂祈闲请，莘野归耕是本心"等诗句，不一而足，均表达了作者归耕隐居的本心。蒲寿庚降元之前，兄弟二人同朝为官，可谓并辔驱驰；宋亡元兴已成定局，蒲寿宬隐居保节，蒲寿庚降元求进，兄弟二人选择了完全不同的道路，这符合蒲寿宬保全晚节、"不臣二姓"的遗民心理。可见，蒲寿宬的隐居"乃其所由自全之道，非无为而为也"②。

四

分析了蒲寿宬的个人思想状况、性格志趣之后，让我们再来看看蒲氏兄弟所处宋元鼎革之际泉州地方集团的整体情况，这对考察蒲寿宬是否策划蒲寿庚叛宋降元也是非常重要的一环。桑原骘藏认为寿庚短于策略，寿宬优于缜思，故而寿庚计谋皆出其兄。窃以为此说似乎忽略了宋亡元兴之时泉州地方集团在蒲寿庚叛宋降元过程中所起的作用。当时宋亡元兴已成必然，蒲寿庚即便是一介武夫，对形势也不会没有一个清醒的认识，而非要自己的哥哥帮助自己决策。其实叛宋降元在当时已是众多宋臣的选择，是一种必然趋势。在蒲寿庚降元之前，德祐元年（1275）十二月，江西制置使黄万石降元。不仅如此，元朝还派遣他招降其帐前都统米立。黄万石是这样劝降米立的，他说："吾官衔一牙牌书不尽，今亦降矣。"③ 米立

---

① 罗香林：《中国族谱研究》，中国学社1971年版，第9页。
② 罗香林：《蒲寿庚研究》，中国学社1959年版，第60页。
③ （清）毕沅：《续资治通鉴》卷182《宋纪》，中华书局1957年点校本，第4971页。

未从被害。黄万石劝降米立的话，正是当时宋臣根据形势而纷纷做出降元决策的一种普遍反映。再如，福安府知府王刚中，①泰州守将孙良臣，漳、泉二郡的印德傅、李珏、李公度，漳州知州黄佺、通判杨丙，惠州文璧（文天祥之弟）等，②均纷纷降元。"江西诸州郡闻兵至，皆降。"③如此看来，蒲寿庚降元，完全符合当时宋朝守臣的普遍选择。

此外，南宋在泉州设有南外宗正司，至宋末，宗室在泉州者有数千人。这些皇室宗子养尊处优，"挟势为暴"，常常压制泉州地方官员，掠夺商人财物、船只，而泉州地方政府却要为他们承担繁重的供给。可见泉州宗子为祸地方，实为一害。④帝昰驻跸泉州，张世杰因船只不足而强征蒲寿庚之海舶资产，惹怒寿庚。在这种背景下，泉州地方集团以知州田真子为首，支持蒲寿庚除掉赵宋宗室，迎接南下的蒙古大军。《宋史》载"蒲寿庚及知泉州田真子以城降"，可见降元代表除了蒲寿庚，还有一个重要人物，即田真子。田真子乃泉州知州，也就是泉州地方的最高长官，他主动投诚，很大程度上是代表了泉州地方政府的立场。田真子之外，宋末任忠训郎、殿前司左翼军统领的泉州人夏璟，于宋亡元兴之际，"帅殿士而侯服，篚玄黄而臣附……捷瑞安，捷温陵，捷三阳"，深受蒲寿庚器重。宋亡之后，蒲寿庚竭力推荐夏璟，"太史书勋，乃刻符印，以偿优劳"⑤。说明夏璟也是蒲寿庚降元的一个得力助手。另外，蒲寿庚的亲信孙胜夫、尤永贤、王与、金泳等人，⑥均是蒲寿庚叛宋降元的有力支持者。由此可见，蒲寿庚叛宋降元，乃是泉州地方集团共同支持的结果，为其出谋

---

① （元）脱脱等：《宋史》卷47《瀛国公纪》，中华书局1977年点校本，第942页。
② 王瑞来：《宋季三朝政要笺证》卷6《广王本末》，中华书局2010年版，第467、469页；（元）张铉：至正《金陵新志》卷3下《金陵表》，成文出版社1983年影印本，第1715页。
③ （元）张铉：至正《金陵新志》卷3下《金陵表》，成文出版社1983年影印本，第1714页。
④ ［日］桑原骘藏：《蒲寿庚考》，陈裕菁译，中华书局1954年版，第180—181页。
⑤ （宋）黄仲元：《莆阳黄仲元四如先生文稿》卷4《夏宣武将军墓志铭》，《四部丛刊》三编本。
⑥ （明）何乔远：《闽书》卷152《畜德志上·泉州府》，《四库全书存目丛书》，齐鲁书社1996年影印本，史部，第207册，第729页。

划策者，又何必非寿宬不可？更何况此时寿宬已隐居，过着"不予世事"的遁世生活。

综上所述，我们可以得出这样一个结论：叛宋降元之事，乃蒲寿庚与泉州地方集团共同所为，与其兄寿宬无涉。蒲寿宬像丘葵等人一样，是崇尚气节、"不臣二姓"的宋遗民，他是中国古代优秀的回族诗人，也是具有高尚节操的爱国志士。

五

最后，补充讨论一下蒲寿宬的卒年和葬地问题。据《南海甘蕉蒲氏家谱》，蒲寿宬晚年迁回广州，"与岭南诸名士结'白云诗社'"，"往来白云山间，惟日日纵狂诗酒，以娱暮年"①。蒲寿宬夫妇卒后葬于"羊城大北门外菱角冈初二世海达公茔右"②。其实《南海甘蕉蒲氏家谱》所载有误。1949年，罗香林在广州发现了蒲氏宋、元、明历代坟茔，③但罗氏发现的蒲氏祖坟中，有入居广州的蒲氏二、三、四、六、七世祖之墓，④并且墓碑上刻有各人名讳，但其中却没有蒲寿宬之墓，这是蒲寿宬没有葬在广州的一条重要线索。而相关文献记载证明，宋亡前后，蒲寿宬一直生活在泉州，蒲寿宬死后也应该葬在泉州。《元史》载，至元十三年二月辛酉，"伯颜遣不伯、周青招泉州蒲寿庚、寿晟兄弟"⑤，说明宋亡前，蒲寿宬在泉州。刻于泉州清源山纯阳洞上的后至元四年（1338）的《重建

---

① 丁国勇点校：《南海甘蕉蒲氏家谱》，天津古籍出版社1987年版，第89页；《南海甘蕉蒲氏家谱·叙》，第8页。
② 同上书，第89页。
③ 参见罗香林《广州蒲氏宋元二代祖坟发现记》，《蒲寿庚研究》，中国学社1959年版，第256页。
④ 《南海甘蕉蒲氏家谱》和1939年张玉光、金德宝在福建德化发现的《蒲氏族谱》（罗香林称之为《蒲寿庚家谱》，后发表于《月华》杂志第十二卷第一至三期合刊上）所载蒲氏世系有很大出入，其中《南海甘蕉蒲氏家谱》以蒲寿宬为蒲氏五世祖，而德化《蒲氏族谱》以蒲寿宬为七世祖，并且误蒲寿晟和蒲寿宬为二人。两本家谱所载均有不少失实之处。德化《蒲氏族谱》见李兴华、冯今源编《中国伊斯兰教史参考资料选编》（1911—1949），宁夏人民出版社1985年版，下册，第1756—1763页。
⑤ （明）宋濂等：《元史》卷9《世祖纪》，中华书局1976年点校本，第180页。

清源纯阳洞记》，记载至元十八年（1281）时蒲寿宬亦在泉州。该碑文载：

> 泉之清源上洞，宋绍兴间，有道人裴其姓者来自江东……尸解于此，邦人即其骨肖像事之，并创屋以祀群仙，匾曰纯阳……暨宋季，兹山悉毁，猱狄宅焉。我朝至元十有八载，四松僧法昙抚迹吁悼而谋兴复。适心泉蒲公同其弟海云平章协力捐财以资之，规制比于囊时，无虑十百。后廿一年，昙召高弟一聪踵其席，遂考故业，屋创未几，岚木顿朽，聪奋肯构之志，勤勤弗怠……适丁其时也，复得信斋万户孙公、心泉之孙一卿蒲公相兴辑事，故能若是。聪生晋邑瑶林，授经四松，号石门，住山余三十年……岁庚午，诫其徒契因主洞事。癸酉夏五奄化，全躯窆于山之肋。越甲戌，因以佛仙二殿犹欠翻盖，乃撤修之……大元至元四年龙集戊寅孟冬日，万安禅寺用平智泰撰。①

据此可知，至元十八年，四松僧人法昙倡导维修纯阳洞，蒲寿宬、蒲寿庚兄弟还捐财资助，② 说明当时蒲寿宬仍生活在泉州。其后，蒲寿宬之名不再见于史籍记载。21年之后，即大德六年（1302），法昙的弟子一聪接掌师门，再次维修纯阳洞，此时资助维修的人已不是蒲寿宬兄弟，而是蒲寿宬的孙子蒲一卿，说明此时蒲寿宬已经故去。一聪主事31年，至至顺四年（癸酉年，1333）圆寂，其弟子契因继续其师未尽之事业，最终完成了纯阳洞的修缮任务。罗香林说，"寿宬卒年，诸书无考，惟以其少子日和之年代推之，则似曾享遐龄"，"邱葵《钓矶诗集》卷四有《挽寿宬诗》，如能考出邱氏作挽诗之年代，则蒲寿宬之卒年，亦可考出。惜目前仍未能及此"③。尽管目前

---

① （清）陈棨仁辑：《闽中金石略》卷12《重建清源纯阳洞记》，《石刻史料新编》第1辑，新文丰出版公司1982年影印本第2版，第17册，第13035—13036页。

② 蒲寿宬与佛、道二教的关系十分密切，《心泉学诗稿》中有很多蒲寿宬与僧侣和道士唱和的诗歌，尤其是他与泉州兴福寺住持圆悟（号枯崖）往来密切，所以他倡导捐资维修寺观也在情理之中。参见陈广恩、高兰芳《蒲寿宬交游考》，《北方民族大学学报》2010年第6期。

③ 罗香林：《蒲寿庚研究》，中国学社1959年版，第62、68页。

我们还无法考证出蒲寿宬的具体生卒年，但据《重建清源纯阳洞记》，蒲寿宬的卒年应该在至元十八年之后，大德六年之前，则其卒年当在世祖后期或成宗初期。

（原载《中国史研究》2013 年第 1 期）

元安西王忙哥剌死因之谜

忙哥剌（又译作忙阿剌、忙兀剌、忙安、忙哥歹、莽噶拉、莽噶拉木、孟克等）乃元世祖忽必烈正后昭睿顺圣皇后察必所生第三子。察必皇后共生四子：长子朵儿只、次子真金、四子那木罕。朵儿只早死，真金中统二年（1261）被封为燕王，但一直到至元十年（1273）才得以册立为皇太子，[①] 明确了汗位继承人的身份。那木罕至元三年（1266）[②] 封北平王。八年，建幕阿力麻里镇戍。十二年为诸王昔里吉劫持以入海都。[③] 十九年改封北安王，赐印。二十一年被遣归朝。大德五年薨。[④] 四子中，忙哥剌于至元九年[⑤]被封为安西王，授螭纽金印（二等印），赐京兆为分地，驻兵六盘山。十一年，益封秦王，别赐兽纽金印（一等印），其府在长安者为安西，在六盘者为开成，皆听为宫邸。"一藩二印，两府并开"，一人封二王号，掌二金印，这在世祖封王诸子中是独一无二的，可见安西王忙哥剌的地位十分尊

[①] 《元史》卷108《诸王表》载真金册立皇太子在至元十四年，当误。参见中华书局1976年点校本《元史》该卷校勘记［一］，第2750页。

[②] （明）宋濂等：《元史》卷6《世祖纪》，中华书局1976年点校本，第111页。那木罕封北平王时间，《元史》卷108《诸王表》作"至元二年"（第2738页）。

[③] （明）宋濂等：《元史》卷203《田忠良传》，中华书局1976年点校本，第4537页。关于那木罕被昔里吉劫持的时间，《元史》卷9《世祖纪》、卷127《伯颜传》作"十四年"。当以十二年为是。参见（清）汪辉祖《元史本证》卷3，中华书局2004年点校本第2版，第18—19页。

[④] （明）宋濂等：《元史》卷108《诸王表》，中华书局1976年点校本，第2736页。《史集》关于那木罕的卒年与《元史》记载不一致，待考。

[⑤] 关于忙哥剌分封安西王的时间，《元史》卷7《世祖纪》载于至元九年十月（第143页），而商挺《宝庆寺碑》（《陇右金石录》卷5，甘肃省文献征集委员会1943年校印本）则作"至元九年十一月"。两者相差一月。

荣。至元十五年冬，忙哥剌死。十七年，其子阿难答袭封。阿难答及其子月鲁帖木儿与元廷的关系，史书有明确记载，学界已有不少论述。但忙哥剌任安西王七年期间，他和朝廷、和其父忽必烈之间的关系如何，忙哥剌因何而死，学界尚无专文讨论这一问题。结合史籍中的相关记载，通过分析我们可以发现，忙哥剌之死，一定和汗位之争有关。

一

忙哥剌的生年不详，卒年是至元十五年（1278），[①] 死时具体多大年纪，尚不得而知。但商挺至元十年出任安西王相时，忽必烈曾对他说过，"王年少，河迤西尽以委卿"[②]，说明当时忙哥剌年龄二十来岁。[③] 那么忙哥剌死时当不会超过30岁。忙哥剌之死，史书没有明确记载其死因，只说"王薨"[④]，"卒"[⑤]。王宗维认为忙哥剌是"病死"[⑥]，但并未指出史料依据。查史书未见忙哥剌死前有生病、治病的相关记载，所以"病死"之说似嫌证据不足。那么，忙哥剌到底因何而死？让我们先看看《心史》中的相关记载。

[①] 忙哥剌卒年，《元史》卷11《世祖纪》（第224页）、卷108《诸王表》（第2736页）均作"至元十七年"，误。参见（元）苏天爵辑撰，姚景安点校《元朝名臣事略》卷11《参政商文定公》，中华书局1996年版，第222页；（元）姚燧著，查洪德编辑点校：《姚燧集》卷10《延厘寺碑》，人民文学出版社2011年版，第146页；（明）宋濂等：《元史》卷108《诸王表》校勘记[三]，中华书局1976年点校本，第2750页。张岱玉认为忙哥剌死于至元十六年下半年。见其博士学位论文《〈元史·诸王表〉补证及部分诸王研究》（内蒙古大学2008年）第19页。

[②] （元）苏天爵辑撰，姚景安点校：《元朝名臣事略》卷11《参政商文定公》，中华书局1996年版，第222页。

[③] 王宗维：《元安西王及其与伊斯兰教的关系》，兰州大学出版社1993年版，第99页。

[④] （明）宋濂等：《元史》卷11《世祖纪》、卷108《诸王表》、卷124《哈剌亦哈赤北鲁传》，中华书局1976年点校本，第224、2736、3047页；（元）程钜夫著，张文澍校点：《程钜夫集》卷9《薛庸斋先生墓碑》，吉林文史出版社2009年版，第93页；（元）苏天爵辑撰，姚景安点校：《元朝名臣事略》卷11《参政商文定公》，中华书局1996年版，第222页。

[⑤] 柯劭忞：《新元史》卷114《忙哥剌传》，《元史二种》，上海古籍出版社2012年影印本，上册，第517页。

[⑥] 王宗维：《元安西王及其与伊斯兰教的关系》，兰州大学出版社1993年版，第19页。

郑思肖在《大义略叙》中有如下一段话，这是笔者所见关于忙哥剌死因非常明确的唯一记载：

> 忽必烈有三子，长曰真金，次曰户合真，又次曰汊谷泸。僭封户合真为安西王，据镇长安。尝谋篡父位，事泄为父杀。①

郑思肖所说被封为安西王出镇长安的忽必烈三子之一户合真，当即忙哥剌无疑，则忙哥剌是因为密谋篡夺汗位，事情败露后被忽必烈杀死的。那么郑思肖的说法是否可信，这又牵扯到其所著《心史》的真伪问题。郑思肖《心史》究竟是不是元代史籍，还是明末清初的南方遗民为寄托民族大义而假借郑思肖之名杜撰出来的伪书，学界尚存在争议。笔者认为，《心史》的真伪，在没有形成定论之前还可以进一步讨论，但书中所载元代历史的一些细节，与历史事实是相符的，并非杜撰，其记载是可信的，至少关于这些细节的记载，可以作为珍贵的元代史料来使用。杨讷、陈高华、陈福康等先生就认为《心史》并非伪书。② 钟焓《〈心史·大义略叙〉成书时代新考》也认为"《大义略叙》可以确定为一篇史料价值很高的元代文献"③，其说甚是。

郑思肖与忙哥剌是同时代人，《大义略叙》写于至元十九年，修改于至元二十年，距离忙哥剌卒年只有四五年的时间。对地位仅次于太子真金的安西王忙哥剌的死因，郑思肖是关心的，也是有所了解的；此外，他撰写《大义略叙》，是因为"叛臣在彼，教忽必烈僭俾南儒修纂《大宋全史》，且令州县采访近年事迹，又僭作《鞑史》，逆心私意，颠倒是非，痛屈痛屈，冤何由伸"④！因此要还原历史的

---

① （宋）郑思肖著，陈福康校点：《郑思肖集》，上海古籍出版社1991年版，第179页。

② 参见《中国历史大辞典·辽夏金元史卷》，上海辞书出版社1986年版，第83页；陈高华：《元代画家史料》，上海人民美术出版社1980年版，第326页；陈福康：《论郑思肖〈心史〉绝非伪托——与姜纬堂先生商榷》，《学术月刊》1985年10期。

③ 刊于《中国史研究》2007年第1期。

④ （宋）郑思肖著，陈福康校点：《郑思肖集》，上海古籍出版社1991年版，第190页。

"真相"。与蒙古统治者有关大汗的家事或密闻"非可令外传"的习俗（这正是元朝史书中看不到忙哥剌死因相关记载的重要原因）相比，作为南宋遗民而又具有强烈爱国情结的郑思肖，出于对蒙古统治者强烈不满的心理，因此才将忽必烈家族的"丑事"如实记载了下来。那么，郑思肖的记载是否真实可靠？史料中还能否找出一些相关的佐证呢？结合史料中的相关记载，我们不难发现，忙哥剌在任安西王期间的确对汗位心存觊觎，不臣之心昭然若揭。

二

封王之后的忙哥剌为其建造的王府宫室，尽管由忽必烈的心腹、京兆路总管兼府尹赵炳"裁制"，但即便如此，王府宫室的建造规格以及名称，仍然体现出这位藩王的不臣之心。

早在至元五年，刘好礼即向忽必烈建议，认为陕西重地宜封皇子诸王以镇之，并且宜"创筑都城"①。至元十年，忙哥剌抵达长安之后，即开始营建王宫。史载宫室"营于素浐之西，毳殿中峙，卫士环列，车间容车，帐间容帐，包原络野，周四十里，中为牙门，讥其入出。故老望之，眙目怵心，赍咨啧啧，以为有国而来，名王雄藩，无有若是吾君之子威仪盛者"②。建成后的安西王宫殿可以和元大都的宫殿相媲美，让我们将二者进行一番对比。

元大都宫阙正殿大明殿的建造时间，史书记载不一。《元史·世祖纪》载，至元十年十月："初建正殿、寝殿、香阁、周庑两翼室。""十一年春正月己卯朔，宫阙告成，帝始御正殿，受皇太子诸王百官朝贺。"据此，有一种观点认为元大都的宫阙是至元十年开始建筑，至次年告成③。但《南村辍耕录》中却明确记载："正衙曰大明殿，曰延春阁。……至元八年八月十七日申时动土，明年三月十五日即

---

① （明）宋濂等：《元史》卷167《刘好礼传》，中华书局1976年点校本，第3925页。
② （元）姚燧著，查洪德编辑点校：《姚燧集》卷10《延厘寺碑》，人民文学出版社2011年版，第146页。
③ 夏鼐：《元安西王府址和阿拉伯数码幻方》，《考古》1960年第5期。

工。"① 相对明朝史臣编纂的《元史》来说，《南村辍耕录》的作者陶宗仪是元人，并且关于元大都宫阙的记载非常详细，数据也很精确，记载大明殿建造的时间也精确到了起始之日的具体时辰，因此陶宗仪的记载应该不会有误。那么，大明殿应该是至元八年八月至次年三月建成的。忙哥剌在京兆的宫殿建于至元十年，而大明殿则建于至元九年，时间上早忙哥剌王宫一年。

大明殿有正殿11间，"东西二百尺，深一百二十尺，高九十尺"。殿后廊柱7间，"深二百四十尺，广四十四尺，高五十尺"。其后有寝室5间，东西夹室6间，后连香阁3间，"东西一百四十尺，深五十尺，高七十尺"②。据此，大明殿的殿基约为200尺×410尺，长宽比例约为2∶1。元代的尺度大抵承宋代三司布帛尺之旧，约合今31厘米，③若按元代1尺约合今0.31米计算，则大明殿殿基的长、宽应为127米×62米（实际数字应稍大些）。殿基的高度为十尺，④约合3米。这是大明殿殿基的长度、宽度和高度。据1957年中国科学院考古研究所的考古发掘，安西王府遗址正中宫殿殿基的长、宽、高度，约为185米、90米、5米（或更厚，其中2米已深入地表下）。⑤长与宽的比例也约为2∶1，与大明殿比例相同。与元大都宫阙正殿大明殿相比，安西王宫正殿殿基，无论是长度、宽度还是高度，均超出大明殿的殿基。再与忙哥剌之子阿难答后来兴建的延厘寺的规制"一以都城敕建诸寺为师而小之"⑥的标准相较，忙哥剌王宫正殿殿基，对皇宫正殿殿基而言，无疑是一种明目张胆的僭越，这不正体现出忙哥剌这位藩王的不臣之心吗？

此外，安西王宫之华丽，按照马可·波罗的描述，也不亚于元大都的皇宫宫殿。考古发掘的建筑材料残片，有灰色和黄釉板瓦片、黄

---

① （元）陶宗仪：《南村辍耕录》卷21《宫阙制度》，中华书局1959年版，第251页。
② 同上。
③ 杨宽：《中国历代尺度考》，台湾商务印书馆1968年版，第81、87、108页。
④ （明）萧洵：《元故宫遗录》，载（清）于敏中等编纂《日下旧闻考》卷32《宫室》，北京古籍出版社1983年版，第486页。
⑤ 马得志：《西安元代安西王府勘查记》，《考古》1960年第5期。
⑥ （元）姚燧著，查洪德编辑点校：《姚燧集》卷10《延厘寺碑》，人民文学出版社2011年版，第145页。

釉琉璃瓦片、黄釉龙纹滴水瓦片、黄釉龙纹圆瓦当、三角形龙纹和花叶纹滴水瓦等，还有线雕的石刻残片，门道中有石础和铺石。王宫大殿的台基是以土和瓦砾相间夯筑的，夯土每层厚0.08—0.1米，然后再铺一层瓦砾，厚0.02—0.03米，铺得很平整（经过夯打），整个台基就这样一层夯土一层瓦砾夯筑起来。用这种方法夯筑的城墙，从坚固程度和防潮作用来看，都较唐代（大明宫）殿基的筑法进步了许多。难怪马可·波罗来华游经京兆府时，就对安西王宫大加称赞。他说："城外有忙哥剌王的宫。宫很华丽。我就要告诉你们了。宫在一个大平原上。到处有川河、湖沼、源泉。宫的前面有一很厚很高的墙，周围有五迈耳（miles），建筑极佳，并设的铳眼。墙里有许多野兽飞禽。墙围之中央即王宫。宫很大并很华丽。比这再好的是没有了。宫里有许多伟壮的殿，同美丽的房屋。到处皆油漆绘画，用金叶、蔚蓝和无数的大理石来装饰。"① 从王宫遗址残存的建筑材料的残片和台基的夯筑方法，以及马可·波罗在看过大明殿之后，对安西王宫殿还发出"比这再好的是没有了"的感叹，我们不难想象出元代安西王宫是何等的雄伟壮观与华丽坚固。

而开城王宫的壮丽程度，从考古发掘的建筑材料也能体现出来。1985—1992年，开城文物工作站对开城安西王府遗址进行考古调查，发现遗址台地田埂边堆积有琉璃砖、瓦、瓦当、滴水、脊饰，板状忍冬纹、草叶纹墙面装饰材料残块。其中出土的琉璃瓦、瓦当、滴水，分瓷胎和陶胎。陶胎主体以高浮雕龙纹，上舌上卷，三足三爪。有描金，镏银，反映出安西王开成府宫殿建筑级别高，规模宏大，金碧辉煌的气势。② 京兆和开城，一个是冬驻地，一个是夏驻地，在忙哥剌看来，就是要将其建造成封地内的大都和上都。③

---

① A. C. Moule & Paul Pelliot, *Marco Polo*, *The Description of the World*, New York：AMS Press，1976. p. 264. 张星烺译：《马哥孛罗游记》，上海商务印书馆1936年版，第225页。

② 宁夏固原文管所：《宁夏固原开城元代安西王府建筑遗址调查简报》，《中国历史博物馆馆刊》2000年第1期。

③ （明）宋濂等：《元史》卷60《地理志》："至元十年，皇子安西王分治秦、蜀，遂立开成府，仍视上都，号为上路。"中华书局1976年点校本，第1428页。

三

至元十五年十一月，忙哥剌薨。忙哥剌死后局势的变化，尤其是王相赵炳被杀事件，则明确告诉我们，安西王府和元朝中央政府之间的矛盾和冲突已非常尖锐。

赵炳"甫弱冠，以勋阀之子，侍世祖于潜邸，恪勤不息，遂蒙眷遇"①，是忽必烈的潜邸旧臣，深得忽必烈的信赖。至元九年，忽必烈因"关中重地，风俗强悍"，因此选派"刚鲠旧臣"、心腹赵炳出任京兆路总管，兼王府府尹。同时，安西王府宫室的营造，必须"悉听炳裁制"②，这实际上是要赵炳而不是忙哥剌本人做宫室建造的总负责人。赵炳的选派和负责王府宫室营造，说明忽必烈似乎并不完全放心其子安西王忙哥剌。情况的确如此，《元史·赵炳传》记载，"王府吏卒横暴扰民者，即建白，绳以法"。说明在日常政务开展过程中，安西王府的属官对赵炳的工作并不是完全支持的，甚至可能是起阻挠和破坏作用。设想如果没有安西王的支持和纵容，王府的属官怎敢与忽必烈委派的王府府尹相对抗？而赵炳因为有忽必烈的支持，所以在禀告忙哥剌之后，"横暴扰民"的王府吏卒才能被绳之以法。这在一定程度上说明赵炳既是辅佐忙哥剌的朝廷重臣，同时也是忽必烈监管王子的心腹，对此忙哥剌应是心存不满的，这从后来发生的事情也能体现出来。

至元十四年，也就是忙哥剌死前一年，赵炳被加封为镇国上将军、安西王相，这是继商挺和李德辉之后的第三任安西王相，说明赵炳在安西王府的权力被加强了。同年，安西王奉命北伐，其驻兵基地六盘守者构乱，赵炳自京兆率兵往捕，元恶授首。十五年春，六盘再度发生叛乱，赵炳复讨平之。六盘山是忙哥剌开城王府所在地，也是忙哥剌的驻兵基地，从军事意义上讲，其重要性甚至超过了安西王府，自然是忙哥剌苦心经营的重点；忙哥剌刚刚离开王府北伐，六盘

---

① （明）宋濂等：《元史》卷163《赵炳传》，中华书局1976年点校本，第3835页。
② 同上书，第3836页。

山就接连发生两起军事叛乱，而这个时间又正好在忙哥剌死前一年左右；这两起军事叛乱，又都是忽必烈的心腹王相赵炳从京兆率兵前往平定的，赵炳本人又是在忙哥剌死后被王妃鸩杀的；郑思肖说忙哥剌是"谋篡父位，事泄为父杀"。综合这些因素，不禁使我们产生了这样一个大胆的设想：六盘山驻兵叛乱，干脆就是忙哥剌北伐前的精心策划？即便不是这样，其中也是疑点重重。

至元十六年秋，赵炳奉旨入京，忽必烈于便殿召见赵炳。《赵炳传》所载君臣之间的一段对话，颇耐人寻味：

>　　帝劳之曰："卿去数载，衰白若此，关中事烦可知已。"询及民间利病，炳悉陈之，因言王薨之后，运使郭琮、郎中郭叔云窃弄威柄，恣为不法。帝卧听，遽起曰："闻卿斯言，使老者增健。"①

主政关中数载，竟使赵炳衰老许多，这其中的因由也许只有忽必烈最为清楚。当听到赵炳谈起忙哥剌死后，郭琮、郭叔云准备"恣为不法"时，忽必烈大吃一惊，由"卧听"而"遽起"，说明他对安西王府的动向非常关注，这也是他一直不放心忙哥剌的心理的自然反应。因为赵炳最熟悉安西王府的情况，又是自己的心腹大臣，于是忽必烈立即改派赵炳为中奉大夫、安西王相，兼陕西五路西蜀四川课程屯田事，余职如故，令乘传偕敕使数人，前往平定六盘之乱。② 忽必烈的做法显然是进一步加强了赵炳的权力而削弱了安西王府的权力，目的是为了控制安西王府，稳定局势。但赵炳一到六盘，即被王府囚禁，很快便被王妃毒死于平凉狱中。③ 赵炳被王妃鸩杀，说明数年来他和王府之间累积的矛盾和冲突已尖锐到不可调和的程度，也说明他是安西王府实现政治意图的最大障碍，因此安西王府必欲除之而后快。而王妃敢于公然鸩杀赵炳，说明安西王府是早有所谋，是做好了

---

① （明）宋濂等：《元史》卷163《赵炳传》，中华书局1976年点校本，第3837页。
② 同上。
③ （元）苏天爵辑撰，姚景安点校：《元朝名臣事略》卷11《参政商文定公》，中华书局1996年版，第222页。

相应的斗争准备，其实质则是安西王府对朝廷不满的公然宣示，也可以说是对忽必烈的一次公开挑衅。

赵炳死于至元十七年三月，此案由忽必烈亲自审讯，并且时间长达四年多之久，这充分说明赵炳事件的复杂性以及忽必烈对忙哥剌死后安西王府动向关注的密切程度。案件审理的结果，自然是郭琮、郭叔云被正法，但商挺墓志所载王府女奚彻彻死前的供词，却牵扯到安西王府首任王相商挺及其子商琥，这又使案件进一步复杂化，并引起忽必烈的震怒。忽必烈震怒的背后，是商挺辜负了他的信任和厚望。商挺也是忽必烈的潜邸旧臣，自然也是忽必烈的心腹。至元十年王相府设立伊始，商挺便被忽必烈任为首任王相。忽必烈曾告诉他"河迤西尽以委卿"，足见忽必烈对这位王相寄予了足够的信任及殷切的期望。但数年之后，商挺在安西王府的所作所为却招致忽必烈的怀疑，并最终被治罪。至元十四年，世祖诏忙哥剌北征，忙哥剌命王相商挺曰："关中事有不便者，可悉更张之。"① 表现出忙哥剌对商挺的高度信任。如果说这不足以说明商挺和安西王之间的密切关系的话，那么忙哥剌死后，商挺在王妃授意下两次请求忽必烈让阿难答嗣位，同时自己又是王妃擅杀赵炳事件的涉案人，这就明确告诉我们，商挺和安西王之间的关系绝非一般。在发现商挺已失去了对自己的忠诚而站到安西王一边后，忽必烈召挺，"拘于赵氏，琥下狱"，后因商挺年事已高，加上诸儒纷纷说情，最终"不可全以无罪释之"而"籍其家"②。

赵炳从至元九年任京兆路总管、安西王府府尹开始，到至元十四年，加镇国上将军、安西王相，其后两度平定六盘之乱，忙哥剌死后又向忽必烈面呈郭琮、郭叔云恣为不法事，再到以钦命乘传偕敕使前往六盘收拾乱局，最后被王妃鸩杀。八九年间，赵炳的表现的确不负忽必烈所望，体现出他对忽必烈的耿耿忠心。赵炳个人地位的不断上升，权力的不断加强，终因与安西王府矛盾的升级而被杀，折射出以忙哥剌为首的安西王府和忽必烈之间的矛盾不断升温乃至激化。商挺

---

① （明）宋濂等：《元史》卷159《商挺传》，中华书局1976年点校本，第3741页。
② （元）苏天爵辑撰，姚景安点校：《元朝名臣事略》卷11《参政商文定公》，中华书局1996年版，第223页。

112

作为忽必烈非常信任的潜邸旧臣，最终却被安西王府利用，这背后除了忙哥剌及王妃恩威兼施的竭力笼络之外，更为重要的，是安西王府与元朝中央政府之间错综复杂的政治斗争的结果，从中也能反映出忙哥剌势力日渐坐大，对汗位已构成严重威胁。

四

既然忙哥剌和忽必烈之间存在矛盾和冲突，那么造成这种矛盾和冲突的原因是什么呢？为什么"一藩二印，两府并开"的领金印兽纽的安西王忙哥剌，地位如此尊荣，还会对自己的大汗父亲心怀不满呢？让我们先来看看忽必烈正后所生诸子的封王及立储情况，这是解决忙哥剌和忽必烈之间冲突的关键所在。察必皇后所生四子中，除了早死的朵儿只之外，真金、忙哥剌、那木罕三人中，忙哥剌封王最晚。这其中的玄机，王宗维分析得很有道理。

> 中统二年真金封燕王时，皇太子尚未确立。至元三年封那木罕为北平王，四年封忽哥赤为云南王，六年封奥鲁赤为西平王，而真金之后的忙哥剌迟迟不得受封，而在《世祖本纪》等书中忙哥剌依次排列为第二，并未见有任何受贬之事。其不得受封的原因，正是忽必烈在考虑谁当立为太子，为汗位继承人的问题。直至刘好礼建言"陕西重地，宜封皇子诸王以图之"后，忽必烈仍未授忙哥剌以安西王出镇，而以亲王镇之。所以，对至元五年至九年十月前，忙哥剌以亲王镇京兆，开府期间，仍是皇太子的候选人。直至立真金为太子的大局已定，发布诏书前数月，先宣布封忙哥剌为安西王，使安其心；真金立为太子后，益加封忙哥剌为秦王，先赐螭纽金印，后赐兽纽金印，"一藩二印，两府并开"，这是没有先例的。①

---

① 王宗维：《元安西王及其与伊斯兰教的关系》，兰州大学出版社1993年版，第18页。

按照蒙古汗位继承的习俗，大汗诸嫡子均有资格继承汗位，因此真金、忙哥剌、那木罕均可成为忽必烈的考察对象。据王宗维的分析，忽必烈在汗位继承人问题上，是考虑、选择了很长时间。在继承人确立之后，他对原先的候选人之一、三子忙哥剌，给予了"一藩二印，两府并开"的补偿和相应的安抚。若此，真金、忙哥剌、那木罕兄弟之间在皇太子人选问题上，难免不会出现矛盾和竞争。《史集》的一段记载，正反映出了忽必烈诸皇子在汗位继承问题上是存在矛盾和斗争的。

> 合罕在数年之前，当海都的军队还未［掳］去那木罕之时，曾无意中说出了由他继承大位，这个热望［一直］都存在他心中。但后来，合罕注意到真金很聪明能干时，就很喜欢他。当脱脱蒙哥［已经］把那木罕送回之后，合罕命令立真金为合罕。那木罕难过起来，他说道："他［真金］继位后，将怎样称呼你呢？"合罕生了气，把他大骂一顿，从自己身边赶开，并说道："不许再来见我！"他［那木罕］过了几天就死了。［合罕］立了真金为帝。他在位三年，也去世了，其宝座则被封存起来。①

从《史集》的记载来看，忽必烈在册立真金为皇太子之前，曾考虑过立那木罕为太子，自然，那木罕的哥哥忙哥剌也当在被考虑之列。至元八年，忽必烈告诉云南王忽哥赤王府文学张立道说："汝等为我家事甚劳苦，今欲事朕乎，事太子乎，事安西王乎？惟汝意所向。"② 在太子人选尚未确定的情况下，忽必烈的话显然也把忙哥剌包括在太子人选之内。等真金册立之后，那木罕继承汗位的热望被彻底粉碎了，自然而然地生出了怨恨之心，并且向忽必烈流露出来，结

---

① ［波斯］拉施特主编：《史集》第2卷，余大钧、周建奇译，商务印书馆1985年版，第352—353页。
② （明）宋濂等：《元史》卷167《张立道传》，中华书局1976年点校本，第3916页。至元八年，太子人选尚未确立，忙哥剌也未封安西王，"太子""安西王"的称呼，当属史臣追记。

果招致忽必烈的训斥。如果《史集》的记载属实，那么那木罕之死，很可能与太子人选之争有关；退一步讲，即使如《元史》所讲那木罕死于大德五年，而忽必烈对那木罕"不许再来见我"的训诫，也明确表达出了他在汗位继承问题上的态度。

既然被封为北平王的那木罕对二哥的太子之位心存觊觎，那么"一藩二印，两府并开"，并且手握重兵的安西王，又怎能对汗位继承无动于心呢？更何况他的两府，安西王府所在地西安是历朝古都，六盘山又曾是蒙古大汗铁木真和蒙哥的行宫，父皇忽必烈的驻地，忙哥剌本人即视京兆和开城如同大都和上都。安西王府和开城王府特殊的地理位置和这段特殊的历史机缘，又怎能不令忙哥剌对汗位继承产生非分之想呢？在经过长时间的期待之后，父皇并没有立自己为皇储，这又怎能不招致忙哥剌心生不满甚至怨恨呢？因此，在任安西王和秦王期间，忙哥剌利用自己的权势和手中的重兵问鼎汗位，也就是情理之中的事情了。正因如此，忽必烈在册立太子的诏书中特意告诫真金说："昆弟宗亲，尔其和协。……尚其戒哉，勿替朕命。"① 《史集》也记载，伯颜（原名阿不别克儿）因为在忽必烈晚年谈到皇位继承问题，忽必烈认为他"关心到了我的子女，为的是在我身后他们之间不致发生纷争！"为此，忽必烈奖赏了伯颜，并以赛典赤来称呼他。② 这正反映出真金兄弟之间存在的纷争以及忽必烈对兄弟争夺汗位的担心。

五

正因为忙哥剌对汗位心存觊觎，封王期间又位高权重，盛极一时，非其他诸王所能比，所以忙哥剌死后，忽必烈便立即展开削藩，这反映出野心膨胀的忙哥剌对皇权构成的威胁着实不小。

至元十七年，南宋灭亡，忙哥剌辖地作为对宋战争的前线以及军

---

① （元）徒单公履：《皇太子册文》，载（元）苏天爵编《元文类》卷10，《四部丛刊》初编本。
② ［波斯］拉施特主编：《史集》第2卷，余大钧、周建奇译，商务印书馆1985年版，第355页。

事基地完成了其历史使命。宋元战争刚一结束，忽必烈立即罢黜安西王相府，①恢复陕西四川、甘肃行省，加强朝廷对陕川、甘肃等地的直接控制。其中立陕西行省于京兆，以前安西王相李德辉为参知政事，兼领钱谷事。同时，将安西王任命地方官员的权力也收归中央。忙哥剌封王期间，有权任命辖区内的地方官员。史载忽必烈"诏许凡官关中者，职与不职，听其承制迁黜"②，甚至包括当地各种宗教管理官员的任免权。至元十四年，安西王就曾颁发令旨，任命李道谦为陕西五路西蜀四川道教提点。但至元十七年，这份权力已收归中央："长生天气力里皇帝圣旨：葆真大师诸路道教提举李道谦可授陕西五路西蜀四川道教提点兼重阳万寿宫事。"③至元二十年，"定拟安西王相府首领官令史，与台、院吏属一体迁转"④。同时，朝廷又以治书侍御史杜思敬"出为安西路总管，佥陕西行省事"⑤。这一系列措施，表明朝廷已将安西王领地各级官员的任命权收回。

忙哥剌死后，安西王妃迫不及待地命商挺两次向忽必烈请命，拟让阿难答袭封，但均被忽必烈拒绝。至元十七年，阿难答袭封，但权力已远远不如其父忙哥剌。宋元战争结束后，元朝政府即将安西王属下的大批军士转向屯田。西安、延安、庆阳、平凉、凤翔等处均是屯田的主要地区。世祖末，忽必烈相继阅实安西三道军户，又设置陕西蒙古军都万户府辖治陕甘蒙古军，原来隶属安西王相府的礼店等处探马赤军及汪氏家族统率的巩昌兵，也都转由行省或宣慰司统辖。⑥安西王府的军权也逐步收归中央。史料显示，至元二十五年以后，安西王开始向朝廷请求赈济。二十六年，世祖下诏："罢皇孙按摊不花所设断事官也先，仍收其印"；次年五月，又诏："罢秦王典藏司，收

---

① （明）宋濂等：《元史》卷11《世祖纪》，中华书局1976年点校本，第224页。
② （元）姚燧著，查洪德编辑点校：《姚燧集》卷23《有元故少中大夫淮安路总管兼府尹兼管内劝农事高公神道碑》，人民文学出版社2011年版，第362页。
③ 蔡美彪：《元代白话碑集录》，科学出版社1955年版，第24页。
④ （明）宋濂等：《元史》卷84《选举志》，中华书局1976年点校本，第2098页。
⑤ （明）宋濂等：《元史》卷151《杜丰传》，中华书局1976年点校本，第3575页。
⑥ （明）宋濂等：《元史》卷98《兵志》，中华书局1976年点校本，第2520页。

其印"①。表明忽必烈成功废止了"一藩二王",收缴了秦王印。至成宗初,阿难答领地有"合罕朝臣及必阇赤担任课税长官,他们按照朝廷命令,供应安西王之需"②。可见,安西王领地的赋税征收权也逐渐被陕西行省所掌控。由上述可见,世祖末、成宗初,元廷通过一系列措施,将安西王的官员任免权、军权、财权等陆续收归中央,安西王的权力一步步被削弱了。至皇庆元年(1312),改安西为奉元路,③连安西的名称也不让存在了。

综合上述分析,我们可以发现,忙哥刺在任安西王、秦王期间,以京兆、六盘为分地,统领河西、吐蕃、四川等处广阔领地,辖区包括今陕西、甘肃、四川、宁夏、青海、西藏等地,还扩展到内蒙古南部、山西西南部、河南西部、湖北西北部、贵州西部和云南北部。④不仅如此,安西王所辖川陕地区正位于元朝攻灭南宋的军事前线,"为天子援枹鼓,进退诸军于外,以捍侮西北"⑤,具有非常重要的战略意义。而所辖河西地区,又是连接元朝中央政府和吐蕃的枢纽。由此可见,忙哥剌不仅担负着防御察合台、窝阔台两汗国进攻的军事任务,而且也肩负着接应吐蕃,经营秦蜀,南下攻宋等艰巨任务,因而忽必烈给予"一藩二印,两府并开"的独尊地位,并且使其拥有辖地内的军、政、财权,还可以颁发"教令"⑥,具有圣旨般的权威,地位至尊,俨然国中之国。加之他本人曾是忽必烈长期揣摩的皇储人选,种种缘由助长他了问鼎汗位的野心。忽必烈的两位潜邸旧臣、从二品的安西王相,商挺最终被忽必烈治罪,赵炳最终被王妃鸩杀,均与忙哥剌觊觎汗位有关。忙哥剌建造的安西王府和开城王府,俨然就是元朝的大都和上都,其建造规格体现出了这位藩王的不臣之心。因

---

① (明)宋濂等:《元史》卷15、16《世祖纪》,中华书局1976年点校本,第322、337页。
② 李治安:《元代政治制度研究》,人民出版社2003年版,第420页。
③ (明)宋濂等:《元史》卷60《地理志》,中华书局1976年点校本,第1423页。
④ 王宗维:《元安西王及其与伊斯兰教的关系》,兰州大学出版社1993年版,第41页。
⑤ (元)姚燧著,查洪德编辑点校:《姚燧集》卷10《延厘寺碑》,人民文学出版社2011年版,第147页。
⑥ 同上书,第146页。

此，郑思肖《大义略叙》的记载应当是可信的，忙哥剌之死，一定和汗位之争有着密不可分的关系，甚至就是郑思肖所说"尝谋篡父位，事泄为父杀"。

(原载《民族研究》2008年第3期)

元安西王阿难答与伊斯兰教之关系

阿难答（？—1307），元朝宗王，世祖忽必烈第三子安西王忙哥剌之子，是至元、大德年间元朝政坛上一位显赫的政治人物，后在成宗死后的汗位之争中失败被杀。至元十五年（1278），忙哥剌薨；十七年，阿难答袭封安西王，同时掌秦王印。其弟按檀不花于二十四年袭封秦王，而他犹称"秦王阿难答"。秦王金印兽纽，为元朝最高等级封号，爵位高于安西王，可见阿难答在元朝出镇宗王中的地位之高。目前学界对阿难答的研究还很不够，本文主要探讨阿难答是如何通过伊斯兰教来为其政治目的服务，同时对阿难答与元廷的矛盾和斗争做初步分析。

一

说阿难答是一位伊斯兰教徒，应该没有问题。[①] 他信仰伊斯兰教与其成长环境有关。因为忙哥剌的子女多长不大就夭折了，所以阿难答出生后即被托付给伊斯兰教徒蔑黑帖儿·哈散·阿黑塔赤抚养，由其妻祖来哈奶大。"因此木速蛮的信仰在他的心中已经巩固起来，不可动摇，他背诵过《古兰经》，并且用大食文书写得很好。他经常把

[①] 王宗维认为阿难答是一名佛教徒，并不是伊斯兰教徒，因为伊斯兰教徒是不允许信仰佛教的，《史集》的记载不可信。参见其著《元代安西王及其与伊斯兰教的关系》"安西王与伊斯兰教的关系"一节，兰州大学出版社1993年版，第98—116页。但阿难答信仰伊斯兰教，已为学界所普遍认可，如《中国大百科全书》，邱树森《中国回族史》《中国回族大词典》等均持此观点。笔者认为，我们可以这样理解阿难答的宗教信仰问题：作为一位极具野心的出镇宗王，他只是将宗教信仰视为一种实现政治目的的工具而已。看清楚了这一点，我们便不难理解他为什么又信仰伊斯兰教，同时又崇尚佛教、保护道教了。

［自己的］时间消磨于履行戒律和祈祷上"①。他不仅自己信仰，而且还大力倡导伊斯兰教，"经常都在教堂中，从事于祈祷和念诵《古兰经》，他给大多数蒙古儿童施行了割礼，并且使大部分蒙古军队皈依了伊斯兰教"②，而他所统领的蒙古大军有15万之多。他礼拜极勤，在其辖境内广建清真寺，实施回回历，竭力模仿伊利汗国合赞汗，实行伊斯兰化。那么，阿难答果真是一位虔诚的穆斯林吗？他不遗余力地倡导伊斯兰教的真正目的何在呢？其实阿难答大力倡导伊斯兰教的真正目的，在于借宗教信仰抬高自己的政治影响，拉拢、利用其他政治力量，以进一步扩充自己的政治势力。

　　阿难答借伊斯兰教积极扩充其政治势力，一方面是他的政治野心所致，这种政治野心与他的世祖嫡孙、忙哥剌之子、秦王、安西王的身份是相符合的，并且在成宗死后汗位出现空缺时膨胀到了极限；另一方面也与朝廷的削藩有关。阿难答的父亲忙哥剌于至元九年被封为安西王，出镇京兆。此时的安西王统有河西、吐蕃、四川等处，担负着镇戍西北，经营秦蜀，南下攻宋，向西防御察合台、窝阔台汗国进攻的重任，因此，一藩二印，两府并开，拥有辖地内的军、政、财权，地位至尊，俨然国中之国。但物极必反，由于安西王的权力过大、过于集中，对大汗的权力构成了威胁，因此，朝廷削藩便理所当然。至元十五年，安西王薨。十七年，南宋灭亡。宋元战争刚一结束，朝廷立即罢黜安西王王相府，恢复陕西四川、甘肃行省，加强中央政府对陕西、四川、甘肃等处的直接管理。至元二十年五月，"敕以陕西按察司赃罚钱输于秦王"③。但到三十一年七月，则规定："以陕西道廉访司没入赃罚钱旧给安西王者，令行省别贮之。"④ 这一变化，说明朝廷明显在限制安西王的财政收入。史料显示，至元二十五年以后，安西王开始向朝廷请求赈济。《元史》亦载元贞元年

---

① ［波斯］拉施特主编：《史集》第2卷，余大钧、周建奇译，商务印书馆1985年版，第379页。
② 同上书，第380页。
③ （明）宋濂等：《元史》卷12《世祖纪》，中华书局1976年点校本，第254页。
④ （明）宋濂等：《元史》卷18《成宗纪》，中华书局1976年点校本，第386页。

(1295)二月,成宗令陕西省臣给安西王所需。① 可见,至阿难答时,安西王领地的赋税征收权逐渐被陕西行省所掌控,其权势受到了很大削弱。

面对朝廷的削藩,阿难答并未束手待毙,而是积极与朝廷展开较量,试图恢复王府的特权。因此,一场激烈的斗争便不可避免。元贞元年二月,"安西王相铁赤等请复立王相府,不许"。次年正月,安西王傅铁赤、脱铁木而等复请立王相府,帝曰:"去岁阿难答已尝面陈,朕以世祖定制谕之。今复奏请,岂欲以四川、京兆悉为彼有耶?赋税、军站,皆朝廷所司,今姑从汝请,置王相府,惟行王傅事。"② 成宗铁穆耳的话说得很明白,赋税、军站的管辖权力属于朝廷,王相府只行王傅之事,但阿难答并未死心。五月,他又遣使向朝廷告贫乏,索要财物。成宗说:"世祖以分赉之难,尝有圣训,阿难答亦知之矣。若言贫乏,岂独汝耶?去岁赐钞二十万锭,又给以粮。今与,则诸王以为不均。不与,则汝言人多饥死。其给粮万石,择贫者赈之。"③ 成宗以诸王会认为朝廷分配不均为由,只是对安西王所属贫乏户进行了象征性的赈济,并没有满足阿难答的全部要求。

二

在这场藩权与皇权的斗争中,为了达到自己的目的,阿难答不惜在宗教信仰上做文章,借此来壮大自己的实力。所以对阿难答来说,他对真主安拉的"虔诚",与其说是来自宗教的信仰,不如说是来自政治利益的驱动。在他看来,宗教信仰只不过是用来达到政治目的的一种工具而已。所以阿难答"虔诚"地信仰真主的同时,对佛教、道教也表现出浓厚的兴趣,这在一般情况下是不为伊斯兰教教规所允

---

① (明)宋濂等:《元史》卷18《成宗纪》,中华书局1976年点校本,第390页。
② (明)宋濂等:《元史》卷18、19《成宗纪》,中华书局1976年点校本,第390、401页。
③ (明)宋濂等:《元史》卷19《成宗纪》,中华书局1976年点校本,第403—404页。

许的。他曾请求成宗允许他在六盘山兴隆池园建佛寺一座，"用资两圣（指世祖忽必烈及顺圣皇后——引者）冥福，以永帝之亿万维年"①。并于大德八年（1304）下教令给姚燧，命他为寺起名，撰写碑文。姚燧即为寺起名为"延厘"，撰有《延厘寺碑》。兴建佛寺，不但能博得孝顺祖父的美名，更为重要的是，投了崇尚佛教的元成宗之好。次年，他又请求成宗允许他派遣使臣招揽高丽高僧。其中名为海圆的高丽僧人就"应其命入觐，仍从安西王于朔方"，并且再历寒暑而"持戒律益坚"，因此"王愈重之"②，可见二人关系十分密切。而高丽僧人在元代是一股独特的政治势力，对元、高丽两国的政治关系产生了重要影响。阿难答同高丽僧人之间密切的关系，同样是他利用佛教为其政治意图服务的表现。1282 年，阿难答以秦王封号颁发了一道保护当地道观财产的令旨，令安西府修真观、华阳谷东岳庙等庙观以提点牟志通、提领章道奇、提举昝知坚和赵道从为首的道士持有，③这是他亲善道教的行为体现。由此可见，阿难答并非一位虔诚的穆斯林。

那么，阿难答不遗余力地倡导伊斯兰教，到底要实现怎样的政治意图呢？笔者以为主要有以下几个方面。

其一，通过宗教信仰控制其领地军民。阿难答领地在今陕甘宁一带，其境内的伊斯兰教信仰已有一定的基础。志费尼《世界征服者史》主要记载了 1257 年以前的蒙古事迹，《多桑蒙古史》转述志费尼记载当时蒙古境内伊斯兰教的流传情况说："今在此种东方地域之中，已有回教人民不少之移植，或为河中与呼罗珊之俘虏，挈至其地为匠人与牧人者，或因佥发而迁徙者。其自西方赴其地经商求财，留居其地，建筑馆舍，而在偶像祠宇之侧设置礼拜堂与修道院者，为数亦甚多焉。此外偶像教徒之儿童沦为回教徒奴婢，曾在

---

① （元）姚燧著，查洪德编辑点校：《姚燧集》卷 10《延厘寺碑》，人民文学出版社 2011 年版，第 145 页。
② ［高丽］李穀：《稼亭先生文集》卷 6《大崇恩福元寺高丽第一代师圆公碑》，韩国文集编纂委员会《韩国历代文集丛书》，景仁文化社 1999 年影印本，第 14 册，第 190 页。
③ 照那图斯、道布、刘兆鹤：《阿难答秦王八思巴字蒙古语马年令旨》，《民族语文》1998 年第 3 期。

其教中养育成人者；偶像教徒之自愿改从回教者；复次有成吉思汗系有数王，曾改信吾人之宗教，而为其臣民士卒所效法者，皆其类焉。"① 阿难答在其领地内大力倡导伊斯兰教，目的就是想通过宗教信仰抬高自己的身价，扩大他在领地的政治影响，从而牢牢控制住当地军民，以坚固自己的后方基地。而阿难答的努力显然取得了成效，《史集》记载 14 世纪初河西地区伊斯兰教流传情况说，"在该国有二十四座大城，该处居民大多数为木速蛮"②，并且阿难答在领地"颇得人心"③。

其二，争取朝廷中回回势力的支持，这与他争取高丽政治势力的支持如出一辙。④ 世祖、成宗时期，回回人很受器重和信任，在元廷握有很大的权力，如回回人赛典赤·赡思丁之孙、纳速剌丁长子伯颜。伯颜和汉人梁德珪于至元、大德年间执掌政事长达 11 年之久，史称"赛梁秉政"。忽必烈很欣赏伯颜的理财能力，至元三十年十一月，任其为中书平章政事，位在众平章之上，并赐以伯颜平章，呼之为赛典赤，故名伯颜。赛梁秉政期间，继续任用回回人阿合马余党阿里等理财，取得了成效。伯颜在成武之交的汗位争夺中是阿难答的主要支持者之一，后失败"伏诛"⑤。且不论结局，从汗位之争中回回人伯颜支持阿难答的角度来看，阿难答争取朝廷中回回人的政治势力的目的是达到了。武宗即位后，就因为阿难答的主要支持者之一伯颜是回回人，因而对回回官员有明显的排斥倾向，英宗对回回人也采取了明显的压制政策。

其三，争取统治集团中信奉伊斯兰教或亲近伊斯兰教的蒙古贵族的支持。成宗时期赛梁秉政，回回人在元廷中势力十分显赫，自然元

---

① ［伊朗］志费尼：《世界征服者史》第 1 部"绪言"，何高济译，内蒙古人民出版社 1980 年版，第 12—13 页；［瑞典］多桑：《多桑蒙古史》第 1 卷"绪言"，冯承钧译，上海书店出版社 2001 年版，第 9—10 页。

② ［波斯］拉施特主编：《史集》第 2 卷，余大钧、周建奇译，商务印书馆 1985 年版，第 379 页。

③ ［瑞典］多桑：《多桑蒙古史》，冯承钧译，上海书店出版社 2001 年版，第 340 页。

④ 喜蕾：《安西王阿难达对高丽政治势力的利用》，《西北民族研究》2001 年第 1 期。

⑤ （明）宋濂等：《元史》卷 22《武宗纪》，中华书局 1976 年点校本，第 478 页。

朝最高统治阶层中有不少支持回回人的蒙古贵族。阿难答倡导伊斯兰教，也有取悦这些蒙古贵族，以获得他们支持的目的。如阿难答就通过手下的一些伊斯兰教徒，"接近铁穆耳合罕的母亲，致力于巩固伊斯兰教"①。而近年来对元上都的考古发掘材料也证明，元代统治集团中确有一部分蒙古人信仰伊斯兰教。史料中也有记载，如《多桑蒙古史》说成吉思汗系数王就改信伊斯兰教；《新元史·伯勒克传》《台古塔儿传》等也记载蒙古诸王有信伊斯兰教者。

其四，阿难答倡导伊斯兰教，似乎也有联合察合台、窝阔台汗国诸王的意图。因为这两个汗国的居民中，信奉伊斯兰教的人很多，阿难答倡导伊斯兰教，模仿伊利汗国合赞汗，积极推行伊斯兰化，是一种去蒙古化的做法，可以与这两个汗国建立共同的信仰。而大德七年之前的察合台、窝阔台后王，正在大张旗鼓地进攻元朝，这对于政治野心极大的阿难答来说，回回人、高丽人都可以利用，为什么同为成吉思汗后代的而又有着共同利益的蒙古兄弟不能被利用呢？大德六年，阿难答就曾驻守在哈剌和林边境，与察合台后王都哇有过正面的接触，都哇暗中派出与元朝约和的使臣首先通知的就是阿难答，这也反映出双方的关系比较密切。

三

正因为阿难答倡导伊斯兰教是在通过宗教活动进行从事颠覆皇权的政治阴谋，所以元成宗对阿难答这一宗教活动表现出明显的不安和强烈的不满。当成宗得知阿难答为蒙古儿童施行割礼，让大部分蒙古军队皈依伊斯兰教后，他与阿难答之间展开了一场斗争。"合罕对他甚为生气，并派遣了鹰夫长只儿哈朗和赤儿塔合兄弟俩，要他们去阻止他履行祈祷和戒律，不让木速蛮去见他，并促使［他］向寺庙中的偶像磕头烧香。阿难答拒绝了，没有听从……合罕由此动了怒，便下令把他囚禁起来，而他却对伊斯兰教和真正的

---

① ［波斯］拉施特主编：《史集》第 2 卷，余大钧、周建奇译，商务印书馆 1985 年版，第 381 页。

信仰仍然那样的固执和坚定……合罕召了他去问道：'如果你作过什么梦，或者上天给予了你什么启示，或者有谁指引了你走上木速蛮教的道路，就讲出来吧，让他也给我指示一条道路'。阿难答说道：'伟大的上帝给我指出了一条认识他的道路'。合罕说道：'这条道路是魔鬼指给你的！'他回答道：'如果是魔鬼给我指的道路，那么，是谁把［这条］道路指给我的兄长合赞的呢？'① 元成宗甚至将阿难答囚禁起来，要他放弃伊斯兰教的信仰，但是阿难答却敢于和成宗相抗到底。是什么原因使阿难答如此有恃无恐呢？成宗的母后阔阔真道出了其中的秘密，她对成宗说："你登位已经两年了，而［你的］国家却还没有巩固。阿难答有很多军队，并且唐兀惕地区的所有那些军队和居民都是木速蛮并对此执［迷不悟］。本地就有叛乱者。不要让他们［军队和居民］变心，那可真不得了，［你］不宜强迫他，让他自己选择自己的信仰和宗教吧。"② 正是因为阿难答手握重兵，在领地"颇得人心"，所以"锢之恐致民怨"③。为防止激起叛乱，所以成宗终于暂时忍气吞声，不仅释放了阿难答，而且还加以安抚，并待之以礼。

　　成宗后期，皇后卜鲁罕因为成宗多病而干预朝政。大德九年，成宗病中册立卜鲁罕所出德寿为皇太子，但过了半年，德寿却先成宗而死，之后成宗再未立皇太子，这对阿难答来说无疑是一个天赐良机。大德十一年春正月，成宗驾崩，皇位之争便无法避免了。卜鲁罕与阿难答之间有十分密切的关系，后来仁宗甚至宣称二人有私通情节。在成宗死前三日，卜鲁罕密招阿难答悄悄抵达大都，妄图借助阿难答的实力临朝称制，并起用阿难答辅国。阿难答更想借助手中的重兵，以世祖嫡孙的身份，直接夺取皇位。但这场皇位之争，却没有如卜鲁罕、阿难答所愿，答己、爱育黎拔力八达母子在以右丞相哈剌哈孙为首的官僚中枢的支持下，提前一天发难，拘捕阿难答、卜鲁罕等人，

---

① ［波斯］拉施特主编：《史集》第 2 卷，余大钧、周建奇译，商务印书馆 1985 年版，第 380 页。
② 同上书，第 380—381 页。
③ ［瑞典］多桑：《多桑蒙古史》，冯承钧译，上海书店出版社 2001 年版，第 340 页。

迎立海山继位。阿难答本人在海山继位前即被处死。尽管阿难答的大汗梦最终破灭，但总体来看，就他利用伊斯兰教为其政治目的服务来说，应该说是成功的。

（原载《西域研究》2005年第2期）

元益都诸万户府考

　　元代镇戍各地的万户府无疑是地方镇戍军队的重要力量，其中淮河以南的广大地区由汉军和新附军组成的万户府镇守。汉军是元朝中原诸军的统称，大致包括降蒙金军、中原签军、蒙古国时期的降蒙宋军等，而新附军则是指至元十年（1273）以后的降蒙宋军。汉军中又有旧军和新军之别。旧军主要指降蒙的金军和地方武装，新军当指从中原签发的士兵。[①] 在上述镇戍万户府中，共有13个以益都为番号的汉军万户组织，分别是：益都行军万户、益都淄莱等路行军万户、益都万户府、益都路万户府、杭州益都万户府、镇守杭州益都府军、益都旧军万户府、益都府军、益都新军万户府、益都淄莱万户府、益都般阳万户府、益都淄莱新军万户府、益都路淄莱万户府等。

　　关于其中几个万户府，李治安、史卫民、王晓欣、刘晓诸位先生在其研究成果中有所论及。史卫民所列江西行省所辖万户府中，有益都淄莱万户府和益都般阳万户府，二者均驻广州，后均改为镇守广州路万户府。张柔子张弘范担任益都淄莱行军万户，唐兀人李恒任益都淄莱新军万户，女真人李庭任益都新军万户，女真人刘国杰任益都新军万户。[②] 李治安在论及江西行省所辖军队时指出，李恒、李世安父子所统辖的益都淄莱新军万户府，是江西行省境内最早的万户府之一，益都淄莱新军万户府也被称为"益都新军万户府"[③]。王晓欣认为，益都旧军万户府于至元二十五年由苏州移镇杭州，驻艮山，大德

---

　　① 陈高华、史卫民：《中国政治制度通史》第8卷，人民出版社1996年版，第189、190页。
　　② 史卫民：《元代军事史》，军事科学出版社1998年版，第294、187—188页。
　　③ 李治安：《元代行省制度》，中华书局2011年版，第291页。

三年（1299）担任万户的是郑祐，① 但益都旧军万户府是否就是益都上万户府，尚不能确定。同时他认为以益都为号组成的万户府还有益都淄莱万户府和益都般阳万户府。② 刘晓以成化《杭州府志》的记载佐证了王晓欣的观点，即益都旧军万户府驻守杭州。作者认为，张弘范统领的益都淄莱军，是益都旧军万户府、益都新军万户府的前身，并且益都新军万户府有两个，分别由李庭和刘国杰家族世袭。益都淄莱万户府与益都般阳万户府实为同一万户府，驻防地在龙兴。③ 上述成果对几个以益都为番号的万户府的相关问题有所讨论，但还有不少问题尚须进一步研究：除了益都淄莱万户府与益都般阳万户府之外，以上万户府中是否还存在番号不同而建制实一的现象？各万户府的组建及演变情况如何？世袭万户家族的具体承袭情况又如何？……本文拟在上述诸位先生研究的基础上，对以上问题展开探讨。

一

上述13个以益都为番号的汉军万户府，其军号来源于地名，即均与益都有关。益都即青州，是古代九州之一，在金末由反金起义军首领李全占据，后来李全成为割据一方的地方军阀。元太祖二十二年（1227），木华黎之子字鲁围攻益都，李全战败降蒙，被授以"山东淮南楚州行省"之职。④ 太宗三年（1231），李全战死，其子李璮袭

---

① 郑祐，（清）毛永柏修、李图、刘燿椿纂咸丰《青州府志》卷42《人物传·元·郑祐传》作"郑祜"（《中国地方志集成·山东府县志辑·咸丰青州府志》，凤凰出版社2004年影印本，第2册，第165页）。袁桷延祐《四明志》卷2《职官考》亦作"郑祜"，成文出版社1983年影印本，第126页。但元人沈德章《重建艮山庙碑》［载（清）丁丙撰辑《武林掌故丛编》，台联国风出版社、华文书局1967年影印本，第10册，第6469页］和《元史·成宗纪》均作"郑祐"（中华书局1976点校本，第450页）。郑祐大德间担任益都路万户，而沈德章庙碑作于大德三年。当时人记当时事，当不会有误。故从《重建艮山庙碑》和《元史》作"郑祐"。

② 王晓欣：《关于元江南镇戍体系中杭州和杭州驻军的若干考述》，载李治安、宋涛主编《马可波罗游历过的城市——Quinasay：元代杭州研究文集》，杭州出版社2012年版，第43—44页。

③ 刘晓：《元镇守杭州"四万户"新考》，《浙江学刊》2014年第4期。

④ （明）宋濂等：《元史》卷119《字鲁传》，中华书局1976年点校本，第2937页。

职为益都行省,"仍得专制其地"①。后来窝阔台派阿术鲁等探马赤军督领益都等地汉军,与宋军对峙。中统元年(1260)六月,忽必烈为了集中力量对付阿里不哥,稳住有叛乱势头的李璮,于是升任其为江淮大都督(又称山东行省大都督),节制山东诸军。可见李全、李璮父子所统领的益都地方武装,实际上是山东地区的一方诸侯,益都也因此成为李璮叛乱平定之后元朝重新组建汉军的一个重要军事基地,故在以后军队编制调整过程中,出现多个以益都为番号的汉军组织。

在以上各益都万户组织中,组建最早的是益都淄莱等路行军万户。行军万户又作"征行万户",是元朝在以"新军"扩充原有汉军万户的基础上形成的,② 往往相对于元初汉军奥鲁万户而言。平定李璮叛乱之后,元朝开始全力以赴开展灭宋战争。至元五年、六年,忽必烈连续起签李璮旧军及益都、淄莱等地各色人户。其中"益都、淄莱所辖登、莱州李璮旧军内,起签一万人,差官部领出征。其淄莱路所辖淄、莱等处有非李璮旧管者,签五百二十六人,其余诸色人户,亦令酌验丁数,签军起遣,至军前赴役"③。可见起签者除了李璮旧军之外,还有"非李璮旧管者"。由于"益都兵,璮所教也,号勇悍难制,度诸帅无足统之者,乃以王(张弘范——引者)为益都淄莱等路行军万户"④,直接受丞相伯颜的指挥。张弘范出任行军万户,应该与其参与平定李璮叛乱有关。张弘范乃汉人世侯张柔第九子,出身显赫。中统三年,亲王哈必赤、丞相史天泽统帅诸军攻讨李璮,张弘范担任行军总管(这和襄樊之战开始后他担任行军万户很相似)。李璮叛乱能够平定,"论功王最多"⑤。正是鉴于他平定李璮叛乱的卓著

---

① (明)宋濂等:《元史》卷206《李璮传》,中华书局1976年点校本,第4591页。
② 陈高华、史卫民:《中国政治制度通史》第8卷,人民出版社1996年版,第199页。
③ (明)宋濂等:《元史》卷6《世祖纪》、卷98《兵志·兵制》,中华书局1976年点校本,第121、2513—2514页。
④ (元)苏天爵辑撰,姚景安点校:《元朝名臣事略》卷6《元帅张献武王》,中华书局1996年版,第102页。
⑤ (元)虞集撰,王颋点校:《虞集全集》下册《淮南宪武王庙堂碑铭》,天津古籍出版社2007年版,第840页。

战功以及他在汉军中享有的威望，所以忽必烈任其为行军万户，统率组建的新军组织攻宋。而行军万户一职，应该是元初沿用金朝军队统帅的称谓。

新组建的益都淄莱等路行军万户，当时也被称为益都新军万户府、淄莱新军万户府等，可见番号并不统一。如至元六年，刘国杰"应募选充益都新军千户，从万户张弘范屯万山堡"①。当时各翼益都万户府均未组建，所以这里的益都新军，指的正是张弘范统帅的行军万户组织，文中的"万户"即指前文益都新军而言。同年，益都人王成充军籍，授百户，从攻襄樊。五月，"次鹿门山南先锋砦，始隶淄莱新军万户府"②。淄莱新军万户府指的也是益都淄莱等路行军万户。益都淄莱等路行军万户，也被省称为益都行军万户。《元朝名臣事略》于张弘范的任职，即一作"益都行军万户"，一作"益都淄莱等路行军万户"③。

张弘范统帅的这支益都淄莱等路行军万户，后来逐渐分化成几支益都万户组织，如益都旧军万户府、益都新军万户府等。各翼万户府的万户，如郑祐、李庭、刘国杰等，均是襄樊之战开始后张弘范的部下，并且均是以管军千户的身份参与襄樊之战。至元六年，张弘范以行军万户统军攻宋。同年，郑祐"佩金虎符，为管军千户，从围襄阳"④。李庭"以材武选隶军籍，权管军千户。从伐宋，围襄阳"⑤。刘国杰也是"应募选充益都新军千户，从万户张弘范屯万山堡"。郑祐、李庭和刘国杰等千户，其后跟随张弘范一起攻宋，并屡立战功。后来因军功各自升职，组建成新的万户府，在灭宋之后分镇各地。而

---

① 屠寄：《蒙兀儿史记》卷99《刘国杰李庭列传》，《元史二种》，上海古籍出版社2012年影印本，下册，第629页。

② （元）危素：《危太朴文续集》卷2《故昭信校尉管军千户累赠中奉大夫山东东西道宣慰使护军追封太原郡公王公神道碑》，《元人文集珍本丛刊》，新文丰出版公司1985年影印本，第7册，第504页。

③ （元）苏天爵辑撰，姚景安点校：《元朝名臣事略》卷6《元帅张献武王》，中华书局1996年版，第101、102页。

④ （清）毛永柏修、李图、刘燿椿纂：咸丰《青州府志》卷42《人物传·元·郑祐传》，《中国地方志集成·山东府县志辑·咸丰青州府志》，凤凰出版社2004年影印本，第2册，第165页。

⑤ （明）宋濂等：《元史》卷162《李庭传》，中华书局1976年点校本，第3795页。

张弘范本人，则于至元十二年，以攻宋之战功"改亳州万户"。因为亳州军是张柔的旧部，张柔在灭金之后，"移师取宋，乃总诸军以镇亳"。元军攻取临安胜利在望，张弘范于是向朝廷提出统帅亳州其父旧部，朝廷"遂还之"①。张弘范自此或许不再担任益都淄莱等路行军万户。

二

益都淄莱等路行军万户派生出来的益都新军万户府，笔者同意刘晓的观点，即至少有两翼：一翼由李庭家族世袭万户；另一翼由刘国杰家族世袭万户。我们先看看李庭家族世袭万户的这一翼。

李庭家族本是女真蒲察人，金末战乱之际来到山东，改称李氏，家于济阴，后徙寿光。至元初，元军围攻襄阳，李庭以斩宋裨将王玘、元胜之功，被河南行省承制授予益都新军千户。至元八年春，真除益都新军千户，赐号拔都儿。十一年，因平宋之功，加明威将军，授益都新军万户。可见这翼益都新军万户府组建于至元十一年。至元十三年，李庭奉命出征西北，次子李大椿袭益都新军万户一职。② 这一翼万户府属于至元二十二年改建的三十七翼万户府中的下万户府。至元二十二年二月，在攻灭南宋统一全国之后，元朝政府对江淮、江西元帅招讨司统帅的军队进行改编，以蒙古军、汉军、新附军相参，编为三十七翼，分为上、中、下三类万户府，镇戍沿江沿海各战略要地。各翼万户府设达鲁花赤、万户、副万户各一人，以隶所在行院。三十七翼万户府中，以益都为番号的万户府有两个：益都上万户和益都新军下万户府。③

至元二十四年，元朝通类定夺军官，将益都新军万户府置于宁国

---

① （元）虞集撰，王颋点校：《虞集全集》下册《淮南宪武王庙堂碑铭》，天津古籍出版社2007年版，第841、839页。
② （明）宋濂等：《元史》卷162《李庭传》，中华书局1976年点校本，第3795、3797页。
③ （明）宋濂等：《元史》卷13《世祖纪》、卷99《兵志二·镇戍》，中华书局1976年点校本，第273、2543页。

路（治今安徽宣城）驻防。"国朝初下江南，凡襄阳南伐之兵多留建康，福建廉万户、保定张万户、泰州孟万户、常州宋万户、宁国乔万户统诸奕军，相继镇守。"① 大德元年，中书省臣同河南平章李罗欢等上言："世祖抚定江南，沿江上下置戍兵三十一翼，今无一二，惧有不虞。"② 于是元朝政府对沿江屯驻万户府开始进行调整，原镇戍建康路的福建廉万户、保定奕张万户、泰州奕孟万户、常州奕宋万户迁戍他郡，而乔万户奕则对迁宁国，于是益都新军万户府奉命从宁国路移镇建康，于城东北隅南宋游击军营内置司，万户府三品印信，行枢密院及江东宣慰司遂相继并省。③《元史》记载李庭之子李大椿，"袭职佩金虎符，为宣武将军、益都新军万户，戍建康"④。《蒙兀儿史记》亦载李庭次子大椿"袭领益都新军万户，留戍建康"⑤。说明大德元年从宁国路迁戍建康的正是李庭家族统帅的益都新军万户府。据此，该万户府的军号全称应为"镇守建康益都新军下万户府"。元人张铉对益都新军万户府的具体设官及驻防情况有详细记载。

  至元末年，行枢密院例革，各万户府径隶枢密院及江浙行省提调。保定奕张副枢军马移屯武昌，孟万户移屯泰州，乔万户奕对迁宁国。大德元年，益都新军万户府自宁国路移镇建康，于前宋游击军营内置府，达鲁花赤、万户、副万户而下军官，千户、百户、弹压通设一百余员，所管蒙古、汉军、新附军，按月于有司支请盐粮。其汉军本户元佥免粮田四顷，岁以所出为封装钱，给当役者。所在正军，专一守把城池、仓库、局院、坊廊要害去

---

① （元）张铉：至正《金陵新志》卷1《地理图·益都新军万户府镇守地界图考》，成文出版社1983年影印本，第1565页。
② （明）宋濂等：《元史》卷19《成宗纪》，中华书局1976年点校本，第415页。
③ （元）张铉：至正《金陵新志》卷6《官守志·历代官制》、卷2《金陵通纪》。其中"东北隅"，至正《金陵新志》卷6作"东南隅"，但据卷1《地理图·集庆路治图考》、卷10《兵防志·营寨教场》以及卷1《地理图·万户府镇守地界图考》，益都新军均在东北隅旧戎司左军寨，故改为东北隅。成文出版社1983年影印本，第1813、1589、1564、1906、1565页。
④ （明）宋濂等：《元史》卷162《李庭传》，中华书局1976年点校本，第3799页。
⑤ 屠寄：《蒙兀儿史记》卷99《刘国杰李庭列传》，《元史二种》，上海古籍出版社2012年影印本，下册，第633页。

处，军官不得多余占使。非奉省院明文，诸衙门不许差调。集庆亲隶行台按治，岁时教习，纪律严明。龙湾有教习水军万户府，系行枢密院于江北河南行省管下蕲、黄、邓新、扬、高邮、真、滁、杭州等奕万户府拨军二千余名，前来屯戍，专以教习，隶万户府提调。凡军之新旧名籍、船舰、军装、器备，及军器局逐年成造器械，悉有额定。工程名件，此不详著。防戍地境，有图见首卷。①

可见，益都新军万户府还管辖龙湾教习水军万户府。② 龙湾教习水军万户府是至元三十一年行枢密院于下辖各万户府抽调水军组建而成。③ 至正时期，益都新军万户府的军营在集庆（即建康）城"东北隅旧戍司左军寨"，也就是南宋时期游击军寨所在地的东北隅。④ 这表明直到元朝后期，益都新军万户府仍驻防建康。至正十二年（1352）十月，时任益都翼万户的李答里麻失里向江浙行省进呈申文，汇报红巾军攻打安庆之事。⑤ 说明至元末至正中，李庭家族世袭的益都新军万户已传至李答里麻失里，李答里麻失里有可能是李大椿的后人。

另一翼益都新军万户府，由刘国杰家族世袭万户。刘国杰系出女真乌古论氏，祖籍辽东。其父乌古论德宁，入元后始改姓刘，侍铁木哥·斡赤斤大王，"以掾属从军，久之益见亲用"，"以其才堪治郡，

---

① （元）张铉：至正《金陵新志》卷10《兵防志·国朝兵戍大略》，成文出版社1983年影印本，第1909页。
② （元）张铉：至正《金陵新志》卷3下《金陵表》、卷6《官守志·历代官制》亦载龙湾教习水军万户府，由益都新军万户府提调。成文出版社1983年影印本，第1717、1815页。
③ （元）张铉：至正《金陵新志》卷6《官守志·历代官制》，成文出版社1983年影印本，第1815页。
④ （元）张铉：至正《金陵新志》卷1《地理图·集庆路治图考》、卷10《兵防志·营寨教场》，成文出版社1983年影印本，第1564、1906页。
⑤ （元）刘孟琛等编撰：《南台备要》"剿捕反贼"条，载（元）赵承禧等编撰，王晓欣点校《宪台通纪（外三种）》，浙江古籍出版社2002年版，第255页。刘晓已在文中指出李答里麻失里于元末袭任万户。

遂命副蒙古官合刺温管领益都路军民公事,因而家焉"①,遂成为益都人。刘国杰"长习骑射,以门阀从军"②。至元六年,元兵伐宋,刘国杰担任益都新军管军千户,从攻襄、樊,分屯万胜堡。③ 其后刘国杰"奉行中书省檄摄万户,提军二千,略荆南、归、峡诸州,转战千余里"④。至元十二年二月,刘国杰与宋军前锋孙虎臣战于丁家洲(今安徽铜陵东北胥坝西南),孙虎臣大败,刘国杰以功除益都新军万户,⑤ 开始正式担任益都新军万户一职。可见该翼益都新军万户府成立于至元十二年。至元十三年十二月,临安陷落之后,灭宋战争进入追歼残部阶段,忽必烈任命刘国杰佥西川行枢密院事,准备选调两淮新附军西征,遂诏命刘国杰"以元佩虎符及所管军二万付其子,坐镇所分城邑"⑥。接替刘国杰出任管军万户者,是刘国杰的侄子刘汉臣。刘汉臣是刘国杰之兄刘国华的次子。刘德宁生有四子:国秀、国才、国华、国杰。刘国华曾任山东淮南行省理问官,早卒。生有二

---

① (元)阎复:《静轩集》卷5《刘氏先茔碑》,载缪荃孙编《藕香零拾》,中华书局1999年影印本,第384页;(清)毕沅、阮元辑:《山左金石志》卷21《元石·刘氏先茔碑》,《石刻史料新编》第1辑,新文丰出版公司1982年影印本第2版,第19册,第14728页;(清)段松苓辑:《益都金石记》卷3《元刘武宣先茔碑》,《石刻史料新编》第1辑,新文丰出版公司1982年影印本第2版,第20册,第14870—14871页。

② (元)阎复:《静轩集》卷5《刘氏先茔碑》,缪荃孙编《藕香零拾》,中华书局1999年影印本,第384页;(清)毕沅、阮元辑:《山左金石志》卷21《元石·刘氏先茔碑》,《石刻史料新编》第1辑,新文丰出版公司1982年影印本第2版,第19册,第14729页;(清)段松苓辑:《益都金石记》卷3《元刘武宣先茔碑》,《石刻史料新编》第1辑,新文丰出版公司1982年影印本第2版,第20册,第14871页。

③ (元)许有壬:《至正集》卷48《刘平章神道碑》,《元人文集珍本丛刊》,新文丰出版公司1985年影印本,第7册,第232页。

④ (元)黄溍撰,王颋点校:《黄溍全集》下册《湖广等处行中书省平章政事赠推恩效力定远功臣光禄大夫大司徒柱国追封齐国公谥武宣刘公神道碑铭》,天津古籍出版社2008年版,第660页。

⑤ 同上书,第661页。

⑥ 同上。至元二十一年二月,元朝政府规定,诸路万户府分上、中、下三等,上万户府管军7000人之上,中万户府管军5000人之上,下万户府管军3000人之上。见陈高华、张帆、刘晓、党宝海点校《元典章·吏部》卷3《官制·军官·定夺军官品级》,中华书局、天津古籍出版社2011年版,第286页。刘国杰当时统帅的万户府有两万人,这远远超过至元二十一年规定的诸路万户府管军数量,说明在定制之前,各万户府管军人数并不统一。

子：刘汉英、刘汉臣。① 刘国杰既受西川行院之命，忽必烈"悯其勤劳，听子弟一人袭爵，遂以先佩虎符传之犹子汉臣，充管军万户"②。刘汉臣之后，是刘国杰的曾孙伯颜帖木儿，"以嫡孙正袭为武德将军、益都新军万户，分镇某所"③。

至于刘国杰这翼益都新军万户府的驻地，史籍中只是记载说"坐镇所分城邑"，"分镇某所"，因此我们还无法确定其具体驻防地。但刘国杰一生"坐镇湖广者二十年"，"自飞渡长江之后，国家有事于四方，固未尝不在其中，独坐镇于湖广为最久，使人安于田里，以无负乎朝廷委任之意"④。另外，至元二十二年改建的江淮、江西行省三十七翼万户府名单中，无该翼益都新军万户府（名单中出现的益都新军组织，是李庭家族世袭万户的万户府），因此刘国杰家族统帅的益都新军万户府，其驻防地应该在湖广行省。

----

① （元）阎复：《静轩集》卷5《刘氏先茔碑》，缪荃孙编《藕香零拾》，中华书局1999年影印本，第384、385页；（清）毕沅、阮元辑：《山左金石志》卷21《元石·刘氏先茔碑》，《石刻史料新编》第1辑，新文丰出版公司1982年影印本第2版，第19册，第14729—14730页；（清）段松苓辑：《益都金石记》卷3《元刘武宣先茔碑》，《石刻史料新编》第1辑，新文丰出版公司1982年影印本第2版，第20册，第14872页。

② （元）阎复：《静轩集》卷5《刘氏先茔碑》，缪荃孙编《藕香零拾》，中华书局1999年影印本，第384页；（清）毕沅、阮元辑：《山左金石志》卷21《元石·刘氏先茔碑》，《石刻史料新编》第1辑，新文丰出版公司1982年影印本第2版，第19册，第14729—14730页；（清）段松苓辑：《益都金石记》卷3《元刘武宣先茔碑》，《石刻史料新编》第1辑，新文丰出版公司1982年影印本第2版，第20册，第14872页。《蒙兀儿史记》卷99《刘国杰李庭列传》载："初，忽必烈汗以国杰功多，听子弟一人袭职，国杰以其兄国华前卒，请以兄子汉臣袭管军万户，佩虎符，从国杰北征。"（《元史二种》，上海古籍出版社2012年影印本，下册，第631页）但黄溍所撰《刘国杰神道碑》，忽必烈命刘国杰"以元佩虎符及所管军二万付其子，坐镇所分城邑，而别降大虎符……十四年，以北鄙绎骚，授镇国上将军、汉军都元帅，佩以虎符、银印，统侍卫诸军往抚定"。参见黄溍撰，王颋点校《黄溍全集》下册《湖广等处行中书省平章政事赠推恩效力定远功臣光禄大夫大司徒柱国追封齐国公谥武宣刘公神道碑铭》，天津古籍出版社2008年版，第661页。由此可见刘汉臣接任管军万户后，并没有跟随刘国杰北征，其统帅的益都新军万户府"坐镇所分城邑"，刘国杰统帅北征的部队是"侍卫诸军"。因此，《蒙兀儿史记》"从国杰北征"的说法应该是错误的。

③ （元）黄溍撰，王颋点校：《黄溍全集》下册《湖广等处行中书省平章政事赠推恩效力定远功臣光禄大夫大司徒柱国追封齐国公谥武宣刘公神道碑铭》，天津古籍出版社2008年版，第666页。

④ 同上书，第660、667页。

三

　　益都淄莱等路行军万户派生出来的另一翼万户府，是郑祐担任万户的益都旧军万户府。益都旧军万户府，也称益都万户府、益都路万户府、杭州益都万户府、益都府军、镇守杭州益都府军，番号互异而建制实同（详见下文）。益都万户府显然是益都路万户府的省称，这种情况在元代的军政机构中常常出现，如上文提及的益都淄莱等路行军万户，可简称为益都行军万户；中统三年十二月设立的山东统军司，即"山东路都元帅府统军司"的简称；益都淄莱等路淘金总管府和益都般阳等处淘金总管府，也往往省称为益都淘金总管府；陕西蒙古军都万户府，也省称为"陕西都万户府""蒙古军都万户府""陕西都府"，甚至是"都万户府"。

　　郑祐是安邱（治今山东安丘）力监乡人，其家族和益都旧军的关系十分密切。金末，郑祐之曾祖郑坚任京东路总管。郑祐之祖父郑衍德，年少时依附李全。李全降蒙之后，任山东淮南楚州行省之职，"郑衍德、田世荣副之"①，继而元朝又授郑衍德山东淮南等路都元帅、益都府尹等职。金亡后，郑衍德"与诸镇分略淮楚间，历十五年，以老归"②。己酉年，③ 卒于益都府署。郑祐之父郑瑢，袭爵益都府尹、兵马都总管。④ 可见，郑衍德、郑瑢父子曾是李全、李璮益都

---

　　① （明）宋濂等：《元史》卷119《字鲁传》，中华书局1976年点校本，第2937页。
　　② （清）毛永柏修、李图、刘耀椿纂：咸丰《青州府志》卷42《人物传·元·郑祐传》，《中国地方志集成·山东府县志辑·咸丰青州府志》，凤凰出版社2004年影印本，第2册，第165页。
　　③ 咸丰《青州府志·郑祐传》记载郑衍德卒于"乙酉"年，当误。金末元初的乙酉年，一为1225年，一为1285年。前者金尚未亡，后者已至至元二十二年，与下文郑衍德卒后，郑祐于至元六年任管军千户，从围襄阳的记载不符。以郑衍德于金亡（1234）之后分略淮楚间15年计算，郑衍德卒年正好是己酉年，即1249年。见咸丰《青州府志》卷42《人物传·元·郑祐传》，《中国地方志集成·山东府县志辑·咸丰青州府志》，凤凰出版社2004年影印本，第2册，第165页。
　　④ （清）毛永柏修、李图、刘耀椿纂：咸丰《青州府志》卷42《人物传·元·郑祐传》，《中国地方志集成·山东府县志辑·咸丰青州府志》，凤凰出版社2004年影印本，第2册，第165页。

军队的重要将领。

至元六年,宋元襄樊之战开始,郑祐以管军千户随万户张弘范参加对宋战争。其后郑祐"从围襄阳,渡江,拔沙洋,克阳逻、武矶堡,授武节将军。丁洲之捷,焦山之战,断饷道以取潍阳,获宋将李庭芝于泰州,屡著俊功,进宣武将军、管军总管"①。至元十五年,郑祐因平宋军功迁昭勇大将军、管军万户,镇平江(即苏州)。②似乎郑祐统帅的益都万户府成立于至元十五年。但据至顺《镇江志》的记载,至元十三年元军攻占临安之后,设立江淮行省,统领两淮、两浙地区。十一月,江淮行省檄充时任益都路万户府提领案牍的益都人刘英为镇江府提控案牍,③说明当时益都路万户府已经组建,且由江淮行省管辖,可见益都万户府最晚应该成立于至元十三年。若此,至元十三年至十五年之间,何人担任益都路万户府万户呢?对此史籍没有明文记载。笔者以为,郑祐家族参与襄樊之战者,只有郑祐,未见有其父郑璘、叔父郑温甫,而郑祐在至元十三年,就因战功升至管军总管。抑或在他正式担任管军万户之前,是以管军总管的身份掌管万户府。与李庭、刘国杰在至元十一年、十二年就已成为管军万户,十三年更换授大虎符,任都元帅相比,郑祐的升迁速度要慢许多,这或许与郑祐家族曾是李璮属下的将领有关。

郑祐家族世袭万户的益都万户府是上万户府。镇戍平江十年之后,至元二十五年,益都万户府又迁戍杭州,成为驻防杭州的"四万户"之一。对此,元人沈德章有详细记载。

---

① (清)毛永柏修、李图、刘耀椿纂:咸丰《青州府志》卷42《人物传·元·郑祐传》,《中国地方志集成·山东府县志辑·咸丰青州府志》,凤凰出版社2004年影印本,第2册,第165页。泰州原作"秦州",误。据《元史》卷9《世祖纪》(第184页)改。元军获宋泰州守将李庭芝在至元十三年七月。

② (清)毛永柏修、李图、刘耀椿纂:咸丰《青州府志》卷42《人物传·元·郑祐传》,《中国地方志集成·山东府县志辑·咸丰青州府志》,凤凰出版社2004年影印本,第2册,第165页。

③ (元)俞希鲁编纂,杨积庆等校点:至顺《镇江志》卷15《刺守·提控案牍》,江苏古籍出版社1999年版,第623页。

西夏元史研究论稿

江浙杭为巨镇，行省莅军分镇者四翼，益都府军，（督）〔实〕为（上）〔土〕闉。营之东北隅，故有土台，上存一庙，以祀土神，而传志无闻。询之耆旧，则曰艮山庙也。杭城周四十余里，为门十有三，其东北曰艮山，以雉堞之余，筑台建庙，因以名之。今府营屯州城之东北，闉治镇府营之东北，而神庙又居闉治之东北焉。……至元戊子岁，海宇会同，武备多毁，江南镇戍岁久者，辄易地以均远近劳逸之势，以故军府由苏易杭，营仍其旧。达鲁花赤昭勇拔都公监肃军容，万户辅国郑公祐帅正师律，副侯宣武李公孛兰奚倅贰戎政，协恭和衷，诸闉视效。……众皆曰："军（守）〔府〕分镇有年，士守纪律，民安田里，三帅德政，昭不可泯……子其何辞？"……时大德已亥孟秋〔望〕。前乡贡进士、绍兴儒学录古杭沈德章记并书，镇守杭州益都府军达鲁花赤□□□府立石。①

至元戊子即至元二十五年。大德已亥即大德三年。元朝灭宋统一全国之后，由于大规模的战事已经结束，各地遂出现武备松弛的现象，"江南镇戍岁久者，辄易地以均远近劳逸之势"，这是益都旧军万户府由平江迁戍杭州的背景。文中的"益都府军"，《两浙金石志》所录碑文作"益都旧军"（或许《武林掌故丛编》录文有误②），"益都府军""益都旧军"，均指益都旧军万户府而言。文末"镇守杭州益都府军"，使用的正是元代万户府的习惯称谓，如果用军号全称，应该是"镇守杭州益都（路）旧军上万户府"。提到益都路万户府驻守杭州的史料，还有明代的苏、杭方志。成化《杭州府志》记载，镇戍杭州路的万户府有四翼："曰上都，曰真定，曰颍

---

① （元）沈德章：《重建艮山庙碑》，载（清）丁丙撰辑《武林掌故丛编》，台联国风出版社、华文书局1967年影印本，第10册，第6469页。碑中所缺三字，丁丙认为应该是"督益都"。文中改字、补字据《两浙金石志》卷14《元重建艮山庙碑》（见《石刻史料新编》第1辑，新文丰出版公司1982年影印本第2版，第14册，第10532—10533页）。《两浙金石志》所录碑文，文末无立石人达鲁花赤信息。

② 《武林掌故丛编》和《两浙金石志》录文，文字多有出入。

138

川，曰益都。"① 故清人阮元说："艮山之镇，即四翼之一也。"② 所谓艮山之镇，指的正是益都路万户府。正德《姑苏志》也记载说："奥鲁翼，在草桥北，系杭州益都万户府所委管领平江新附官军。"③ 说明益都路万户府还管辖驻扎在杭州草桥北的奥鲁翼。

迁戍杭州之后，益都旧军万户府的军营设在杭州城的东北，而万户府的万户衙设立在军营的东北。艮山在阓治东北，"以雉堞之余，筑台建庙"，"高可二丈许，盖土阜也"④。其上建有土神庙。庙碑的作者沈德章，钱塘（治今杭州）人，官县学教谕。⑤ 据其所撰碑文，他曾是乡贡进士、绍兴路儒学录。从庙碑来看，大德三年担任益都旧军万户府达鲁花赤的是昭勇大将军拔都。拔都应当是赐号，而非真名，此人事迹不见于文献记载。担任万户的仍然是郑祐，只不过其武散官阶已由至元十五年授予的正三品的昭勇大将军迁升为从二品的辅国上将军。副万户是宣武将军李孛兰奚。

郑祐统帅的万户府，之所以称作"益都旧军万户府"，可能是郑氏家族在李璮时期就已经是益都军队的主要将领，故其后组建万户府时，以原来的将领统帅益都旧部，所以称作旧军万户府。益都旧军万户府显然是相对益都新军万户府而言的，类似的万户府还有邓州旧军万户府和邓州新军万户府，也是两个不同的万户府建制。乃蛮部朵鲁伯鳃人完者都的祖父莽赉巴哈，曾担任怀远大将军、益都路万户府达

---

① （明）陈让、夏时正纂修：成化《杭州府志》卷61《纪遗·元文武公署本府置司》，《四库全书存目丛书》，齐鲁书社1996年影印本，史部，第175册，第847页。刘晓指出，颍川系"颍州"之误，益都翼指的正是益都旧军万户府。参见其《元镇守杭州"四万户"新考》，《浙江学刊》2014年第4期。

② 参见阮元为沈德章《元重建艮山庙碑》碑文所作后记，《两浙金石志》卷14，《石刻史料新编》第1辑，新文丰出版公司1982年影印本第2版，第14册，第10533页。

③ （明）林世远、王鏊等纂修：正德《姑苏志》卷25《兵防·元军制大略》，《天一阁藏明代方志选刊续编》，上海书店1990年影印本，第12册，第459页。

④ （清）厉鹗撰，陈九思标校：《樊榭山房集》卷3《诗·同栾城耕民游艮山》，上海古籍出版社1992年版，第227页。

⑤ （明）李光先修：嘉靖《宁海州志》卷下《官守第五》，《天一阁藏明代方志选刊续编》，上海书店1990年影印本，第57册，第805页。

鲁花赤,①此人与上文提到的昭勇大将军拔都是否有关系,尚不清楚。

四

益都淄莱万户府、益都般阳万户府、益都淄莱新军万户府、益都路淄莱万户府,是名异实同的万户府建制。元代的淄莱路,至元二十四年更名为般阳路,②所以淄莱、般阳实为同一路不同时期的名称。益都淄莱万户府,也就是益都般阳万户府,就像益都淄莱等路淘金总管府后来也称益都般阳等处淘金总管府,陕西蒙古军都万户府也称四川蒙古军都万户府③一样。李恒之孙薛彻秃袭职万户之时,大概淄莱已改为般阳,所以《元史》称为益都般阳万户。④《元史》有一处提到淄莱万户府,即至元七年,隋世昌任淄莱万户府副都镇抚,守万山堡,建言修一字城以围襄、樊,升管军千户。⑤雍正《江西通志》记载赣人孙良臣仕至淄莱万户府经历。⑥笔者所见史籍中提到淄莱万户的只有这两处,其他提到淄莱万户府的,前面均有"益都",可见淄莱万户府应当就是益都淄莱万户府的略称。

益都淄莱新军万户府组建于至元七年,比张弘范统帅的益都淄莱等路行军万户要晚一年。万户府的起签、组建情况,刘晓文中已有论述,兹不赘述。益都淄莱新军万户一职,由西夏人李恒家族世袭。李恒字德卿,西夏贺兰於弥部人,夏国主李氏之后。其家族和益都淄莱

---

① （元）程端礼：《畏斋集》卷6《故中奉大夫浙东道宣慰都元帅兼蕲县翼上万户府达噜噶齐乌哲勒图公行状》,文津阁《四库全书》本。乌哲勒图即完者都,曾袭其父札忽台蕲县翼上万户府达鲁花赤一职。莽赉巴哈是四库馆臣修改过的人名,但因史料阙载,其原名尚不得而知。

② （明）宋濂等：《元史》卷58《地理志》,中华书局1976年点校本,第1373页。

③ 二者名异而实同,乃是同一个蒙古军都万户府在不同时段的称呼。参见李治安《元陕西四川蒙古军都万户府考》,《历史研究》2010年第1期。

④ （明）宋濂等：《元史》卷129《李恒传》,中华书局1976年点校本,第3159页。

⑤ （明）宋濂等：《元史》卷166《隋世昌传》,中华书局1976年点校本,第3893页。

⑥ （清）谢旻等修,陶成等纂:雍正《江西通志》卷94《人物·赣州府·元》,成文出版社1989年影印本,第1777页。

汉军的关系十分密切。李恒的祖父李维忠,① 西夏亡国后被成吉思汗之弟合撒儿收养,合撒儿之子移相哥嗣王位后分地淄川,李维忠遂"家于淄川"②,后被任命为淄川"都达鲁花赤"③。李恒本人因平定李璮之乱有功,被忽必烈"授淄莱路奥鲁总管,佩金符"④。至元七年,李恒改任宣武将军、益都淄莱新军万户,围攻襄、樊,跟随伯颜渡江攻宋,⑤ 与张弘范一起,成为伯颜属下将领。平定南宋之后,李恒之子李世安(字彦豪,又名散木䚟)"进阶嘉议大夫、新军万户,寻升同知江西宣慰事。后奉特旨,世袭益都淄莱上万户"⑥。说明益都淄莱新军万户府是上万户府,但该万户府并未出现在至元二十二年改编的三十七翼万户府名单之中。李恒与张弘范的关系很密切。至元十五年,忽必烈任张弘范为蒙古汉军都元帅,率军追歼广王赵昺残部。临行之前,张弘范"荐李恒为己贰,从之"⑦。张弘范推荐李恒担任自己的副手,是对李恒器重和信任的体现,⑧ 而这种器重和信任,应该是在至元七年李恒统帅万户府参与襄樊之战后逐渐形成的,或许李恒家族能够沿用"益都淄莱新军"的番号,与张弘范不无关系。至元二十一年,李恒南征交趾,膝中毒矢而死。李世安"起复正议大

---

① (明)宋濂等:《元史》卷129《李恒传》作"李惟忠",中华书局1976年点校本,第3155页。
② (元)吴澄:《吴文正公集》卷42《元故荣禄大夫江西等处行中书省平章政事李公墓志铭》,《元人文集珍本丛刊》,新文丰出版公司1985年影印本,第4册,第20页。
③ (元)柳贯撰,柳遵杰点校:《柳贯诗文集》卷9《李武愍公新庙碑铭》,浙江古籍出版社2004年版,第184页;《元史》卷129《李恒传》,中华书局1976年点校本,第3156页。吴澄《吴文正公集》卷42《元故荣禄大夫江西等处行中书省平章政事李公墓志铭》作"益都淄莱军民都达鲁花赤"。《元人文集珍本丛刊》,新文丰出版公司1985年影印本,第4册,第20页。
④ (明)宋濂等:《元史》卷129《李恒传》,中华书局1976年点校本,第3156页。
⑤ (元)柳贯撰,柳遵杰点校:《柳贯诗文集》卷9《李武愍公新庙碑铭》,浙江古籍出版社2004年版,第182页;《元史》卷129《李恒传》,中华书局1976年点校本,第3156页。
⑥ (元)吴澄:《吴文正公集》卷42《元故荣禄大夫江西等处行中书省平章政事李公墓志铭》,《元人文集珍本丛刊》,新文丰出版公司1985年影印本,第4册,第21页。
⑦ (元)苏天爵辑撰,姚景安点校:《元朝名臣事略》卷6《元帅张献武王》,中华书局1996年版,第105页。
⑧ 史卫民认为李恒"善与人合作,甘作副手",他的这种品质,得到张弘范的赞赏。参见其《元代军事史》,军事科学出版社1998年版,第212页。

夫、金江西等处行中书省事，兼本军万户"①。其后李世安以万户一职让与其弟李世雄（又名囊加真，李恒次子）。李世雄授宣武将军，在职十年，之后又将万户之职交还给李世安之子怀远大将军李屿。李屿临终之时，准备让李世雄之子李繁袭职万户，但是李繁固辞不受。他说："父让而子夺之，可乎？"不就职。于是又将万户一职让与李世安之嫡长孙李保，李保又让与李屿之子李顺。②李氏兄弟、叔侄相让万户一职，一时成为美谈。

  关于益都淄莱新军万户的镇戍地，目前有两种观点：一种认为屯驻广州；③另一种认为屯驻龙兴（今江西南昌）。④笔者以为刘晓屯驻龙兴的观点是正确的。曾任武德将军、益都淄莱万户府管军千户的辽东人刘用家族，即长期镇守龙兴，这说明益都淄莱新军万户驻地就在龙兴。刘用家族和李恒家族有一定的渊源，二者都是移相哥的属户。刘用之父刘福，曾任移相哥管驱户官，因此和李恒家族一样，也居于淄川。至元六年，刘用以"郡檄权署千户"。九年，李恒受诏南攻襄、樊，刘用以千户率所部跟随李恒出征，遂成为李恒麾下的将领，"号为材勇，善骑射"⑤。至元十二年，进武略将军。十五年，从李恒南征，次广州。十六年，以追歼南宋残部之功"加武德将军，锡佩金符，镇守龙兴"⑥。可见元朝统一全国的任务完成之后，益都淄莱新军万户即从南征广州的前线北撤至江西省治龙兴镇戍。刘用之后担任千户的是其次子刘世英。世英"袭父职，屡以功进爵，在军余二十年"。其后他以千户之职让与其兄刘世恩之子刘源。刘源袭爵，亦镇守龙兴。⑦柳贯为刘用撰写墓表的时间是天历二年（1329），当时刘

---

  ① （元）吴澄：《吴文正公集》卷42《元故荣禄大夫江西等处行中书省平章政事李公墓志铭》，《元人文集珍本丛刊》，新文丰出版公司1985年影印本，第4册，第21页。
  ② 同上书，第23页。
  ③ 史卫民：《元代军事史》，军事科学出版社1998年版，第294页。
  ④ 刘晓：《元镇守杭州"四万户"新考》，《浙江学刊》2014年第4期。
  ⑤ （元）柳贯撰，柳遵杰点校：《柳贯诗文集》卷12《武德将军刘公墓表》，浙江古籍出版社2004年版，第257页。
  ⑥ 同上书，第258页。
  ⑦ 同上书，第257页。

源已"践其世官,在军九年,举职不懈"①,则刘源袭任千户当在延祐七年(1320)。刘世英任职大约二十年,说明其接任千户当在大德初。

认为益都淄莱新军万户的镇戍地在广州,大概是因为至正时期万户府所部王良以镇遏万户出镇德庆路的缘故。至正十年春,益都淄莱新军万户府王良部"以江西行省之命移镇德庆"②。王良,字士纯,真定藁城(今河北藁城)人。③他出镇德庆路的背景是:"德庆民猺杂处,且界广西,数罹寇虐。"④德庆位于江西行省西南部,毗邻湖广行省,是元代瑶族聚居区,也是瑶族起事的频发地区,⑤因此江西行省派遣王良为镇遏万户分镇德庆。元人杨铸为王良写的碑文,也明确告诉我们益都淄莱新军万户府的总部在龙兴,德庆只是分部:"侯今摄治分阃,然瓜期已及,代还豫章有日矣。"⑥王良镇守德庆路四年,于平定叛乱,抚字居民多有建树。至正十四年四月,杨铸为王良撰写政绩碑,王良部将武德将军、益都淄莱万户府管军上千户所达鲁花赤伯颜帖木儿和忠显校尉、益都淄莱万户府管军中副千户权德庆镇遏万户府事〔于〕泰等为其立碑记功。⑦类似王良以万户分镇异地的情况,并非个例,如平江路辖下的嘉定,"为吴之要地,襟带江海。每岁万户府分官出镇"⑧。镇守平江十字路万户府万户郝天麟就曾分

---

① (元)柳贯撰,柳遵杰点校:《柳贯诗文集》卷12《武德将军刘公墓表》,浙江古籍出版社2004年版,第258页。
② (元)杨铸:《德庆路镇遏万户王侯政绩碑》,载(清)阮元修,陈昌齐、刘彬华等纂道光《广东通志》卷215《金石略》,上海古籍出版社1990年影印本,第3825页。
③ (清)郝玉麟等修,鲁曾煜等撰:雍正《广东通志》卷39《名宦志·王良传》,文津阁《四库全书》本。
④ (元)杨铸:《德庆路镇遏万户王侯政绩碑》,载(清)阮元修,陈昌齐、刘彬华等纂道光《广东通志》卷215《金石略》,上海古籍出版社1990年影印本,第3825页。
⑤ 陈广恩、丁书云:《元代广东民变探析》,载《历史文献与传统文化》第20辑,暨南大学出版社2015年版,第110—119页。
⑥ (元)杨铸:《德庆路镇遏万户王侯政绩碑》,载(清)阮元修,陈昌齐、刘彬华等纂道光《广东通志》卷215《金石略》,上海古籍出版社1990年影印本,第3825页。
⑦ 同上书,第3826页。"于"字原阙,据(清)杨文骏修,朱一新纂光绪《德庆州志》卷5《职官志第一·武职》补,成文出版社1974年影印本,第700页。
⑧ (元)黄溍撰,王颋点校:《黄溍全集》下册《嘉定等处万户郝侯政绩碑铭》,天津古籍出版社2008年版,第626页。

镇此地。镇守池饶枣阳万户府的副万户齐秉节，至元二十三年时，即"分守于饶之安仁县"①。由杨铸碑文也能看出，益都淄莱新军万户自至元十六年镇戍龙兴之后，其镇戍地至元末一直没有改变。若此，该万户府的军号全称应是"镇守龙兴益都淄莱新军上万户府"。

此外，益都人王成之子王英，至治元年（1321），以大臣举荐，任忠武校尉、益都淄莱万户府副千户。②张养浩的祖父死后，被追赠为安远大将军、益都路淄莱万户府中万户。③可见益都路淄莱万户府的万户，也可以作为赠官。

五

综上所述，至元六年襄樊之战时组建的益都淄莱等路行军万户，分别在至元十一年、十二年、十三年分化出两个益都新军万户府和益都旧军万户府。李庭家族世袭万户的益都新军万户府，至元十一年组建，李庭是首任万户。至元二十四年，镇戍宁国路。大德元年，移镇建康。军号全称应是"镇守建康益都新军下万户府"。刘国杰家族世袭万户的益都新军万户府，至元十二年组建，刘国杰是首任万户。具体镇戍地尚不清楚，但应该在湖广行省。益都万户府、益都路万户府、杭州益都万户府、益都旧军万户府、益都府军、镇守杭州益都府军六个万户府，实际上是番号互异而建制实同的万户府。该万户府至元十三年组建，郑祐当是首任万户。至元十五年，镇平江。二十五年，迁戍杭州。军号全称应是"镇守杭州益都（路）旧军上万户府"。益都淄莱万户府、益都般阳万户府、益都淄莱新军万户府、益都路淄莱万户府，亦是名异实同的万户府建制。至元七年组建，李恒是首任万户。至元十六年起一直镇戍龙兴，分镇地在德庆。军号全称应是"镇守龙兴益都淄莱新军上万户府"。

---

① （明）樊深：嘉靖《河间府志》卷22《人物志·仕籍·元》，《天一阁藏明代方志选刊》，上海古籍书店1981年影印本，第2册，第21页。
② （明）宋濂等：《元史》卷188《王英传》，中华书局1976年点校本，第4308页。
③ （元）张养浩著，李鸣、马振奎校点：《张养浩集》卷17《先茔碑铭》，吉林文史出版社2008年版，第154页。

益都各番号万户府的兵源地主要来自益都、淄莱等地，各万户府的将领如万户、千户等，大都有益都路的背景，他们往往在益都路担任过相关军政职务，很多人是益都人，这种背景有利于元朝政府利用各万户府将领在军队中的威信以加强对军队的掌控。兵源地不一，起签对象、时间不一，致使益都淄莱等路行军万户府组建伊始就出现番号使用比较混乱，其后从行军万户府中分化出来的各翼万户府，也因故存在番号较为混乱的现象。

　　益都各万户府是在攻宋过程中逐渐成立的，各翼万户府均参加了灭宋战争，这是组建各万户府的初衷。全国统一之后，大规模的军事任务结束，各翼万户府也因此北撤至沿江重镇或省会如杭州、建康、龙兴等地驻守，体现出江南三省军事上、政治上"以北制南"的特点①。联系其他各翼万户府的驻地，刘国杰家族世袭万户的益都新军万户府的镇戍地，有可能在湖广行省北面的沿江重镇。各万户府军事任务及镇戍地的变动，是元朝不同时期战略目标变化的体现，而对沿江重镇及省会的重点布防，既是加强对南宋故地军事震慑和对江南经济命脉地区控制的需要，同时也是蒙古统治者凭借长江天险，筑起一道拱卫北部蒙古统治中心的严密防线的意图体现。

（原载《史学月刊》2015 年第 6 期）

---

① 李治安：《元代行省制度》，中华书局 2011 年版，第 323 页。

北庭元帅府与亦集乃路关系初探

——兼谈黄兀儿月良站的地理位置

  黑水城出土的汉文文书中，有几份文书提到北庭元帅府。北庭元帅府是成宗元贞元年（1295）设立于别失八里（今新疆吉木萨尔东北）的元朝抵御西部察合台汗国和窝阔台汗国的军事机构。北庭元帅府隶属于土番宣慰司，可能从设立之后一直存在至北元初期。该军事机构在元朝对抗西部汗国和维护西北边疆安全方面起到重要作用。黑水城文书显示，大概是出于更替驻守士卒的需要，北庭元帅府和西北地区的其他一些驻军机构，需抽调一定数量的军队驻防亦集乃，各军事机构驻防亦集乃的军人，其军需物资由亦集乃路负责供应。亦集乃"置在极边，连接川口，紧靠迤北"，是元朝出征漠北的西北诸王和朝廷军马的集结地，同时也是元朝西北边地军事后勤的供应基地。而"专备军情急务"的纳怜驿道，在传递元代西北和漠北地区军情方面起着非常重要的作用。纳怜道上的黄兀儿月良站，到底位于何处，目前学界还存在很大的分歧。本文试图对涉及北庭元帅府的几份黑水城文书进行初步研究，同时探讨黄兀儿月良站的地理位置。

一

  黑水城出土的提到北庭元帅府的汉文文书，有如下 4 份，兹据《中国藏黑水城汉文文献》，将这 4 几份文书分别转录如下（文中标点为笔者所加）。

  M1·0279 号《往字十九号放支北庭元帅府军人冬季口粮文书》（李逸友编著的《黑城出土文书》汉文文书卷的编号是 F13: W124）：

一帖往字十九号放支北庭元帅
府军人冬季口粮，米四十
二石七斗二升。①

M1·0406号《北庭元帅府俸秩文书》（《黑城出土文书》编号F111:W52）：

☒从省府，备咨都省，令合干部分☒
☒未蒙回降，咨请照详。"批奉都堂钧旨："☒
☒枢密②院都事呈：'照得北庭〔元帅府〕镇☒
☒过，俸秩应与不应，例合户部定拟。又☒
☒拟呈省事理。具呈照详。'"得此，累奉☒
☒堂〔钧旨〕☒。③

M1·1033号《纳冬妃子分例等文卷》（《黑城出土文书》编号Y1:W22）文书：

钱粮房司吏
谨呈："今将本房见行文卷开坐前去，合行具呈，伏乞
照验施行，颁至呈者。"
一总件文卷：
……
军人支粮：
一件征西元帅府军人口粮　　一件北庭元帅府军人口粮

---

① 塔拉、杜建录、高国祥主编：《中国藏黑水城汉文文献》第2册《钱粮文书卷》，国家图书馆出版社2008年版，第381页。
② 原件作"蜜"，《黑城出土文书》录作"密"。参见李逸友编著《黑城出土文书》（汉文文书卷），科学出版社1991年版，第121页。兹据改。
③ 塔拉、杜建录、高国祥主编：《中国藏黑水城汉文文献》第3册《俸禄与分例文书卷》，国家图书馆出版社2008年版，第502页。"元帅府"三字、"钧旨"二字，均已残缺，据《黑城出土文书》录文补。

一件蒙古元帅府军人口粮　　一件朵立只罕翼军人口粮
　　一件忽剌术翼军人口粮　　一件看仓库人口粮①

　　此外，M1·0294号《元帅府军人冬季口粮杂色》，该文书仅存文书末尾一行文字："北□元帅府军人冬季口粮杂色。"② 这行字书写在印有年款的空白票据上。或许前文是具体放支军粮杂色的名目和数量。该文书的具体书写时间尚不清楚。

　　《往字十九号放支北庭元帅府军人冬季口粮文书》是用千字文编号的亦集乃放支北庭元帅府军人冬季口粮的文书，放支粮食（应该是黄米）有42石之多。李逸友根据F13：W121号，同样是用千字文编号的暑字伍拾贰号《放支朵立只罕翼军人至正廿九年冬季口粮》文书，判断这份文书"应是同时放支军人口粮的记录"③。若此，那么这份文书应是至正二十九年，即北元初年的文卷。

　　《纳冬妃子分例等文卷》，是钱粮房司吏给亦集乃路总管府的呈文。这份呈文似乎只是若干件文书合成的一份总件文书的目录。"军人支粮"部分罗列了放支军粮的各支军队的名称，其中包括北庭元帅府，但没有标明具体的放支数量，具体放支数量应该在各件相应文书中有记载。李逸友认为这份文书是顺帝至元至至正年间的文卷。④

　　至于《北庭元帅府俸秩文书》，《中国藏黑水城汉文文献》的这一命名，说明该文书是亦集乃路向北庭元帅府发放俸秩的文书。因上下文均已残缺不全，所以很难判断文书的具体时间，但据相关文书中提到的北庭元帅府（结合李逸友的研究），以及和北庭元帅府同时出现的朵立只罕翼和蒙古元帅府的文书时间来判断，可能这件文书也属

---

　　① 塔拉、杜建录、高国祥主编：《中国藏黑水城汉文文献》第6册《票据、契约、卷宗与书信卷》，国家图书馆出版社2008年版，第1295页。
　　② 塔拉、杜建录、高国祥主编：《中国藏黑水城汉文文献》第2册《钱粮文书卷》，国家图书馆出版社2008年版，第394页。《中国藏黑水城汉文文献》注明该文书的《黑城出土文书》（汉文文书卷）编号为F13：W128，但查对《黑城出土文书》，未见收录这件文书。其中"北"后文字已残缺，似为"庭"字。如果残缺文字是"庭"，那么这份残件也应是亦集乃路放支北庭元帅府军人口粮杂色的文书。
　　③ 李逸友编著：《黑城出土文书》（汉文文书卷），科学出版社1991年版，第26页。
　　④ 同上。

于元顺帝至元或至正时期。如斯坦因中亚考古所获编号 OR. 8212/754《元至正十九年亦集乃路广积仓具申季报粮斛现在并放支军人季粮事呈文》文书，就记载了至正十九年亦集乃路广积仓向朵立只罕翼和蒙古元帅府军人放支春季三个月军粮的情况：寒字六十五号放支朵立只罕翼[①]军人春季三个月杂色，大麦七十石九斗八升六合六勺六抄五作。寒字七十一号放支蒙古元帅府军人春季三个月杂色，大麦一十七石令一升三合。[②] 文书放支蒙古元帅府军人军粮后的内容已经残缺，不排除残缺部分的文书有可能包括放支北庭元帅府军人军粮的数量。这份文书和 M1·0279、M1·0280 号文书一样，也是用千字文编号的。尽管文书没有提到北庭元帅府，但提到的朵立只罕翼和蒙古元帅府，均见于和北庭元帅府一同出现的 M1·1033 号文书中。那么《北庭元帅府俸秩文书》也可能和 M1·1033 号、M1·0279 号、M1·0280 号文书是同一时期的。另外，M1·1034 号（《黑城出土文书》编号 Y1:W6）文书，是亦集乃路至元六年发放朵立只罕翼军人口粮的封签。这里的"至元"，结合 M1·0280 号文书以及斯坦因所获《元至正十九年亦集乃路广积仓具申季报粮斛现在并放支军人季粮事呈文》，应该是后至元，则这件文书也应该是顺帝时期的。

此外，《北庭元帅府俸秩文书》反映出，向北庭元帅府发放俸秩的决定权并不在亦集乃路，而是在户部，同时发放俸秩也要申报甘肃行省批准，亦集乃路只不过是执行户部和甘肃行省的决定而已。

综上所述，以上几份文书的大致时间范围应该都在元顺帝时期及北元初期，放支北庭元帅府军人口粮杂色的机构，应该是亦集乃路总管府下属的广积仓、钱粮房、支持库等机构，而放支的决定权则在户部、甘肃行省，甚至包括枢密院。放支军粮的数量以及军队人数，李逸友认为"每支军队每季领取口粮四五十石黄米，可见军人数量每支

---

① "罕翼"二字，沙知、[英]吴芳思编著的《斯坦因第三次中亚考古所获汉文文献（非佛经部分）》（上海辞书出版社 2005 年版，第 226 页）录作"等莫"，但编著者于旁边各加"？"，以示不能确定。结合 M1·1033 号、M1·0280 号、M1·1034 号文书，可知"等莫"二字乃"罕翼"二字之误。

② 沙知、[英]吴芳思编著：《斯坦因第三次中亚考古所获汉文文献（非佛经部分）》，上海辞书出版社 2005 年版，第 226 页。

仅有四五百人"①。

M1·1033号文书显示亦集乃路向征西元帅府、北庭元帅府、蒙古元帅府军、朵立只罕翼、忽剌术翼等军事组织的军人放支军粮，笔者以为这里所指放支的对象，应该是从文书中提到的各军事组织中抽调出来驻防亦集乃路的军人，而并不是向各个军事组织本身放支军粮。原因有二：其一，抽调各军事组织人员驻戍亦集乃，符合元朝驻戍边地军队的轮替制度。如大德五年（1301）九月，"放称海守仓库军还，令以次更代"②。延祐三年（1316）三月，"命伯颜都万户府及红胖袄总帅府各调军九千五百人，往诸侯王所，更代守边士卒"③。至顺二年（1331）十一月，枢密院上奏，"征西元帅府自泰定初调兵四千一百人戍龙剌、亦集乃，期以五年为代，今已七年，逃亡者众，宜加优恤，期以来岁五月代还"④。说明征西元帅府在泰定初年就曾抽调军人前往亦集乃驻防。由此可见，伯颜都万户府、征西元帅府等西北地区的驻军机构，负有抽调所部士兵替代守边士卒的义务。其二，不可想象征西元帅府、北庭元帅府、蒙古元帅府军等担负抵御西部汗国军事进攻重任的各军事组织，每个组织仅有四五百人的规模。

关于北庭元帅府，刘迎胜对其设立的背景，以及至元末与海都、都哇在畏兀儿地区的争夺等问题进行了研究。⑤北庭元帅府，即北庭都元帅府。成宗元贞元年春正月，"立北庭都元帅府，以平章政事合伯为都元帅，江浙行省右丞撒里蛮为副都元帅，皆佩虎符"⑥。同时设立的还有曲先塔林都元帅府。曲先是库车的古地名，⑦曲先塔林在

---

① 李逸友编著：《黑城出土文书》（汉文文书卷），科学出版社1991年版，第26页。
② （明）宋濂等：《元史》卷20《成宗纪》，中华书局1976年点校本，第437页。
③ （明）宋濂等：《元史》卷98《兵志·兵制》，中华书局1976年点校本，第2522页。
④ （明）宋濂等：《元史》卷35《文宗纪》，中华书局1976年点校本，第793页。
⑤ 刘迎胜：《察合台汗国史研究》，上海古籍出版社2006年版，第283—286页。
⑥ （明）宋濂等：《元史》卷18《成宗纪》，中华书局1976年点校本，第390页。
⑦ ［法］伯希和：《库车阿克苏乌什之古名》，冯承钧编译《西域南海史地考证译丛》第1卷，商务印书馆1962年版，第2页。

今新疆库车及附近塔里木河流域一带。① 北庭元帅府和曲先塔林元帅府，是元朝为了抵御西部窝阔台汗国和察合台汗国的军事进攻而设立的。《元史新编》对北庭元帅府的重要地位有这样的评价："皇子北平王统兵阿力麻里，皇孙晋王、怀宁王先后统兵和林，而又有别失八里之北庭元帅府据中央以扼南北之冲。"② 可见，在元朝初期，北庭元帅府是连接元朝漠北腹地和西域前线的军事枢纽，阿力麻里、北庭和哈剌火州、称海宣慰司，形成了拱卫元朝漠北腹地和林的三道外围防线。

北庭元帅府隶属于土番宣慰司，③ 即吐蕃等处宣慰司都元帅府。其首任都元帅为合伯，又作"曷伯、哈伯"，至元十年（1273）任平章政事。④ 合伯的军队受察合台后王出伯（即尤伯）节制。出伯统领的军队包括其直属军、诸王协力军、当地军阀、蒙古千户集团、探马赤军、红袄军等六部分，⑤ 不仅北庭元帅府，而且曲先塔林元帅府的军队也受其节制。元朝为了加强同西部汗国的对抗，不断给出伯所部以军事补给。出伯"一生为合罕效劳，并死于为合罕效劳"⑥。他捍御西陲，"在西边十余年，为朝廷倚重"⑦，为元朝对抗西部汗国立下了汗马功劳。北庭元帅府历任都元帅已难一一考证清楚，钦察人土土哈之长子塔察儿，曾担任过北庭元帅一职。⑧ 北庭元帅府的都元帅，

---

① 刘迎胜：《元代曲先塔林考》，载中亚文化研究协会编《中亚学刊》第1辑，中华书局1983年版，第247页。
② （清）魏源：《元史新编》卷19《北方叛王传》，清光绪三十一年邵阳魏氏慎微堂刻本。
③ （明）宋濂等：《元史》卷91《百官志》，中华书局1976年点校本，第2309页。吐蕃等处宣慰司地接甘肃、陕西、四川等行省，处于蒙古经略西南和西北的汉番边境之连接地带，西平王屯驻于此。北庭元帅府隶属于土蕃宣慰司，或许与西平王和镇西武靖王驻于朵思麻地区有关。
④ （明）宋濂等：《元史》卷8《世祖纪》，中华书局1976年点校本，第151页。
⑤ 李治安：《元代行省制度》，中华书局2011年版，第467页。
⑥ ［波斯］拉施特主编：《史集》第2卷，余大钧、周建奇译，商务印书馆1985年版，第170页。
⑦ 柯劭忞：《新元史》卷108《出伯传》，《元史二种》，上海古籍出版社2012年影印本，上册，第500页。
⑧ （元）虞集撰，王颋点校：《虞集全集》下册《句容郡王世绩碑铭》，天津古籍出版社2007年版，第1023页。

也可以作为赠官追赠给已故官员，如太宗时行军万户邸顺之子邸浃，大德三年（1299）卒，卒后元朝赠辅国上将军、北庭元帅府都元帅。①

北庭元帅府从成宗元贞元年设立开始，直到元朝末期依然存在。至于14世纪初蒙古诸汗国约和之后，到顺帝之前的元朝中期，北庭元帅府在这段历史时期内是否有过废立，因为材料缺乏，尚不得而知。

二

亦集乃是"中原至漠北纳邻驿道的交通枢纽和军队后勤供给要地"②，这里是元朝在西北边地负责军粮供应的后方中转站，而经过亦集乃的甘肃纳怜驿道，正是通往北庭的一条便捷之路。至于这条驿道上的具体驿站，学界已有很多研究。笔者在这里只想探讨一个问题，即史书中提到的黄兀儿月良站，其地理位置应该在哪里？因为没有史料明确显示黄兀儿月良站的具体位置，所以我们的研究只能是争取比较合理的推测。

提到黄兀儿月良的史料，有《经世大典·站赤》《元史》、黄溍的《金华集》等。我们先看看这些史料中的相关记载。

《经世大典·站赤》载，至元三年十月，中书省的奏章中提到：

> 近以西夏之西，近川黄兀儿于量站、塔失八里站、揽出去站，此三处阙铺马。奉旨令塔察儿、夺罗不觯与都省制国用使司马区处增置……黄兀儿于量站，令阿木干驸马民户出骟马一百五十匹，牡马五十匹，牛五十只，外增买走递骟马、牡马二百匹，孳生牝马一百五十匹。塔失八里站，元存羊一百二十只，外增买走递骟马、牡马二百匹，孳生牝马二百匹，羊一百八十只。揽出去站，增买走递骟马、牡马二百匹，孳生牝马二百匹，羊三

---

① （明）宋濂等：《元史》卷151《邸顺传》，中华书局1976年点校本，第3571页。
② 李治安：《元代行省制度》，中华书局2011年版，第459页。

百只。①

延祐三年四月，通政院言：

> 纳怜二十三站消乏，除晃忽儿月良九站已济刍粟外，哈温至东胜一十四站未有与。甘肃行省非奉都省明文，率不津济。今每站有马二百匹，去年天旱无草，靡不羸瘠，设有军情给驿，岂不失误？都省遣本院通事彻里前去甘肃省等处，给散料粟七千九百九十六石七斗。②

《元史》有四处提到黄兀儿月良：

至元七年八月，"诸王拜答寒部曲告饥，命有车马者徙居黄忽儿玉良之地，计口给粮，无车马者就食肃、沙、甘州"③。

至元二十六年七月，"黄兀儿月良等驿乏食，以钞赈之"④。

至元二十六年十二月，"给钞赈黄兀儿月良站人户"⑤。

至元二十八年五月，"发兵塞晃火儿月连地河渠，修城堡，令蒙古戍兵屯田川中以御寇"⑥。

《金华集》载，顺帝初，通政院使亦辇真奉诏巡视驿传：

> 公不惮险远，历答失八剌哈孙，抵晃火儿目连之地，事有当更革，随宜处置，人咸便之。⑦

---

① 《经世大典·站赤》，（明）谢缙等《永乐大典》卷19417《站·站赤二》，中华书局1986年影印本，第8册，第7196页。

② 《经世大典·站赤》，（明）谢缙等《永乐大典》卷19421《站·站赤六》，中华书局1986年影印本，第8册，第7234页。

③ （明）宋濂等：《元史》卷7《世祖纪》，中华书局1976年点校本，第130页。

④ （明）宋濂等：《元史》卷15《世祖纪》，中华书局1976年点校本，第324页。

⑤ 同上书，第328页。

⑥ （明）宋濂等：《元史》卷16《世祖纪》，中华书局1976年点校本，第347页。

⑦ （元）黄溍撰，王颋点校：《黄溍全集》下册《辽阳等处行中书省左丞亦辇真公神道碑铭》，天津古籍出版社2008年版，第649页。

153

上述材料中，黄兀儿月良，又写作晃忽儿月良、黄兀儿于量、黄忽儿玉良、晃火儿月连等，各名称都应该是蒙古语地名 Qongɣor Ölöng 的汉语音译形式。其中，"qongɣor /qongyur ~ qong'or/qong'ur"一词指马的毛色，意为"淡黄色"；"ölöng"一词意为"莎草"或"〔长得高而密的〕杂草丛"①。宋元时期的类书《事林广记》所收《至元译语》"鞍马门"，释"黄兀儿"为"黄马"②。可见，"黄兀儿月良"应该就是黄草、黄草地之意。杉山正明认为就是《西域同文志》中的"烘郭尔鄂笼"（Qongqur-ölüng），亦即耶律铸《双溪醉隐集》卷一提到的黄草泊，也就是中华民国五年编的《百万分一中国舆图》中的"乌鲁布拉克台"图中所见"霍努儿乌连河"，而《中国历史地图集》第七册《元明时期》将黄草泊标在艾比湖，也就是说黄兀儿月良在艾比湖一带。③烘郭尔鄂笼属于"雅尔路"（Yar）。《西域同文志》解释说："烘郭尔，黄色也。土色黄，多柔草，故名。"④ 以上关于黄兀儿月良等站名的记载，最早出现在世祖至元三年，而最晚在顺帝初期。除了世祖和顺帝时期外，元中期仁宗延祐年间亦有记载，可见黄兀儿月良站应该早在元朝初期甚至大蒙古国时期即已建立，一直使用到元朝后期。

以往的研究中，周清澍认为纳怜道黄兀儿月良九站"是从西夏西去的站"，"东胜至哈温及晃忽儿月良等站在东胜州和宁夏路境内"。同时周先生引黄溍文集中通政院使亦辇真奉诏巡视驿传，"'不惮险远'，历答失八剌哈孙、晃火儿月连之地"。并指出"所谓'险远'，很可能是指今天贺兰山后直通亦集乃的道路"⑤。并且黄兀儿月良是从宁夏路通往亦集乃驿道上的驿站。而杉山正明认为黄兀儿月良在

---

① 关于该驿站的名称问题，笔者请教中国社科院乌兰教授，得到乌兰教授的赐教，特此致谢。

② （宋）陈元靓编：《事林广记》庚集卷10，〔日〕长泽规矩也编《和刻本类书集成》第1辑，汲古书院1976年影印本，第365页。

③ 〔日〕杉山正明：《モンゴル帝国と大元ウルス》第7章《ふたつのチャガタイ家——チユベイ王家の興亡》，京都大学学術出版会2004年版，第307页。

④ （清）傅恒等：《钦定西域同文志》卷1，内蒙古人民出版社2015年版，第12页。

⑤ 周清澍：《蒙元时期的中西陆路交通》，载史研究会编《元史论丛》第4辑，中华书局1992年版，第29页；《元蒙史札》，内蒙古大学出版社2001年版，第264、269页。

艾比湖一带，但胡小鹏指出大多数时间元朝的势力并不能达到艾比湖一带，而且元朝政府也不可能将诸王部曲分隔太远，所以黄兀儿月良站"当在瓜、沙边外有水草处"，"应从瓜、沙附近寻找"，"应去答失八剌哈逊（今哈密石城子）不远"，"似应在河西走廊附近适于游牧之地"①。《元史辞典》的作者认为黄兀儿月良在"今新疆若羌东北米兰东北"②。笔者曾认为黄兀儿月良站当设在疏勒河下游一带。③ 由此可以看出，学界关于黄兀儿月良站的具体位置，还存在很大的分歧。

需要说明的是，关于《金华集》中的"晃火儿目连"，特木勒认为如果不能确定是"晃火儿目连"之讹误，那么"晃火儿目连"更可能是"qongγor-müren"，而不是"qongγor-olong"。蒙古高原名为"晃火儿目连"的河流，库伦之南就有一条"红郭尔河"。所以《金华集》中的"晃火儿目连"是否与黄兀儿月良有关联，尚需审慎扬弃。④ 笔者以为位于库伦之南的"红郭尔河"，与位于哈密东北的石城子一带，从地理方位上看相距甚远，不符合黄溍"历答失八剌哈孙，抵晃火儿目连之地"的记载，而蒙元时期，在答失八剌哈孙附近则未见有名为"晃火儿目连"的河流。上引周清澍文，将黄溍集中"晃火儿目连"写作"晃火儿月连"，可见周先生认为二者是同一个地方。从黄溍的记载来看，亦辇真奉诏巡视的是驿传，这与他通政院使的身份正相吻合，答失八剌哈孙是驿站，晃火儿目连之地也应指驿站无疑，《经世大典》中黄兀儿于量、塔失八里两站并提，因此《金华集》中的"晃火儿目连"，应该就是"晃火儿月连"，"目"、"月"当属形近致误。

"西夏之西，近川"的说法，表明黄兀儿月良在西夏之西，并且靠近沙碛（即"川"）。而作为纳怜道上的三个驿站，黄兀儿于量、塔失八里、揽出去在《经世大典》中同时出现，想必黄兀儿月良不

---

① 胡小鹏：《元代西北历史与民族研究》，甘肃文化出版社1999年版，第237、238、56页。
② 邱树森主编：《元史辞典》，山东教育出版社2002年版，第729、667页。
③ 陈广恩：《元代西北经济开发研究》，澳亚周刊出版有限公司2005年版，第246页。
④ 特木勒：《蒙元纳怜站道上的黄兀儿月良》，《中国史研究》2015年第2期。

会在离其他两站近千公里之外的非元朝控制地区。因此，杉山正明认为黄兀儿月良在霍努儿乌连河的说法，便不符合《经世大典》的描述。此三站又不见于黑水城文书，而受亦集乃路管辖的站赤，如蒙古八站，在黑水城文书中频频出现，这说明黄兀儿于量等站赤应该也不在亦集乃路的范围之内。诸王拜答寒部曲告饥，朝廷命有车马者徙居黄忽儿玉良之地，无车马者就食肃、沙、甘州，表明黄兀儿月良离拜答寒的驻地较远，而肃、沙、甘州离拜答寒的驻地较近。拜答寒，又作拜答罕、伯答罕，系察合台系后王，其统帅的大军受出伯节制，协力出伯抵御窝阔台汗国的进攻。拜答寒的驻戍地，杉山正明认为在瓜州一带，①但瓜、沙、肃三州是豳王的辖地，②胡小鹏认为拜答寒归附元朝后，"活动于从黄忽儿玉良到河西一带是确实的"③，那么拜答寒的驻地可能在瓜、沙、肃州以东的河西走廊一带。此外，黄兀儿于量等三站均是纳怜道上的驿站，顺帝初，亦辇真奉诏巡视驿传，应该是从中原出发向西巡视，说明黄兀儿月良当在答失八剌哈孙之西。答失八剌哈孙，即《经世大典·站赤》提到的塔失八里（又作"塔什八里"）④。塔失，突厥语"石"之意，"八里"，"balïk"，突厥语"城市、城堡"之意。⑤八剌哈孙，蒙古语"城"（Balghasun）。⑥《皇明经济文录》卷40《哈密分壤》载哈密东有他失把力哈逊城。他失把力哈逊即答失八剌哈孙，也就是"石城"。其具体位置，胡小鹏认为是今哈密东北约70里处石城子，⑦石坚军认为在今哈密东二百里左

---

① [日]杉山正明：《モンゴル帝国と大元ウルス》第7章《ふたつのチャガタイ家——チユベイ王家の興亡》，京都大学学术出版会2004年版，第313页。

② 杨富学、张海娟：《蒙古豳王家族与元代西北边防》，《中国边疆史地研究》2012年第2期。

③ 胡小鹏：《元代西北历史与民族研究》，甘肃文化出版社1999年版，第56页。

④ 周清澍：《蒙元时期的中西陆路交通》，载元史研究会编《元史论丛》第4辑，中华书局1992年版，第29页；《元蒙史札》，内蒙古大学出版社2001年版，第269页。

⑤ 麻赫默德·喀什噶里：《突厥语大词典》第1卷，校仲彝等译，民族出版社2002年版，第398页。

⑥ 刘迎胜：《察合台汗国史研究》，上海古籍出版社2006年版，第284页。

⑦ 胡小鹏：《元代西北历史与民族研究》，甘肃文化出版社1999年版，第237页。

右的沁城乡小堡村的石城,① 而《中国历史地图集》则标注在比沁城乡更东的中蒙交界一带。② 揽出去在今哈密西之拉布楚喀。③ 若此,从方位和距离判断,黄兀儿月良应在塔失八里以西或北,并且似不应在哈密、揽出去之间。

再者,至元二十六年,朝廷频频补给黄兀儿月良。至元二十八年,又发兵塞黄兀儿月良地河渠,同时修筑城堡,并且命令蒙古戍兵屯田川中以御寇。元廷针对黄兀儿月良的上述做法,背景是当时海都、都哇对畏兀儿地区的威胁已十分严重,其军队经常光顾火州,北庭也处在海都、都哇军队的直接威胁之下。④ 发兵塞黄兀儿月良地河渠,修筑城堡,并且屯田川中,显然是为了加强对海都、都哇的防御,这也说明黄兀儿月良应该在距离北庭或者火州不是太过遥远的地方。就在元兵塞黄兀儿月良地河渠,修筑城堡做好战备的次年,即至元二十九年,北庭一带又发生了战斗:"时别失八剌哈孙盗起,诏以兵讨之,战于别失八里秃儿古阁,有功,贼军再合四千人于忽兰兀孙,明安设方略与战,大败之。"⑤ "盗"和"贼军"的身份并不清楚,但其数量有四千人的规模,显然与海都和都哇的步步紧逼有关。如此来看,黄兀儿月良站的大致地理范围,应该是在塔失八里以西或北通往北庭或者火州的驿道上。

特木勒根据清代《朔漠方略》的记载,认为黄兀儿月良是今天阿拉善左旗北部的洪格日鄂楞。⑥ 笔者以为,正如特木勒所言,《经世大典》所载"西夏之西,近川"是确定黄兀儿月良站方位的关键史料。那么这里的"川"何指呢?窃以为就是李治安《元中叶西北

---

① 石坚军:《甘肃纳邻驿小考》,"元代多元文化与社会生活学术研讨会"会议论文,2014年7月,呼和浩特。
② 谭其骧主编:《中国历史地图集》第7册《元时期·哈密力 北庭 哈剌火州》,中国地图出版社1982年版。
③ 胡小鹏:《元代西北历史与民族研究》,甘肃文化出版社1999年版,第237页;陈广恩:《读史札记三题》,《北方文物》2005年第4期。
④ 刘迎胜:《察合台汗国史研究》,上海古籍出版社2006年版,第283—285页。
⑤ (明)宋濂等:《元史》卷135《明安传》,中华书局1976年点校本,第3281—3282页。
⑥ 特木勒:《蒙元纳怜站道上的黄兀儿月良》,《中国史研究》2015年第2期。

"过川"及"过川军"新探》中考证出的"哈密力东西的石川戈壁",这里是元帝国和察合台汗国"战争或和平时期双方军队进退和使者、商旅往来的必经通道",所以"近川"之"川","即蒙元哈密力附近及以西一带"①。正如上文所言,元朝下令蒙古戍兵屯田川中以御寇,是为了防止海都、都哇对畏兀儿地区的进攻。如果说黄兀儿月良是洪格日鄂楞,"近川"的"川"指的是今阿拉善左旗西北的戈壁,那么至元二十八年元朝塞晃火儿月连地河渠,修城堡,令蒙古戍兵屯田川中以御寇的对象又指的是谁呢?似乎当时甘肃并未发生严重的诸王叛乱,海都、都哇的势力也不可能抵达兀剌海路。所以修城堡、屯田御寇,应该指防御海都、都哇,黄兀儿月良也应位于与察合台汗国邻近的西部前线。再者,据《经世大典》所言,不仅仅是黄兀儿月良"近川",塔失八里和揽出去两个站赤也"近川",这正符合后两个站赤位于哈密力东西石川戈壁的地理位置。即如李治安所言,"哈密力东西的石川沙漠,应该具体指谓哈密力附近的塔失八里站、揽出去站一带"②。《经世大典》中并列的三个站赤均"近川",则不可能一川二指,既指哈密力东西石川戈壁,又指阿拉善左旗西北的戈壁。确定了"近川"的位置,那么"西夏之西"自然也好理解了。西夏应该就是指整个西夏疆域而言,并非指西夏中兴路,元代史籍中提到的西夏,往往指整个西夏疆域而言。此外胡小鹏认为,如果黄兀儿月良位于阿拉善左旗的"空郭尔俄垄",则《元史》所载察合台后王拜答寒告饥部曲徙居黄兀儿月良之地,就超出了察合台诸王的势力范围,因为那里当时属于阔端系诸王的势力范围,这不符合蒙古人的习惯。③ 此说也可作为黄兀儿月良不是阿拉善左旗北部的洪格日鄂楞的一个理由。

特木勒引《经世大典·站赤》延祐元年十二月三日中书省奏文,并结合延祐三年四月的材料,指出"命'甘肃省委官,亲诣二十三

---

① 李治安:《元中叶西北"过川"及"过川军"新探》,《历史研究》2013 年第 2 期。
② 同上。
③ 胡小鹏:《黄兀儿月良站方位再考》,《纪念杨志玖先生诞辰一百周年隋唐宋元时期的中国与世界国际学术研讨会会议论文集》,南开大学 2015 年 10 月,第 212 页。

站',至少表明'黄兀儿月良'应位于甘肃行省境内"①。大概特木勒认为是甘肃行省派遣官员"亲诣"站赤,所以23站都应该在甘肃行省辖区,因故黄兀儿月良不应在甘肃行省境外。但《经世大典·站赤》延祐三年四月通政院奏文中提到,"纳怜二十三站消乏,除晃忽儿月良九站已济刍粟外,哈温至东胜一十四站未有与",则东胜站也在纳怜23站之内。东胜在元代属于大同路,②隶属中书省,不属于甘肃行省。石坚军据《经世大典·站赤》至元四年五月二十一日"西夏中兴等处宣抚司呈,东胜合立三站"的记载,③考证出东胜境内的三个纳怜驿站赤大概位于"哈必儿哈不剌、只打忽、木纳火失温"④。若此,则东胜境内的三个站赤都不在甘肃行省境内,退一步讲,至少《经世大典》所言"东胜"站在甘肃之外。此外,所谓"晃忽儿月良九站",也应该包括塔失八里和揽出去两个站赤。党宝海认为,"晃忽儿月良站已在甘肃行省之外,附近有蒙古诸王设置的塔失八里站(哈密东北石城子)、揽出去站(哈密西)"⑤,则黄兀儿月良、塔失八里和揽出去三个站赤也不在甘肃行省范围之内,其位置在哈密力附近。所以纳怜驿23站,并非都在甘肃行省境内,其东、西两头的站赤,均超出了甘肃行省省界。《经世大典》明确提到甘肃行省补给23站,其背后均有中书省的指令,所以似不宜仅凭甘肃行省委官补给黄兀儿月良,就确定该站一定在甘肃行省境内。

近年来,胡小鹏、石坚军对黄兀儿月良站的地理方位做了进一步的探讨。胡小鹏认为在今天新疆吐鲁番盆地的鲁克沁一带,⑥石坚军

---

① 特木勒:《蒙元纳怜站道上的黄兀儿月良》,《中国史研究》2015年第2期。
② (明)宋濂等:《元史》卷58《地理志》,中华书局1976年点校本,第1375—1376页。
③ (明)谢缙等:《永乐大典》卷19417《站·站赤》,中华书局1986年影印本,第8册,第7196页。
④ 石坚军:《甘肃纳邻驿小考》,"元代多元文化与社会生活学术研讨会"会议论文,2014年7月,呼和浩特。
⑤ 党宝海:《蒙元驿站交通研究》,昆仑出版社2006年版,第296页。
⑥ 胡小鹏:《黄兀儿月良站方位再考》,《纪念杨志玖先生诞辰一百周年隋唐宋元时期的中国与世界国际学术研讨会会议论文集》,南开大学2015年10月,第212页。

则认为位于哈密北部巴里坤湖东部一带,① 笔者以为这两种观点应该去史实不远,也与党宝海和笔者的观点比较接近。从纳怜驿塔失八里站向西北,经过黄兀儿月良,可通往北庭,而向西经过揽出去,可通往火州。对此笔者拟另撰文做进一步的讨论。

三

  作为元代西北边地军用物资的后方供应基地,亦集乃不仅要向当地的诸王、妃子、驸马提供分例,为驻防亦集乃路的各支军队提供军需粮饷,而且还要为过往的使臣等提供祗应,同时也需为出征的蒙古大军提供后勤供应,其军事地位的重要性不言而喻。亦集乃这种军事地位的重要性,是由其独特的地理位置决定的。

  亦集乃在西夏时期是边地军事重镇,党项于此设黑水镇燕监军司,并建有驿路从兴庆府直达此地。这条驿道从兴庆府出发,向西经过"西夏祖坟"(即今西夏王陵)、克夷门(今贺兰山三关),越贺兰山,穿过今内蒙古阿拉善盟,向西可抵达黑水镇燕监军司,全程约1100里,② 这与《元史》"宁夏距亦集乃仅千里"③ 的记载正相吻合。从清代《西夏纪事本末》卷首所附《西夏地形图》上看,这条通道上靠近黑水镇燕军司的沿途标有8个地名,自东向西分别是麦阿啰磨、井阿啰磨祖、阿啰磨娘、郢麻龙瓦、碧啰山、麦块啰娘、梭离碧六者、离疽阿啰磨,④ 这些地名应该都是西夏语音译,均无法考证。

  元灭西夏后,至元二十三年于此设立亦集乃路总管府,隶属甘肃行省,并在西夏故址上将黑水城扩建。想必西夏时期从首府兴庆府通往黑水镇燕监军司的这条通道,到了元代,蒙古统治者不但不会废弃,而且会加以修整以积极利用,那么这条通道应该就是元代纳怜驿

---

  ① 石坚军:《元代纳邻驿黄兀儿月良新考》,"从西北史地之学到西北历史地理国际学术研讨会"会议论文,2016年8月,陕西师范大学。承蒙作者赐稿,特此致谢。
  ② 王天顺主编:《西夏地理研究》,甘肃文化出版社2002年版,第187页。
  ③ (明)宋濂等:《元史》卷139《乃蛮台传》,中华书局1976年点校本,第3351页。
  ④ (清)张鉴著,龚世俊、王伟伟点校:《西夏纪事本末》卷首下,浙江古籍出版社2015年版,第32—33页。

道上的一部分。由此可见，亦集乃正位于这条东西走向的纳怜道（通往西域部分）和从河西走廊甘州或肃州沿弱水北上，过川进入岭北行省的南北交通要道的十字交叉处。由亦集乃向北，过川可通往蒙古漠北腹地的岭北行省，向西经过塔失八里、哈密力、揽出去、黄兀儿月良，可以抵达火州、别失八里（北庭）等西域各地，沿黑水（弱水）南下可直抵甘州、肃州，与河西走廊相连接，东南沿西夏故道径通宁夏府路，这里是元朝西北边地的交通枢纽和军事重镇。

作为军事后勤供应基地，亦集乃必须有足够的粮食储备以供军需。但亦集乃地处沙漠戈壁之中，气候干旱，加上自然灾害，产粮远远不能支付各种需要，尤其是向西北边地驻军支付口粮，"边庭所需军储，尤不可一日阙者"①，所以黑水城文书中常常可见亦集乃向甘肃行省催运军粮的呈文。为了保障边地军需，亦集乃的储粮，除了本路屯田及税收所获之外，其余粮食就必须依赖从外地调运补给。调运边地的粮食，是通过陆路运输的。"大军驻西北，仰哺省者十数万人。自陕西、陇右、河湟，皆不可舟，惟车輂而畜负之"②。调往亦集乃的粮食，主要来自甘肃行省的甘州、兰州、宁夏府路等产粮区，甚至还包括甘肃行省之外的河东等产粮地区。史载"甘肃岁籴粮于兰州，多至二万石"。英宗时期，甘肃行省平章乃蛮台又下令自宁夏直接运粮至亦集乃路，"岁省费六十万缗"③，说明从宁夏府路运至亦集乃的粮食数量亦相当可观。此外，宁夏府路还设有骆驼站，专门负责运送粮食，④ 当与将宁夏府路的粮食运往亦集乃路有关。黑水城出土 F125:W13 号文书中有"甘州攒运粮数"，"以备申省府及关甘州路总管府照验"等字样，⑤ 说明亦集乃路亦从甘州攒运粮食。F12:W1 号文书载：

---

① （元）苏天爵：《元文类》卷40《经世大典序录·赋典·市籴粮草》，《四部丛刊》初编本。

② （元）姚燧著，查洪德编辑点校：《姚燧集》卷14《平章政事忙兀公神道碑》，人民文学出版社2011年版，第199—200页。

③ （明）宋濂等：《元史》卷139《乃蛮台传》，中华书局1976年点校本，第3351—3352页。

④ （元）熊梦祥辑：《析津志辑佚·大都东西馆马步站》，北京古籍出版社2001年版，第121页。

⑤ 李逸友编著：《黑城出土文书》（汉文文书卷），科学出版社1991年版，第113页。

□承揽攒运□
□孳生羔儿脚户人等，并
□布仓和中，客旅人等
□官民两便，乞明降。得此
□河东米粮叁阡石，实□
□与已委宣使西卑支置官□
□验封装采□□
□帐数中粮，客旅花□
□运到黄米数目，逐□①

反映的是亦集乃路从河东地区攒运黄米的情况。筹措粮食的方式主要有攒运、和籴等方法。② 而亦集乃所需钱钞，也往往依赖甘肃行省下拨。甘肃行省管理钱钞的机构是丰备库，亦集乃路所需"钱钞开支，全靠丰备库下拨钞定维持"③。由此可见，亦集乃所需粮饷，很大程度上依赖甘肃行省乃至其他地区的支持。

从黑水城文书来看，放支北庭元帅府等各支驻防亦集乃军队的军粮杂色，是由户部、枢密院或者甘肃行省等部门决定的，亦集乃下属的广积仓、钱粮房、支持库等机构，负责起草放支文书、报请相关部门批准，以及具体放支情况的落实等工作。北庭元帅府抽调的驻防亦集乃的军队，应该和其他各军事组织抽调的驻防军队一样，起"更代守边士卒"的作用。屯驻西北边地的征西元帅府、北庭元帅府、蒙古元帅府军、朵立只罕翼、忽剌术翼等，均需抽调兵力轮番驻防亦集乃，这也彰显出亦集乃作为西北地区军事后勤供应基地和西北交通枢纽的地位和作用。

（原载《元史论丛》第14辑，天津古籍出版社2014年版）

---

① 李逸友编著：《黑城出土文书》（汉文文书卷），科学出版社1991年版，第113页。
② 参见丛海平《〈黑城出土文书〉所见海都之乱时期亦集乃路的军粮供给》，《云南师范大学学报》2009年第4期。
③ 李逸友编著：《黑城出土文书》（汉文文书卷），科学出版社1991年版，第15页。

《长安志图》与元代泾渠水利建设

　　现存元代方志数量不多，西北地区的则更少，李好文的《长安志图》是其中比较重要的一部。《长安志图》成书时间大约在李好文任陕西行台治书侍御史期间，即元至正二年至四年（1342—1344），初稿大概成于至正二年，至正四年李好文再任陕西行台治书侍御史时又做了一些补充。全书共分上、中、下三卷：上卷所收为 14 幅图，其中《奉元州县之图》和《奉元城图》对研究元代长安州县建制及长安城镇布局、居民生活状况具有重要意义；卷中所收图中，除《咸阳古迹图》外，有唐昭陵、建陵和乾陵图，并附《昭陵图说》和《图志杂说》，这对研究唐代陵寝制度有重要价值；下卷专门记载元代泾渠流域的农田水利建设情况，计有《泾渠图说序》《泾渠总图》《富平县境石川溉田图》《渠堰因革》《洪堰制度》《用水则例》《设立屯田》《建言利病》《泾渠总论》等具体内容，其中《泾渠总图》和《富平县境石川溉田图》是作者绘制的反映元代泾渠和石川河水利灌溉情况的示意图（见图一、图二。《泾渠总图》中误将"平皋渠"作"平早渠"）。三卷中以下卷《泾渠图说》所记内容最为丰富，也最具史料价值，故下卷又单独成篇，这从必申达而为之写的序中也能反映出来。至正二年，西夏人必申达而（号樵隐，曾任艺林库提点、江南行御史台监察御史）为《泾渠图说》写有序言。在序言中，必申达而说李好文"集古今渠堰兴坏废置始末，与其法禁条例，田赋名数，民庶利病，合为一书"，"索而读之，信乎！其有神于治也"[①]。于敏

[①]（元）李好文：《长安志图》卷下《泾渠图说序》，大化书局 1980 年影印本，第 151 页。

中等《四库全书简明目录》亦云《泾渠图说》"尤有裨于民事"。可见《泾渠图说》对研究元代泾渠渠系农田水利建设及社会民生具有十分重要的意义。

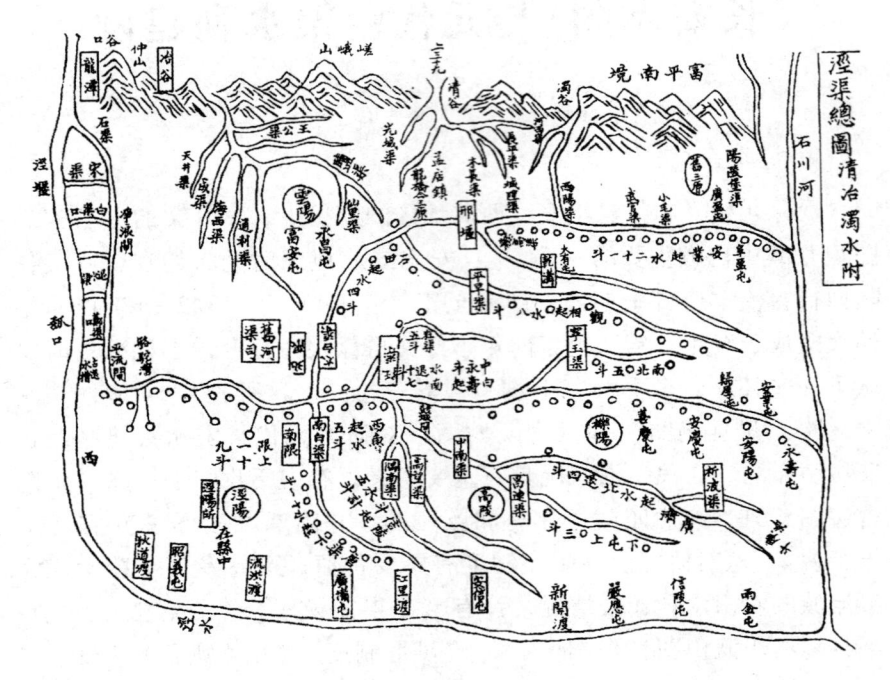

图一 《泾渠总图》（录自《长安志图》卷下）

《长安志图》的学术价值表现在，该志中保留了不少十分珍贵的原始资料（包括一些插图），详细记载了陕西屯田总管府的官员设置、所属屯所、所立屯数、参与屯田的户数、屯垦的土地面积、农具及收获粮食数量情况，如记陕西屯田总管府下辖终南、渭南、泾阳、栎阳、平凉五所司属，共立屯数48处，并于每所之后录有具体屯名；所记泾渠各处用来均水的斗门共有135个，并一一注明各斗的具体名称；详细记载了民夫从事修渠等水利建设之情况，包括动用民夫的数量、民夫支付的工数、使用的修渠物料等；卷下《建言利病》部分收录了时人宋秉亮和杨景道对泾渠建设的一些很有见解的建议……这些记载，是关于陕西地区农田水利建设的详细而又丰富的资料。但目

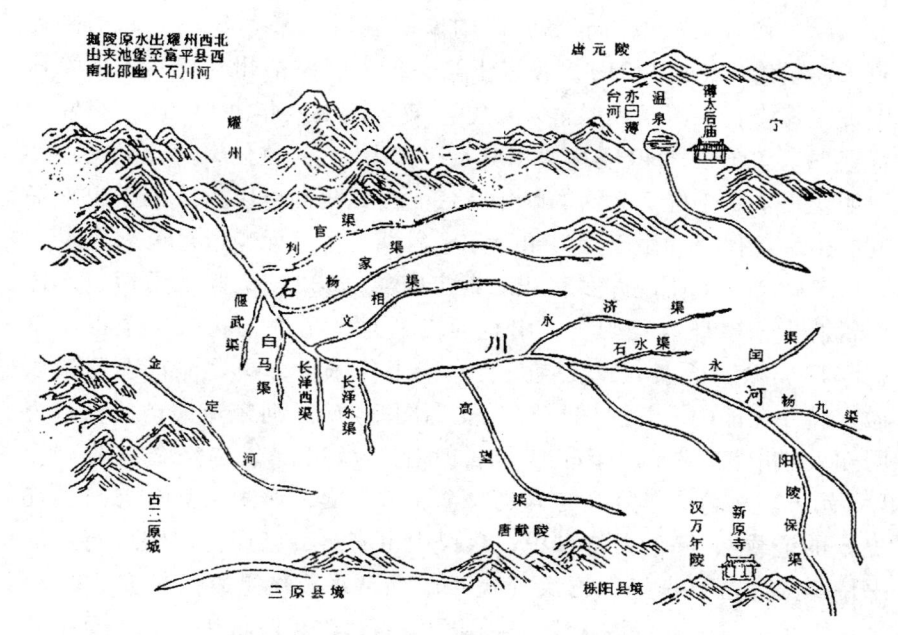

图二　《富平县境石川溉田图》（录自《长安志图》卷下）

前学术界对《长安志图》的研究还很欠缺，《元史》所录李好文的著作中，也漏收了《长安志图》，也可说是"《元史》疏漏，此亦一端矣"①。鉴于此，本文拟对《长安志图》的几个相关问题，以及该志所反映出元代泾渠的农田水利建设情况做初步考察。

一　李好文与《长安志图》

李好文，字惟中，自号河滨渔者，元大名之东明（今山东东明）人。李好文的生卒年史籍缺载，但其父李凤的生卒年史料有明确记载。李凤，字翔卿，一字舜仪，生于宪宗蒙哥四年（1254），卒于仁宗延祐四年（1317），大德十年（1306）任国子助教。② 李凤所著较

---

① （清）永瑢等：《四库全书总目》卷70，中华书局1965年影印本，第621页。
② （元）虞集撰，王颋点校：《虞集全集》下册《国子助教李先生墓碑铭》，天津古籍出版社2007年版，第878页。

多,以《西林集》最为有名,但均未能流传下来。李好文是李凤的独子。至治元年(1321),登进士第,授大名路濬州判官,入为翰林国史院编修官、国子助教。《元史》载至正十六年(1356),李好文曾上书皇太子爱猷识理达腊,其后"屡引年乞致仕,辞至再三"①。说明至正末是李好文生活的晚年时代。由此我们可以大致推断出李好文的生卒年代:约生于元世祖至元中后期,卒于元顺帝至正末。

李好文一生任过许多官职。泰定四年(1327),除太常博士,迁国子博士,累拜监察御史,出佥河南浙东两道廉访司事。至正元年(1341),除国子祭酒,改陕西行台治书侍御史,这是他首次到陕西做官,并在任期内开始编绘《长安志图》。后迁河东道廉访使,召为同知太常礼仪院事。至正四年,改礼部尚书,参与修金、宋二史(《元史》等认为李好文与修辽、金、宋三史,但未见其有与修《辽史》的记载),除治书侍御史、参议中书省事,已而复除陕西行台治书侍御史。这是李好文再次到陕西做官,并最终完成《长安志图》。至正六年,除翰林侍讲学士,兼国子祭酒,改集贤侍讲学士。至正九年,出参湖广行省政,改湖北道廉访使,寻召为太常礼仪院使,命以翰林学士兼谕德进承旨。后以翰林学士承旨一品禄终其身。

李好文为官比较清廉正直,敢于冲撞权贵甚至皇朝的最高统治者。《元史》本传载顺帝改用至元纪元时,他上言说:"年号袭旧,于古未闻,袭其名而不蹈其实,未见其益。"并指出时弊不如至元者十余事。一次元顺帝祭太庙,违制乘马至里桥,当时无人敢谏止。李好文膝行阻桥曰"请皇帝下马",顺帝只好听从。②李好文任监察御史时,河东有李拜拜杀人一案,凶案十四年不决,李好文上任伊始即予以判决。另有王傅撒都剌,以足踢人致死,众人认为"杀人非刃",应处以杖刑,但李好文认为"怙势杀人,甚于用刃,况因有所求而杀之,其情为尤重",于是处以死刑。两起案件宣判之后,"河东为之震肃"③。

---

① (明)宋濂等:《元史》卷183《李好文传》,中华书局1976年点校本,第4218页。

② (元)王逢撰,李军点校:《梧溪集》卷4上《目耕轩》,北京师范大学出版社2016年版,第293页。

③ (明)宋濂等:《元史》卷183《李好文传》,中华书局1976年点校本,第4216页。

李好文一生的事业中，教授太子和著书立说占有十分重要的地位。至正九年，顺帝以太子爱猷识理达腊年岁渐长，于是设立端本堂，令太子习学汉人文书，聘请儒士讲授儒学，任命李好文为翰林学士兼谕德。① 在教授太子的近十年间，李好文可谓呕心沥血。为了教授太子儒学，李好文先后编成《端本堂经训要义》《大宝录》《大宝龟鉴》等书，作为皇太子的学习教材。又集历代帝王故事，总共106篇，分为圣慧、孝友、恭俭、圣学四类，作为太子问安余暇之助。但这位后来的北元昭宗，在其父的诱导下弃儒从佛，对佛法表现出浓厚的兴趣。《南村辍耕录》载，在太子于端本堂习儒之时，帝师曾告诉太子母后高丽奇氏说："向者太子学佛法，顿觉开悟，今乃受孔子之教，恐损太子真性。"② 而至正二十二年太子对其左右所说的话，更如实地反映出太子"酷好佛法"的本性："李先生教我读儒书许多年，我不省书中何意；西番僧教我佛经，我一夕便晓。"③ 除了教授太子时编撰的著作外，李好文还参与修《金史》和《宋史》。据《进〈金史〉表》《进〈宋史〉表》和二史的修史官员名单，李好文分别担任二史的总裁官。此外，出于朝廷礼仪制度的需要，李好文还纂有《太常集礼》50卷，《元文类》卷36录有他于天历二年秋七月所写的《太常集礼稿序》；在陕西任行台治书侍御史期间，编绘完成《长安志图》3卷。可见他一生的著述还是很丰富的。但存留下来李好文的诗、赋不多，《元诗选》录有两首诗，分别是《挽宋显夫》和《题王子晋祠》，《元文类》卷1录有其《感志赋》1篇。

　　李好文编绘《长安志图》的原因和目的，在他至正二年为《长安志图》写的序中有明确交代：他在去陕西做官时，"由潼关而西至长安，所过山川城邑，或遇古迹，必加询访。尝因暇日，出至近甸，望南山，观曲江，北至故汉城，临渭水而归。数十里中，举目萧然，瓦砾蔽野，荒基坏堞，莫可得究。稽诸地志，徒见其名，终亦不敢质其所处，因求昔所见之图，久乃得之。于是取《志》所载宫室、池

---

① （明）宋濂等：《元史》卷183《李好文传》、卷42《顺帝纪》，中华书局1976年点校本，第4217、886页。
② （元）陶宗仪：《南村辍耕录》卷2《后德》，中华书局1959年版，第21页。
③ 任崇岳：《庚申外史笺证》卷下，中州古籍出版社1991年版，第115页。

苑、城郭、市井，曲折方向，皆可指识，了然千百世全盛之迹，如身履而目接之"①。有感于所见当地城郭萧条，"瓦砾蔽野，荒基坏堞"，地名、古迹湮没紊乱，因此欲于旧志、旧图的基础上编绘新的图志，以使"千百世全盛之迹，如身履而目接之"。旧志指宋敏求的《长安志》，旧图指宋吕大防为之作跋的《长安故图》。后李好文经过多方寻求，终于找到了《长安故图》，并最终编绘成《长安志图》。吴师道对此记载说：

> 同年东明李公惟中治书西台，暇日望南山，观曲江，北至汉故城，临渭水，慨然兴怀，取《志》所书以考其迹，更以旧《图》较讹舛而补订之，厘为七图；又以自汉及今，治所废置，名胜之迹，泾渠之利，悉附入之，总为图二十有二，视昔人为详且精矣。②

关于《长安志图》的版本，杨文衡考证有 14 个。③ 辛德勇《考〈长安志〉〈长安志图〉的版本——兼论吕大防〈长安图〉》是有关《长安志图》版本最为详细的论文。④ 作者经过考证，认为今存各种《长安志》（包括《长安志图》）的版本均来源于明成化本和嘉靖本，而成化本和嘉靖本又源于同一种元刻本。现存通行的版本是镇洋毕氏灵岩山馆所藏清乾隆甲辰校刊本（辛文称之为毕刻本），毕刻本以成化本为底本，乾隆五十二年又编入所刻《经训堂丛书》，前有王鸣盛写的序，是为经训堂本。台湾大化书局《宋元地方志丛书》和中华书局《宋元方志丛刊》所收录的《长安志图》，均依据《经训堂丛

---

① （元）李好文：《长安志图》原序，文渊阁《四库全书》本。
② （元）吴师道著，邱居里、邢新欣校点：《吴师道集》卷18《长安志图后题》，吉林文史出版社2008年版，第442页。
③ 杨文衡：《〈长安志图〉的特点与水平》，《中国古代地图集（战国—元）》，文物出版社1990年版，第91页。
④ 辛文初载黄永年主编《古代文献研究集林》第2集，陕西师范大学出版社1992年版，第159—201页。后收入作者所著《古代交通与地理文献研究》一书，中华书局1996年版。

书》本。此外，日本东洋文库藏有嘉靖十一年刻本，① 杨文、辛文尚未提及，但因未见到原稿，尚不知日藏嘉靖本同中藏嘉靖本是否完全相同？美国国会图书馆藏有四种版本，② 其中题为李好文至正二年辑的嘉靖十年刻本，当即王重民所谓"明嘉靖间刻本"③，亦即辛文所谓李文藻旧藏的嘉靖本。此外三种是灵岩山馆毕刻本、《经训堂丛书》本和光绪十七年思贤讲社重刻本。

《长安志图》和《长安志》是两部既有联系又有区别的方志。李好文《长安志图》自序说："图旧有碑刻，亦尝锓附《长安志》后，今皆亡之。有宋元丰三年，龙图待制吕公大防为之跋，且谓之《长安故图》，则此图前世固有之。其时距唐世未远，宜其可据而足征也。然其中或有后人附益者，往往不与《志》合，因与同《志》较其讹驳，更为补订，厘为七图。又以汉之《三辅》及今奉元所治，古今沿革废置不同，名胜古迹，不止乎是；泾渠之利，泽被千世，是皆不可遗者，悉附入之，总为图二十有二，名之曰《长安志图》，明所以图为志设也。"④ 朱彝尊也说："读敏求之《志》者，必合是编并观，而古人之迹，庶几得其十九也。"⑤ 可见二志的关系十分密切，《长安志图》是在《长安志》的基础上编绘而成的，应该配合《长安志图》来阅读、研究《长安志》。明代西安府知府李经刻书时，曾将《长安志图》列于宋敏求《长安志》之首，合为一编，其后刻书多沿袭李经的做法。至清修《四库全书》时，认为"好文是书，本不因敏求而作，强合为一，世次紊越，既乖编录之体，且《图》与《志》两不相应，尤失古人著书之意。今仍分为二书，各著于录"⑥。《四库全书简明目录》亦认为"《图》本不为宋《志》而作，两不相应"。明确指出二书有别，遂将二书分开刻印。大概元时《长安志图》单刻，

---

① ［日］井黑忍：《モンゴル時代関中における農地開発——涇渠の整備を中心として——》，《内陸アジア史研究》第19号，2004年3月。
② 朱士嘉编：《美国国会图书馆藏中国方志目录》，中华书局1989年版，第360页。
③ 王重民：《中国善本书提要》，上海古籍出版社1983年版，第191页。
④ （元）李好文：《长安志图》原序，文渊阁《四库全书》本。
⑤ （清）朱彝尊：《曝书亭集》卷35《序二·〈长安志图〉序》，《四部丛刊》初编本。
⑥ （清）永瑢等：《四库全书总目》卷70，中华书局1965年影印本，第621页。

明代李经将之与《长安志》合刊,清修《四库全书》时又分刻。

二 《长安志图》与元代泾渠水利建设和管理

元代尤其是在中后期,泾渠水利灌溉事业积弊越来越深,诸如渠口高出水面,引水困难,渠道两岸淤泥堆积如山,出土鹿巷填塞,原有渠道荒废,水闸损坏,元初至元之法废弛,用水纠纷层出不穷,官员腐败等,从而使元代泾渠水利建设和用水管理的难度加大。但也正是因为这些积弊,迫使元朝政府必须加强泾渠的水利建设和用水管理力度,从而保证泾渠渠系的农田灌溉。

在水利建设方面,元朝政府主要采取了以下措施,加强水利建设的力度。其一,开凿新渠,导引泾水。泾渠"初凿之时,渠与河平,势无龃龉;岁月浚涤,河低渠高,遂不可用"①。泾水河道日趋低下和引水渠口日渐高出的矛盾,是历代解决引泾入渠的焦点问题。汉修三白渠、宋修丰利渠,都是因为如此。宋时大理寺丞皇甫选和光禄寺丞何亮在向朝廷所上《复修三白渠议》中就指出:"暨年代浸远,泾河陡深,水势渐下,与渠口相悬,水不能至。"②至元代,这一矛盾更为突出,于是元朝政府只好于宋渠之上再开新渠。至大元年(1308),陕西诸道行御史台监察御史王琚建议,于宋代丰利渠之上再开凿引水石渠(即《泾渠总图》所标之"石渠"),又称"御史渠"。新石渠和宋丰利渠之间的距离是五十六步。开凿"御史渠",解决了引泾入渠的问题。

其二,加强对除泾水之外其他灌溉水源的建设力度。元时泾渠灌溉"水脉艰涩,所润益寡",由于种种原因,用来灌溉的泾水流量比以前有所减少。因此,为了解决灌溉用水水源不足的问题,元朝政府又加大了对其他水源的开发利用力度。如由于云阳县北境高卬,泾水不及,所以将冶谷水引入云阳,修成七条灌溉渠道。这七条灌溉渠道

---

① (元)李好文:《长安志图》卷下《泾渠总论》,大化书局1980年影印本,第163页。

② (元)脱脱等:《宋史》卷94《河渠志·三白渠》,中华书局1977年点校本,第2346页。

从《泾渠总图》上来看，分别是天井渠、王公渠、成渠、海西渠、通利渠、盐渠、仙里渠。宋代引漆沮水（即元所谓石川河）的渠道，据宋敏求《长安志》所载，有堰武渠、白马渠、长泽渠、高望渠、文昌渠、石水渠、永济渠、阳渠、直城渠。① 元于宋渠基础上，将石川河的引水渠道扩修至13条，分别是石川河东岸7条：判官渠、杨家渠、文相渠、永济渠、石水渠、永闰渠、杨九渠；西岸6条：偃武渠、白马渠、长泽西渠、长泽东渠、高望渠、阳陵保渠。② 渠道的扩修，无疑加大了引水量。为了加强对泾水之外"青冶、浊谷、石川、金定、薄台等水，并耀州三原、富平，邠州管下淳化县行流河水"的利用力度，元朝政府于每渠设直渠长一名，按照泾水之例进行管理。《泾渠总图（清冶浊水附）》图中，对各灌溉水源也有标示。

其三，尽修渠堰之利。由于战争破坏，水流减少，元代泾渠内不少灌溉渠道已荒废，如元初三白渠"渠隁缺坏，土地荒芜。陕西之人虽欲种莳，不获水利，赋税不足，军兴乏用"③。为此太宗时期即开始修三白渠。太宗十二年（1240），梁泰向窝阔台上奏，陈明修渠的益处，请求"差拨人户牛具一切种莳等物，修成渠隁，比之旱地，其收数倍，所得粮米，可以供军"。窝阔台准奏，任命梁泰为宣差规措三白渠使，郭时中为副使，直隶朝廷，并置司于云阳。同时敕谕塔海绀不，要求当地驻军全力配合。其后大大小小各条渠道的维修，一直是元朝政府加强泾渠水利建设的一项重要工作。繁重的修渠任务，使当地民夫"寒暑昼夜，不得稍休"，更有甚者，修渠时竟有溺死水中者，于是有些民夫宁愿不受其利，"以免劻勷"④。由此可见，元朝政

---

① （宋）宋敏求：《长安志》卷19《县九·富平》，大化书局1980年影印本，第124页。
② 《长安志图》只于《富平县境石川溉田图》中标出各渠，（清）刘於义修，沈青崖等纂雍正《陕西通志》卷39《水利一》（雍正十三年刻本）据《长安志图》（雍正《陕西通志》作《长安图说》）记载有各渠的具体名称，只是永闰渠作阎渠，杨九渠作阳九渠，阳陵保渠作杨陵保渠。
③ （明）宋濂等：《元史》卷65《河渠志·三白渠》，中华书局1976年点校本，第1629页。
④ （元）李好文：《长安志图》卷下《泾渠总论》，大化书局1980年影印本，第163—164页。

府维修渠道的力度是很大的。

洪口石堰是历代引泾的关键所在，也是泾渠水利建设的一个重点。石堰修得牢固，才能保证水流平稳，引水渠口不被激流冲坏，也才能最大限度地引导泾水，避免过多地浪费水资源，但历代屡修屡坏。元代"因前代故迹，初修洪口石堰，当河中流，直抵两岸，立石囷以壅水。囷行东西，长八百五十尺，每行一百零六个，计十一行，阔八十五尺，总用囷一千一百六十六个"①。密密麻麻的石囷对截流和缓解泾水的冲击力显然是必要的。从1233年创立渠堰以后，元朝每年都要花费大量的人力、物力、财力增修，从而达到"囷行广密，委是坚牢"的效果。但因"泾水涨溢不常"，为了防止泾水涨溢冲坏渠道，起到防洪、护渠的作用，元朝政府又于秦修郑渠口之北、汉修白渠口之南开通一条新的退水槽（即《泾渠总图》所标之"退水渠"），"凡遇涨水，泄以还河"②。

其四，疏通鹿巷，加大清理泾渠渠道、渠岸淤积泥沙的力度。泾渠渠内泥沙历代不断淤积，到元代时，渠水所携泥沙使得"所灌之田，日复淤闭"③。而渠道两岸累年淘出的泥沙，堆积而起，竟高至三十五尺，从渠岸"下窥渠面，如视井底"④。不仅如此，所淘出泥土填满了前代开凿于渠道两岸的用于运送所淘淤泥的通道——鹿巷，"只于岸上堆积，或于霖雨，其土崩塌，复入于渠，是以渠道益浅，水来益小"⑤。所以，元朝政府就不得不加大清理淤积泥沙的力度。每年"差五县人夫入渠，负龙挠曳而上"⑥，清理淤泥。曾任承务郎、陕西诸道行御史台监察御史宋秉亮向朝廷建议："拟合于农务未忙，

———————

① （元）李好文：《长安志图》卷下《洪堰制度》，大化书局1980年影印本，第155页。

② 同上书，第155—157页；（明）宋濂等：《元史》卷65《河渠志·洪口渠》，中华书局1976年点校本，第1631页。

③ （元）李好文：《长安志图》卷下《泾渠总论》，大化书局1980年影印本，第163页。

④ 同上。

⑤ （元）李好文：《长安志图》卷下《建言利病》，大化书局1980年影印本，第161页。

⑥ （元）李好文：《长安志图》卷下《泾渠总论》，大化书局1980年影印本，第163页。

天暖人闲之时，差遣五县人夫，将鹿巷开至平地，搬运积土，远离渠岸，或运入河，以渐而去，不得似前辄闭岸巷。"①

在用水管理方面，由于水资源越来越紧张，民夫用水纠纷也日趋严重，所以元朝政府对泾渠用水加强了管理，积极推进管理的制度化。泾渠用水的管理制度，在元代西北地区有典型性。《长安志图》卷下《用水则例》中有许多关于用水过程中出现违规现象而受处罚的记载，如"如违断罪""严行断罪""严加断罪""事发断罪""依例断罪""断罪有差""皆有罪罚"等，这些记载一方面说明泾渠用水出现比较频繁的纷争，另一方面也说明政府为了解决用水中出现的问题，规范用水管理而采取了不少措施。政府设有河渠司等管理机构，制定了相应的分水、用水"则例"，对渠系内水资源进行统一管理。具体来讲，这些措施表现在以下几个方面。

其一，立闸分水，从总体上保证水资源的合理分配。《长安志图》卷下《洪堰制度》载："立三限闸以分水，凡二所。三限闸其北曰太白渠，中曰中白渠，南曰南白渠。太白之下，是为邢堰。邢堰之上，渠分为二，北曰务高渠，南曰平皋渠。彭城闸渠分为四，其北曰中白渠，其南曰中南渠，又其南曰高望渠，又其南曰隅南渠。中南之下，其北分者曰析波渠，其南分者曰昌连渠。渠岸两边，各空地八尺。凡渠不能出水，则改而通之。"② 因为三限和彭城是五县分水的要害之地，所以元朝于此设闸分水，其中北限入三原、栎阳、云阳，中限入高陵、三原、栎阳，南限入泾阳。分水是否合适是保证泾渠水资源合理分配的关键，所以元朝政府十分重视分水的监督工作。如果"守闸之官不应或妄起闸一寸，即有数微余水透入别县"，从而出现矛盾，导致纷争，所以每逢分水时间，元朝政府即令各县正官一员亲诣限首，"眼同分用"，从而保证"庶无偏私"③。

其二，立斗门均水，以保证渠系各地均能得到灌溉。《洪堰制度》

---

① （元）李好文：《长安志图》卷下《建言利病》，大化书局1980年影印本，第161页。
② （元）李好文：《长安志图》卷下《洪堰制度》，大化书局1980年影印本，第156页。
③ 同上。

亦载："立斗门以均水，总为斗一百三十有五。渠岸两边，各空地五尺。限上斗门十九，南限斗门十二，中限斗门十，北限斗门五，务高斗门二十三，平皋斗门八，中白斗门二十三，中南斗门十五，析波斗门一，昌连斗门三，高望斗门十一，隅南斗门五。凡水出斗，各户自以小渠引入其田，委曲必达。"① 并且记载有135斗的具体名称，对各斗辖区内的用水量有明确规定。各斗设有斗门子等负责人员，由河渠司的正官负责维修各斗斗口，"使无壅滞"。巡监官和斗门子要督促各户修理渠口，"或令石砌木围，无致损坏，透漏费水"，并要向上级部门及时汇报各种违反规定情况。

其三，制定出一套比较完备的规章制度，涉及用水程序、灌溉时间、浇灌顺序、灌溉田地的亩数、渠道的防护，以及各种处罚规定等。这些规章制度互相配合，对促进泾渠用水管理的制度化有重要意义。《长安志图》卷下《用水则例》规定，如果民户要引水溉田，则须事先向负责的斗吏申明，由斗吏根据需要灌溉的民田亩数，写成申请状一类的书面材料上报，由官府发给申帖。经批准后，按应得徼数，限时放水。放够批准的徼数以后，则立即闭斗交付。若违犯规定，就要给予相应的处罚。

开渠放水的时间是每年十月一日，至六月渠水上涨时歇渠，七月住罢。时间不同所浇灌的田地也不一样。十月一日放浇夏田，三月浇麻白地及秋白地，四月只浇一色麻苗一遍，五月改浇秋苗。放水的先后次序是"自下而上，昼夜相继，不以公田越次，霖潦辍功"②。每夫一名可浇灌夏秋田二顷六十亩（元初和元末所浇灌的田地数量有所不同，至正初每夫实际只能浇溉一顷七八十亩）。渠水流量的最大标准是一百二十徼，一徼水一昼夜大约溉田八十亩。守限者每天要探量具体徼数申报，所司凭以分俵，水盛则多给，水小则少给。

渠堰若有微损，即便补修。渠堰维修的时间是八月兴工，九月工

---

① （元）李好文：《长安志图》卷下《洪堰制度》，大化书局1980年影印本，第156—157页。

② （元）李好文：《长安志图》卷下《用水则例》，大化书局1980年影印本，第158页。

毕。每年春天，要在河渠两岸种上柳、榆等树木，以坚固堤岸。因为修渠工程浩大，所以元代泾渠维修多以官方组织民力维修为主，民间也自行修理、疏导渠水以溉田。值得指出的是，洪口囤堰设有十名水军从事囤堰的保护工作（后来从各县选派富实人夫2名，五县共计10名代替水军看守渠堰）。水军应属军队编制，令水军守护渠堰，应当是元代泾渠用水管理的一个特点。

针对用水过程中出现的各种违法违规现象，元朝政府也制定出相关规定加以限制和处罚，"诸违官禁作奸弊者，断罚有差"，如"凡挽越盗用，渠岸修筑不牢，浇溉不应地土，渠吏蔽匿不申，及斫护岸树木，无故于三限行立者，皆有罪罚"①。

上述规章制度，不一而足，对保证泾渠农田灌溉起到十分重要的作用。但泾渠灌溉面积，元代前后期有些变化。据吴宏岐考证，元代前期泾渠所灌溉五县（三原、栎阳、云阳、高陵、泾阳）之地约为七千顷到九千顷，元代后期达不到元前期的灌溉面积。②

其四，用水管理体现出权利和义务对等的原则。鉴于清理淤泥、维修渠道等水利建设任务繁重，民夫有逃避现象，因此为了保证泾渠水利灌溉的顺利进行，元朝政府按照权利与义务对等的原则，采取了民户支付劳动与灌溉受益相结合的措施，以调动民户的积极性。即民户所需浇灌田地的用水量，由其在开凿、维修渠道等劳动过程中所积的工数来决定，官府"验其工给水"③。工数是民夫参与水利建设事业所支付的劳动量的计算单位，如天历二年，陕西屯田总管兼河渠司事郭嘉议上报给朝廷维修泾渠所需的工时就有"十四万九千五百十一工，役丁夫一千六百，度九十三日毕"④。如果用水民户"不出夫役"，不积工数，那么"今后无得使水，监浇官、斗门子人等看循与

---

① （元）李好文：《长安志图》卷下《用水则例》，大化书局1980年影印本，第159页。
② 吴宏岐：《元代前期泾渠灌溉面积考证》，《唐都学刊》1998年第2期。
③ （元）李好文：《长安志图》卷下《用水则例》，大化书局1980年影印本，第158页。
④ （明）宋濂等：《元史》卷65《河渠志·洪口渠》，中华书局1976年点校本，第1631页。

水者，依例断罚"①。这种措施直到今天仍然在西北地区一些农村中推行，即每户农民每年要在当地水利建设工作中完成一定数量的义务工。

三 《长安志图》所见元末泾渠水利建设的几点经验教训

元末，泾渠灌溉出现"水脉艰涩，所润益寡，分争讼阅，奸弊百出"的现象，②究其原因是多方面的，时人已有比较深刻的总结，这可以说是元代泾渠水利建设的一些历史教训，不仅对元末的水利建设有现实意义，而且对今天西北地区的水利建设，也有一定的借鉴作用。这些历史教训，综合起来有以下几个方面。

其一，"有司因循姑息"③。因为用水紧张，民户为了浇灌田地，便贿赂渠斗、人吏等有关官员，盗用灌溉，导致"可浇者不得使水，不须浇者却令使水""打立截堰，纵意多浇"等不法现象屡有发生；负责看水的官员"遇夜避寒贪睡，使水空过，至明却称不曾浇溉，迟违由时，枉费水利"；泾渠两岸堆积如山的淤泥，是元末水利建设中至关重要的问题，这也是由于"有司因循姑息"而造成的；这类例子很多。

其二，"选委不当，有所靳惜"。正如宋秉亮在给朝廷的建议中所说，"自王御史建言以来，三十余年而工尚未成者，原其所自，实由选委不当，有所靳惜"④。而汉代的郑白渠、宋代的丰利渠能够功大利久、造福于民，即是"由其委任得人，不惜财费故也"。有感于此，宋秉亮向朝廷提出建议："拟合择选谙晓水利、练达时宜廉干官员，度宜优给，以成久利之功……行省必合选官兴治，毋惜小费，明

---

① （元）李好文：《长安志图》卷下《用水则例》，大化书局1980年影印本，第158页。

② （元）李好文：《长安志图》卷下《泾渠总论》，大化书局1980年影印本，第164页。

③ （元）李好文：《长安志图》卷下《建言利病》，大化书局1980年影印本，第161页。

④ 同上书，第161—162页。

立赏罚，使有惩劝，然后事可集而功可成也。"① 宋秉亮的建议是在经过实地考察，一一巡视新旧渠口，吸收各种意见的基础上提出来的，所以能够切中时弊。

其三，"限亩法弊"②，"条约限禁，琐屑尤甚"③，是指元朝政府制定的限制五县民户灌溉用水量的规定弊端重重，各种用水管理条约，不仅烦琐，而且有些已不合时宜，因此不但起不到好的作用，反倒引起多种弊端，导致纷争，这是五县之一的云阳县人杨景道指出的。世祖至元年间，政府规定民户每夫可供灌溉的田地亩数是二顷六十亩，到元末至正年间，名义上规定每夫一名可以灌溉夏秋田还是二顷六十亩，但实际上只能灌溉一顷七八十亩。但元末"地广民稀"，情况已与至元时期不同，一家所占土地，多的有十顷、五顷，即使小户人家也有一顷多，因此减少民户灌溉田地的亩数，就会导致"货赂渠斗、人吏"，"匿地盗浇"，"买水浇溉"，"打立截堰，纵意多浇"④，"分争讼阋" 等 "奸弊百出" 的现象。

其四，"论次不明"⑤，即用水管理混乱，各斗之下的民户在浇灌田地时 "既无先后排轮之次，亦无各家合使日期"，没有明确规定并颁布各限、各村、各户的具体用水限量和灌溉日期，这也是导致各种弊端层出不穷的一个原因。针对这种现象，杨景道提出的建议是：在限首立石，上刻该限用水限量，使负责官员有所凭据；令需用水民户，上报名册，注明姓名、地段、亩数，有司凭此造成册子，明书放水的日期和数量，并发放给相关官员和斗门子，从而 "使人知某日为某村之水，某时为某家使水之期"，这样就 "自然不敢侵越，易避而难犯矣"⑥。

(原载《中国历史地理论丛》2006 年第 1 期)

---

① （元）李好文：《长安志图》卷下《建言利病》，大化书局 1980 年影印本，第 162 页。
② 同上。
③ （元）李好文：《长安志图》卷下《泾渠总论》，大化书局 1980 年影印本，第 164 页。
④ （元）李好文：《长安志图》卷下《用水则例》，大化书局 1980 年影印本，第 158 页。
⑤ （元）李好文：《长安志图》卷下《建言利病》，大化书局 1980 年影印本，第 162 页。
⑥ 同上书，第 163 页。

略论元代广东地区佛教的传播与发展

关于元代广东地区佛教传播及发展情况的研究，目前学界已有成果很少。1941 年，谢为何撰成《广东佛教概况》一书，由广东佛教居士林印行。该书从源流、制度、近况三个方面对广东佛教做了简要介绍，内容更侧重于作者生活时代的佛教情况。谢为何时任广东佛教居士林副林长，他曾东渡日本考察佛教流传情况，归国后写成《佛教辑览》《广东佛教概况》等书。遗憾的是，《广东佛教概况》没有涉及元代广东佛教的流传情况。1942 年《广东年鉴》（民国三十年）第二十五编"社会事业"第六章"宗教"，介绍到元代广东佛教时，提到至元末，胆巴喇嘛谪居潮州，以密宗咒术弘化，但未做详细说明。赵春晨主编的《岭南宗教历史文化研究》一书中有 9 篇关于广东佛教的研究论文，其中涉及元代广东佛教的有两篇：一篇是杨鹤书的《评改革开放后广东发现、识读的几件珍贵佛教文物》；[1] 另一篇是林子雄的《古代广东佛教文献印刷出版及其影响》。[2] 杨文介绍了广东南华寺发现的"元朝八思巴文宣纸书写的两份圣旨"和"元朝藏文护寺免差敕书（帝师法旨）及汉文译文"两件文物的收藏、释读情况以及文物的规格等。另外他曾撰文《广东南华寺发现八思巴字藏文重要文物》，[3] 对发现的圣旨和法旨的内容以及文物发现的重要意义进行了论述。杨氏这两篇论文，应该是研究元代广东佛教传播情况的比较重要的成果。林子雄文对古代广东佛教文献的印刷出版情况以及其

---

[1] 载赵春晨主编《岭南宗教历史文化研究》，天津古籍出版社 2002 年版，第 128—133 页。
[2] 同上书，第 134—144 页。
[3] 《中山大学学报》1982 年第 2 期。

作用和影响做了探讨，但元代部分只是指出至元间广东宣慰使云从龙曾刻印过《坛经》，仅此而已。王汀生、王延红《广东佛教的传播和发展》一文，①对广东佛教的最初传播以及隋唐五代、宋、明、清、民国时期广东佛教的传播及发展情况做了简要论述，但关于元代广东佛教的流传情况也只是寥寥数语。此外，陈泽泓所著《岭南建筑志》②、黄佛颐编纂的《广州城防志》③等著作中，有关于元代广东佛教建筑方面的相关论述。上述即是学界关于元代广东佛教的研究成果和现状。鉴于这种研究现状，笔者欲在已有研究成果的基础上，对元代广东地区佛教传播与发展情况做相关探讨。

一

元代广东地区佛教的传播与发展，从总体上来看，前与唐宋、后与明清相比，其影响和规模均有所不及。东吴元兴元年（264），真喜抵广州，译《十二游经》一卷。西晋武帝太康二年（281），印度僧人迦摩罗来到广州，于城内首建"三归""王仁"二寺，佛教开始在粤地流传。至唐宋，经过禅宗六祖惠能的大力弘法，粤地佛教蔚为大观，尤其是曹溪禅，不但在广东本地，更是在国内外产生了极大影响。明清时期，广东各地大兴佛寺，寺院广置田产，刻印佛经，僧尼、信徒人数日众，佛教十分兴盛。尽管元代广东佛教的影响及规模不及唐宋、明清，但其传播和发展也不容忽视，并且形成了自己的特点。

元代广东地区佛教传播的一个显著特点是，藏传佛教在这一时期传入粤地。藏传佛教传入广东，应当归功于吐蕃高僧胆巴，但胆巴在广东传播喇嘛教，却并不是他的初衷。

在元初的佛道之争中，世祖忽必烈支持佛教而压制道教，在佛教中又支持喇嘛教而压制中原其他教派，从而使藏传佛教备受尊崇，势

---

① 《广州师院学报》1997年第4期。
② 广东人民出版社1999年版。
③ 广东人民出版社1994年版。

力日渐上升,很快成为元朝地位最高的宗教。终元一代,这种情况没有大的改变,藏传佛教也利用这一有利时机,迅速在国内广为流传。世祖至元末年,国师胆巴因与权臣桑哥不和,受到排挤,被贬到粤东,居住在潮州。胆巴到了潮州以后,于当地传授密宗咒术,使藏传佛教在广东开始流传起来。

　　胆巴(汉语是"秘密"的意思)(1230—1303),又名功嘉葛剌思,吐蕃突甘斯旦麻(今青海玉树藏区和四川甘孜藏区一带)人。12 岁时,前往萨迦跟随萨迦班智达出家学法。1253 年,至印度跟随古达麻室利学习梵典,得其要旨。1265 年,因迎接八思巴返藏,被带回萨迦,遂与八思巴来往密切。至元七年(1270),八思巴受召前往大都,胆巴随行,于是荐之于世祖,遂见用。至元十八年,胆巴受忽必烈之命参加佛、道两教的大辩论,为佛教的胜利立下了功劳。但因与自己以前的弟子桑哥不和,受到排挤,力请西归。桑哥任相以后,将其召还大都,并于至元二十六年四月,将其贬往广东潮阳(治今广东潮州)。胆巴遂"引侍僧昔监藏,孑身乘驿,即日南向"[①]。八月抵潮,居住在开元寺。当时任江西等处行枢密副使、广东道宣慰使的月的迷失,奉命征讨广东等地,镇守潮州。其妻身染奇疾,医治无效,胆巴为之禳灾治病,竟然治好了月的迷失妻子的病,于是月的迷失对胆巴备加尊崇,对其佛事活动也给予了大力支持。胆巴认为"潮乃大颠、韩子论道之处,宜建刹利生",遂于城南净乐寺故址建造佛寺。至元二十七年动工,月的迷失"董工兴创"。"殿宇既完,师手塑梵像,斋万僧以庆赞之"。佛寺建成后,胆巴返回大都,"奏田二十顷,赐额'宝积'焉"[②]。至元二十九年,世祖将其召回京师。胆巴在成宗朝更受信任和重用。成宗患病,胆巴为之祷疾,成宗病愈后"解颈七宝牌为施,皇后亦解宝珠璎珞施之"[③],赏赐丰厚,并且分御前校尉十人为之前导,权势十分显赫。皇庆二年(1313),胆巴卒

---

　　① (元)念常:《佛祖通载》卷 35《胆巴金刚上师》,江苏广陵古籍刻印社 1993 年影印本,第 416 页。
　　② 同上。
　　③ 同上书,第 417 页。

后，仁宗追封为大觉普惠广照无上胆巴帝师。① 这位生前受封国师，死后追封帝师的在元朝僧人中影响和地位仅次于八思巴的藏传佛教领袖，在潮州生活了大约三年时间。他于此建寺塑像，剃度僧众，经营田产，更为重要的是，取得了世祖忽必烈和当地官员月的迷失等的支持，从而为藏传佛教在粤地的传播奠定了政治基础。直到清朝，藏传佛教仍然得到统治阶层的尊崇和信奉。广州五大丛林之一的大佛寺建成后，平南王尚可喜即"延请喇嘛僧居之，相传该喇嘛僧曾上京代清帝受罪"②。

需要指出的是，《佛祖通载》"斋万僧以庆赞之"的记载当言过其实。因为据宣政院统计，至元二十八年，全国有寺院24000余所，经过登记的僧尼凡21万余人，潮阳一地不可能有1万僧尼。又据大德《南海志》的记载，至元二十七年，广州路一司七县共有僧道1805名；大德八年（1304），广州路的僧尼行童共计1643名，其中录事司387名，南海县190名，番禺县286名，东莞县354名，增城县142名，香山县43名，新会县108名，清远县28名。③ 潮阳时为潮州路属县，而即使潮州路，仅辖1司3县（海阳、潮阳、揭阳），户口比广州路要少得多。广州路至元二十七年有172284户，④ 潮州路至元末有70070户。⑤ 广州路的户数是潮州路的2.5倍。参照广州路的僧尼数和潮州路的户口数，至元末潮州路的僧尼数应当不会超过广州路。但"斋万僧以庆赞之"的记载，至少反映出当时庆祝佛寺落成活动的场面宏大，参加的僧众人数很多。以胆巴本人的地位和他在全国佛教领域及政治层面的影响，加上镇守潮州的枢密副使、宣慰使月的迷失的大力支持和提倡，藏传佛教当时在粤东形成这样的规模和场面是完全可能的。

有关元代藏传佛教在广东地区的流传，笔者尚未检索到文献中的

---

① （明）宋濂等：《元史》卷202《释老传》，中华书局1976年点校本，第4519页。
② 谢为何：《广东佛教概况》，广东佛教居士林1941年印行，第9—10页。
③ 广州市地方志编纂委员会办公室编：《元大德〈南海志〉残本》卷6《户口》，广东人民出版社1991年版，第3—7页。
④ 同上书，第3页。
⑤ 陈香白辑校：《潮州三阳图志辑稿》卷3《田赋志·户口》，中山大学出版社1989年版，第121页。

其他相关记载,但发现的实物则有助于该问题的进一步说明。至今保存在新会圭峰山的元代喇嘛石塔,是藏传佛教在广东传播的最好物证。这座喇嘛塔被称为"镇山宝塔",建造在会城镇圭峰山东南麓玉台寺旧址。玉台寺始建于唐代,但石塔建于元代。这是一座红砂岩雕凿而成的实心小石塔,塔高3.07米,灰砂岩基座为八角形,高1.5米。座上为圆形仰覆莲须弥座。塔身为覆钵形,四面各有一莲花瓣式尖拱龛,内各刻有一尊结跏趺坐佛像,身披薄袈裟,前胸半袒,脸部丰满,长耳、宽肩、细腰,体态丰腴,衣褶飘洒流畅,脚不外露。覆钵上叠三层塔颈,各层覆以檐盖,第二层颈身刻有"镇山宝塔"四字。第三层颈身刻有"阿弥陀佛"四字。顶层檐盖四面刻有"佛"字。塔刹有七级相轮,上端安仰莲、宝珠,是一座造型独特的喇嘛塔。① 这座喇嘛塔的发现,对元代藏传佛教在粤地的流传提供了有力的物证。

二

元代广东地区佛教在传播和发展过程中,出现佛儒相争的现象,但佛教的势力比儒教要大得多,以至于当时的儒学官员和儒士,对此忿忿不平,往往流露出崇儒非佛的思想。如泰定年间任潮州路儒学教授的何民先,在其《文庙石柱记》中就流露出了这种思想。他说:

> 潮阳之地多石,故家巨室,寺观庙宇,往往斫以为柱,阑槛础砌末尔,而释氏尤壮。独文学鲜焉,匪吝也,力不赡也……遂与直学卢斌商之……乃定议为石柱六……直学卢斌得石柱于里中蔡氏。蔡君景,大官裔也。当其盛时,建祠堂以奉祖考,柱斫以石,小大凡三十,大而圆者八,中而圆者四,小而方者十有八,今废矣。有释氏之徒,购以楮五千,蔡不售,乃悉以归诸学。②

---

① 陈泽泓:《岭南建筑志》,广东人民出版社1999年版,第191—192页。
② 陈香白辑校:《潮州三阳志辑稿》卷12《文章、碑刻》,中山大学出版社1989年版,第69页。

182

如果说何民先的崇儒非佛思想还是半遮半掩地流露，那么王元恭的排佛思想则直截了当。潮州城宋时建有韩山书院，元初毁于兵火，至元二十一年重建。至顺二年（1331），郡守亚中大夫王元恭发现"夫子西坐东向；文公背夫子而坐，又且面浮屠之钟楼。次序位置，皆有未安。非所以尊圣贤也"①，于是改创新祠。何民先、王元恭尊儒非佛思想的流露，反映出元初粤地佛教势力影响很大，盛于儒教。南华寺发现的圣旨和法旨告诫寺内僧众不许倚仗圣旨、法旨做违法之事，也正是当地佛教势力有恃无恐、气焰嚣张的体现。而更能说明问题的，则是当地寺庙倚仗权势侵占学田。如潮州路学田"税额亏损，或为豪右所瞒、僧家所占，又否则为富者扑佃其租；入学者仅得十之一二耳"②。僧家势力甚至甚于豪右。由理学家周敦颐之孙周梅叟创建于淳祐九年（1249）的元公书院，至元时原有学田已为"浮屠氏所据"。对于学田何日能为学院收回，前太学进士姚达泉在至元三十一年所写的《重建元公书院记》中流露出了"姑俟之"的无可奈何的心情！③潮州是广东文化底蕴比较浓厚的地区，韩山、元公两大书院至元代也已由宋代的私学转变为元代的官学，由当地政府直接管理、投资建设，就连这两大书院的学田也被僧侣侵占，更可想见广东其他地方学田被寺庙侵占的情形了！

元代广东佛教寺院有自己的佃户、土地、河流、园林、人畜、财物、碾磨、店舍、解典库、浴池、船筏等，并且享有免除地税、商税的特权，甚至还持有保护寺院田产及种种设施免受侵夺和破坏的圣旨和法旨，因此收入可观，经济实力十分雄厚，俨然一个大庄园。寺院田地除了政府拨赐之外，还有当地富户捐给寺院的，也有寺院自身化募、购置或开垦的，亦有如上文所述侵占而来的。政府拨赐田地，如

---

① 陈香白辑校：《潮州三阳图志辑稿》卷2《建置志·书院》，中山大学出版社1989年版，第119页。

② 陈香白辑校：《潮州三阳图志辑稿》卷2《建置志·学校》，中山大学出版社1989年版，第116页。

③ 陈香白辑校：《潮州三阳志辑稿》卷12《文章、碑刻》，中山大学出版社1989年版，第87页。

南华寺"……以及宋元,历代帝王崇尚三宝,往往赐田以供香火"①。对于富户所捐田产,寺院往往立有字据,甚至刻石立碑,以为凭据。如后至元六年(1340),潮州一萧姓富户捐给湖山净慧寺田产,净慧寺即刻有《湖山净慧禅寺田产题记》:

> 湖山净慧禅寺承录事司,在城澄清坊住。施主东村萧叔贤同缘黄氏,拨舍坐落海阳县上莆保、横陇、砂陇、蔡塘、南洋、坽头村等处田,计三十五段,容种三十五石五斗,岁收租谷一百五十石有奇,该六十亩就上莆保萧良户,过割段立净慧寺户名,于本保应当差税。前田条段四至,具载碑阴及簿契,岁收子粒,照依施主经官印烙□斛两平交收,永充常住赡僧……后至元庚辰岁月住山敬堂严谨志。②

曾在号称"雷州半岛第一古刹"的雷州天宁寺居住了三十多年的住持德从(俗姓杨,号石心师),晚年迁居徐闻(治今广东徐闻西南)广德寺,当时德从已年逾七十,而童颜不衰,仍"缘化募工,凿渠设闸,垦田二十余顷,以供香火"③。

元代广东地区佛教的传播和发展,与当地政府官员、富商、信徒的支持是分不可的。"元兴,崇尚释氏,而帝师之盛,尤不可与古昔同语"④。受全国崇佛风气的影响,地方官员中崇尚佛教、热衷于各项佛教事业者大有人在。

至元十三年冬,元帅张弘范、吕师夔统兵入广,至光孝寺瞻礼,并派遣士卒守卫,僧民免于惊扰,吕师夔后来还亲自主持维修光孝寺。镇守潮州的月的迷失,更是大力支持胆巴的传教活动。潮州路录事司录事林一清,曾于至正四年主持修建圆通阁、华严阁,参与修建

---

① (清)马元、释真朴纂修:《曹溪通志》卷1《香火供奉》,《四库禁毁书丛刊》补编,北京出版社2005年影印本,第27册,第34页。

② 谭棣华、曹腾騑、冼剑民编:《广东碑刻集》,广东高等教育出版社2001年版,第241页。

③ (清)雷学海修,陈昌齐等纂:嘉庆《雷州府志》卷20《仙释志》,《中国地方志集成·广东府县志辑》,上海书店出版社2003年影印本,第603页。

④ (明)宋濂等:《元史》卷202《释老传》,中华书局1976年点校本,第4517页。

工作的还有倅车、秋官、万户、元幕、亚幕、二守、二宪以及万户僚属等地方政府官员。文林郎、海北广东道肃政廉访司经历迷失弥迩受林一清之托，撰《圆通阁记》①。揭阳双峰院，遭元初兵火之灾，1276—1308年荒芜。武宗时期，归德人彭振（字文举）任揭阳县尹，"捐俸流玼"，以僧侣必琼（号石山）董其役。必琼"罄囊毕力"，自至大三年（1310）至四年，"初构殿瓦砾间"。其后邑人刘用宾、林叔翊"好善随喜"，三年之后，梅倅蒙果（字仲刚，泰定间任潮阳幕长）"衷锱五十万圆满之"，当地信徒也纷纷捐献财物，"补弊塞责"，终使双峰院"法筵开，经轮转，山门品列，廊楹鱼贯，僧寮师室，香积宝庋，种种完美"。那些施舍财物、助修寺院者，其姓氏均被刻于寺院所立石碑的碑阴上。② 再如光孝寺，元朝施田捐资者有：世祖朝至元二十一年，李妙荧；二十四年，居士林伯彰同室郑氏；乙酉年（即至元二十二年），城南杨氏；成宗大德六年，古冈总管骏山黄公同室成氏；仁宗延祐元年，番官华图嘛啰。捐置常住田产的，则有大德间僧人怀祐。③ 其中林伯彰夫妇"用铜钱千缗，置龙冈坊蔡天兴土名石砚田、涌底田共八十七亩，又蔡芳田四号，舍入风幡大道场，岁收租利，供佛及僧"④。

元代广东地区佛经的编纂刻印，以《坛经》为主。释德异和释宗宝均收集整理过《坛经》。据载，德异因"《坛经》为后人节略太多，不见六祖大全之旨"，于是花了三十多年的时间收集《坛经》，"得通上人寻到全文，遂刻于吴中休休禅庵"⑤。释宗宝则因其所见《坛经》"三本不同，互有得失，其板亦已漫灭，因取其本校雠。讹者正之，

---

① 陈香白辑校：《潮州三阳志辑稿》卷12《文章、碑刻》，中山大学出版社1989年版，第96—97页。
② 同上书，第93页。
③ （清）顾光、何淙修撰，仇江、曾燕闻点校：《光孝寺志》卷8《檀越志》，广东教育出版社2015年版，第88、90页。
④ （元）悟传：《檀越郑氏舍田记》，载（清）顾光、何淙修撰，仇江、曾燕闻点校《光孝寺志》卷10《艺文志·碑记》，广东教育出版社2015年版，第124页。
⑤ （元）德异：《〈法宝坛经〉序》，载（清）马元、释真朴纂修《曹溪通志》卷3《王臣外护第七之中·序类》，《四库禁毁书丛刊》补编，北京出版社2005年影印本，第27册，第76页。

略者详之,复增入弟子请益机缘,庶几学者得尽曹溪之旨"。至元二十八年,广东宣慰使云从龙(号维山),见到释宗宝的编校本,认为是"得《坛经》之大全",于是"慨然命工锓梓,颛为流通,使曹溪一派,不至断绝"①。

三

南华寺作为禅宗在华南的重要基地,在广东佛教发展史上占有重要地位。元朝统治者对南华寺亦很重视,对寺院采取了一些支持和保护措施。仁宗延祐四年(1317),元室赐韶州南华寺《金书孔雀经》一部。次年,又赐《护寺免差敕》,免去南华寺"所有差役人夫吃食等项",这是元朝第八代帝师公哥罗竹坚参巴藏卜(又译为贡噶洛追坚赞贝桑布,《元史》作"公哥罗古罗思坚藏班藏卜",历任仁宗、英宗、泰定帝三朝)颁行的法旨。②该敕书本为藏文,后于明英宗天顺八年(1464)由来此的西域梵僧国师锁南岭占巴藏卜译为汉文,这份帝师法旨的藏文和汉文译文一起保存在南华寺内,其中汉文译文也被录入《曹溪通志》卷3《王臣外护第七之上》中。此外,南华寺还发现了两件八思巴字宣纸书写的圣旨。两份圣旨和帝师法旨的汉文译文,前引杨鹤书两文中均有录入,故此处不再转录,只是据圣旨和法旨就杨氏尚未论及的问题略做补充。

根据圣旨和法旨,可以看出元朝政府对广东地区流行的禅宗还是持扶持和保护的策略,这与其稳固在广东的统治有关。尽管胆巴曾在粤东传播藏传佛教,元代藏传佛教的地位也最高,但胆巴传教的时间并不长,影响毕竟有限,因此藏传佛教在广东不可能形成比已经流行了六百多年的禅宗所具有的更大的规模和声势。因此,在宗教政策方面,利用当地影响最大的禅宗为巩固蒙古政权服务,便是蒙古统治者

---

① (元)宗宝:《跋六祖大师〈法宝坛经〉》,载(清)马元、释真朴纂修《曹溪通志》卷5《跋类》,《四库禁毁书丛刊》补编,北京出版社2005年影印本,第27册,第124页。

② 杨鹤书:《评改革开放后广东发现、识读的几件珍贵佛教文物》,载赵春晨主编《岭南宗教历史文化研究》,天津古籍出版社2002年版,第132—133页。

略论元代广东地区佛教的传播与发展

最好的选择。

元仁宗和帝师颁发给南华寺等寺院住持的圣旨和法旨，目的是为了保护寺院财产不受侵犯、免除寺院的差税，这说明当时存在寺院财产受到侵犯、地方政府向寺院征收赋税的现象。如前引潮州萧姓富户捐给净慧寺60亩田，但要净慧寺"于本保应当差税"。圣旨和法旨宣谕的对象包括宣慰司、廉访司的官员，军官、士兵，达鲁花赤及其他官员，还有来往的使臣，这些人都是权力阶层，他们正是侵犯寺院财产、向寺院征收赋税、滋扰寺院的对象，因此受到了元朝政府的限制。以圣旨和法旨的形式颁布指令，说明当时南华寺等寺院受到侵扰的现象比较严重，并且为时已久。作为禅宗祖庭，南华寺在广东佛教界具有象征意义。圣旨和法旨颁发给南华寺和广州路南华戒院，应该体现的是元朝政府对整个广东地区佛教寺院的态度。另外，圣旨和法旨中也提到各寺院不得据此有恃无恐，做违法之事，说明寺院在平时也存在欺压百姓等不法行为。实际上，地方政府侵扰寺院、寺院僧众做违法之事，在元朝是普遍现象。

四

宋末罹兵燹之灾，广东地区的佛教传播遭到很大破坏，各地寺院也多被战火焚毁。至元十五年元兵破潮时，"焚民室庐，火焰亘天，城中居民无噍类"，"学舍斋堂，兵火后皆废"[1]，"庙、学、乐器、祭器、祭服悉付一炬"[2]。寺院等佛教建筑也难逃厄运，如建于宋代的潮州圆通阁，即被兵火焚毁。[3] 粤北的寺庙也遭到了同样的命运，"郡迩曹溪，薰染老庐之教，自唐暨宋朝，名僧继出，故俗喜奉佛，梵宇相望，他郡不及。至修真之士甚稀，是以观少于寺。两邑所管寺

---

[1] 陈香白辑校：《潮州三阳图志辑稿》卷2《建置志·元平潮州始末》、《学校》，中山大学出版社1989年版，第111、113页。

[2] 陈香白辑校：《潮州三阳志辑稿》卷10《学校·宣圣庙》，中山大学出版社1989年版，第51页。

[3] 陈香白辑校：《潮州三阳志辑稿》卷12《文章、碑刻》，中山大学出版社1989年版，第96页。

187

观三百有余，兵火之后，所存仅及三之二"①。有的寺庙，甚至出现杀戮僧侣的现象。如至元十五年（1278），元军南征，至大通寺，杀寺僧。②所以，元军占领广东以后，随着社会生产和日常生活的逐渐恢复，加强佛教管理、修建寺庙等工作便提上了日程。

在佛教管理方面，除了全国的宣政院和地方政府机构外，元初的僧录司和元中期的广教总管府对各地佛教的传播和发展无疑起到了重要作用。至元十六年，朝廷诏设僧录司，并下令僧尼皆改服饰，"住持服黄，讲主服红，常僧服茶褐，以青皂为禁"，同时免除寺院税粮。③天历二年（1329），文宗在全国设立了16所广教总管府，以掌僧尼之政，其中广东地区归江西广东道广教总管府管辖。④顺帝元统二年（1334），革罢16所广教总管府，置行宣政院于杭州，以理僧民之事。⑤

伴随佛教管理的加强及日趋正规化，佛教寺庙、佛塔、佛像的修缮、重建、新建工作也同时展开，这也是元代广东佛教传播和发展的一个重要方面。光孝寺是广东最著名的佛教寺庙，始建于三国时期。当地有"未有羊城，先有光孝"之说。入元以后，历朝对寺庙多加修缮，新建、重建的佛教建筑也不少：至元三十年，元帅吕师夔进入广州后，曾主持修缮光孝寺。此外，毗卢殿，至元九年住持志立复建；观音殿一间，僧德瓘建；风幡堂，德瓘募修；兜率阁，僧空山募元帅吕师夔建于至元三十年；悉达太子殿，大德五年（1301）住持山翁募都元帅悉哩哈喇（当即至正《金陵新志》卷6下《官守志》所载至元十六年上任的行台监察御史锡哩哈喇）以及郡宰官员同建，并塑有太子像、两壁彩画以及释迦牟尼降诞、成道、转轮、入涅等像；檀越堂，大德六年立于戒坛侧；大殿，大德八年住持无禅复修；

---

① 马蓉等点校：《〈永乐大典〉方志辑佚》第4册《南雄路志·寺观》，中华书局2004年版，第2482页。
② 广州地方志编纂委员会办公室编：《元大德〈南海志〉残本》附录二，广东人民出版社1991年版，第127页。
③ （清）顾光、何淙修撰，仇江、曾燕闻点校：《光孝寺志》卷2《建置志》，广东教育出版社2015年版，第18页。
④ （明）宋濂等：《元史》卷35《文宗纪》，中华书局1976年点校本，第776页。
⑤ （明）宋濂等：《元史》卷92《百官志》，中华书局1976年点校本，第2335页。

方丈，大德八年住持无禅重修；大悲幢，泰定元年（1324）住持慈信修建，立于城西南角；东、西铁塔，泰定元年慈信募修；宝宫后殿、翠微亭，住持继隆、智昌建于至正六年（1346）。此外，延祐年间还铸造有大铁镬，至清乾隆年间还保存在伽蓝殿内。①

除此之外，元代粤地从事修建活动的其他佛教寺院还有：至元二十九年，凌江何遇祖创建廨院寺于广州城西仙羊市枣树巷，内奉达摩初祖西天锡杖及大藏经典，元末遭遇兵火，经杖并失；大德五年，粤北南华寺住持法脉建钟楼、鼓楼，下各置观音像，钟楼"上悬铜钟重数千斤，击之声闻四十里"；十年，兴建南华寺大雄宝殿，即三宝殿；南华寺香积厨，元代重修，至元四年置"大灶铜锅，重可数百斤"②；武宗、仁宗之际，揭阳建双峰院；天历年间，建潮阳华古岩寺；后至元年间，建四会宝胜古寺；至正四年，潮州录事司录事林一清主持修建圆通阁、华严阁；至正年间，建澄海莲花古寺、潮阳脆峰岩寺；潮阳古雪岩寺也始建于元。此外，还有万寿院、甘露寺、龙泉寺、梵云寺等。

有元一代，粤东一带流行用石材建造寺庙。所谓"寺观庙宇，往往斫以为柱，阑槛础砌末尔"。不但寺庙，佛塔、佛像也多用石制。流风所及，全粤亦然。这些石制佛塔、佛像，不仅是当时佛教传播和发展的物证，而且也是元代珍贵的佛教艺术品，具有很高的文物价值和艺术价值。如南雄珠玑巷石塔，即为一件珍贵的元代佛教艺术珍品，是为广东现存唯一有确切建造年代可考的元代石塔，该塔以变化丰富的造型和精美传神的人物浮雕见长。今塔基座上刻有"南雄路同知孙朝列重立，元至正庚寅孟冬记"字样，可知石塔建造于元顺帝至正十年。这是一座 7 层实心幢式石塔，共用 17 块红砂岩雕刻叠砌，通高 3.36 米。基座为八角形，直径 1.2 米，高 24 米。首层为覆莲座，上有平面八角柱式塔身，刻有四大天王浮雕，以及建塔人、建塔时间铭文。二层至四层均以八角形覆莲为檐盖，塔身各面刻浮雕佛

----

① （清）顾光、何淙修撰，仇江、曾燕闻点校：《光孝寺志》卷 1《旧志殿宇》、卷 2《建置志》、卷 3《古迹志》，广东教育出版社 2015 年版，第 7—46 页。

② （清）马元、释真朴纂修：《曹溪通志》卷 1《建制规模第二》，《四库禁毁书丛刊》补编，北京出版社 2005 年影印本，第 27 册，第 31 页。

像。第五层为宽大的莲花形檐盖，鼓形塔身上刻有菩萨像。第六层为八角形覆莲座，塔身各面刻浮雕佛像。第七层覆莲檐，鼓形塔身。塔顶以双石叠成葫芦状收刹。整个塔身共有30尊佛像，有专心掏耳者，有探身对话者，有嬉弄宠物者，形状各异，神态生动。①

饶平镇风塔，基旁巨石上刻有"岁次癸巳至正十三年二月造"大字，可知建于至正十三年。镇风塔矗立于滨海之风吹岭西麓，共7层20米高，是楼阁式石塔，为平面八角花岗石砌成。底层基围16米，高3.14米，塔身厚1.6米。各层高度递减，至第七层为1.52米。塔沿螺旋形石梯级可登上各层。各层用石板铺盖，只留一洞口上下。首层塔身正东开一门，不设窗；二层至三层各开一门二窗；四层至七层各开二门二窗。各层以丁头拱挑檐承托平座，砌以不足一米宽的石栏杆围廊，游人可步出围廊眺览。塔刹为2米高石葫芦。塔基座雕刻有花卉鸟兽。第一层正对拱门的墙上有一小石龛，浮雕两尊并坐的石佛像，门额刻有"八峰福位三宸星"，石刻楹联为"福德书桂寿辰星，万里江山富贵长"。第二层门额刻有"汉义书星"四字。第三层门额题刻"福魁桂子"②。此外，现存元代石制佛教艺术品还有光孝寺内保存的白石观音像，潮州开元寺内的石雕香炉，前述新会圭峰山的喇嘛石塔等。

（原载《华南师范大学学报》2008年第1期）

---

① 陈泽泓：《岭南建筑志》，广东人民出版社1999年版，第199页。
② 同上书，第205—206页。

元代广东民变探析*

　　1279 年，元灭南宋，统一全国，原来属于南宋的广东地区遂成为元朝疆土，正式归元朝管辖，因此本文讨论的时间范围从 1279 年开始，至元朝灭亡。论文所指广东地区，使用今天的地理概念，在元代分别属于江西行省和湖广行省。具体而言，包括江西行省广东道宣慰司所领七路、八州：广州路、韶州路、惠州路、南雄路、潮州路、德庆路、肇庆路以及英德州、梅州、南恩州、封州、新州、桂阳州、连州、循州，湖广行省海北海南道宣慰司所领雷州、化州、高州、廉州路。

　　"民变"一词，《汉语大词典》解释为"旧指农民暴动"，《辞海》释为"旧指人民聚众反抗"，《新华词典》释为"旧指人民起来造反"。该词汇明清时期开始普遍使用，《明实录》《明史》等史书中频频出现。本文依据以上工具书的释义，对论文中"民变"含义的界定是：元代广东地区各族人民以起义为主的各类旨在反抗元朝政府及社会的暴力活动。

　　至今学界涉及元代广东民变的研究情况如下：陶希圣《元代长江流域以南的暴动——读〈元史〉随笔之四》，统计自至元十一年（1274）至至正八年（1348）江西的暴动有 20 起，资料来源依据《元史》。① 陈世松《试论元代中期的少数民族起义》，主要考察了成宗至文宗期间南方尤其是西南地区的少数民族起义，认为元中期江西行省仅有 4 次少数民族起义，元代中期存在着一个人民起义由汉族地

---

* 本文与研究生丁书云合撰。
① 《食货》半月刊第 3 卷第 6 期，1936 年，第 37—42 页。

区向少数民族地区转移扩散的趋势。① 陈高华《元代前期和中期各族人民的反抗斗争》，对至元二十至二十一年以及后至元三年广东地区的人民起义等有所论述。② 匡裕彻《湖广地区少数民族反元斗争述略》，对元代湖广行省的壮、苗、瑶、黎等少数民族的反元斗争进行了概括性叙述，涉及广东地区雷州、化州、高州、廉州路少数民族反元斗争的大致情况。③ 日本学者研究了湖广行省对溪洞少数民族的统治情况。④ 罗贤佑《元代民族史》"元代湖广及东南沿海民族"一章，在论述各族人民反元斗争中，对广东地区的瑶、畲、苗族的斗争略有叙述。⑤ 笔者《〈广东文选〉所录元谢应子〈平猺碑〉》，对谢应子《新州宣慰使阿里元帅平猺碑》及郑文遹《平猺记》进行了整理与初步分析。⑥ 丁海艳《元代瑶民起义史料辑成与研究》，在辑录元代瑶民起义史料的基础上，对元代瑶民的分布，瑶民与其他群体的关系，广西的瑶民起义等问题进行了较为细致的探讨。⑦

综合现有成果，就本文研究的主旨来看，存在以下问题：第一，对元代广西地区民变讨论较多，关注广东地区民变很少。第二，论及广东民变的，主要是几次较大规模的人民起义，且多为过程叙述，缺乏对相关问题的分析。第三，对造成少数民族起义的原因，认为主要是由政治压迫、经济剥削所致，这种说法比较平面、笼统。

本文在对元代广东地区民变进行详细统计的基础上（见下文"元代广东民变统计"），对元代广东地区民变的特点、原因、元朝政府的应对举措等问题进行细致探讨，以期对元朝如何治理南疆及元代广东地区的军政、民族、社会等问题的研究有所助益。

---

① 《西南民族学院学报》1979年第2期。
② 原载《中国农民战争史论丛》第2辑（河南人民出版社1980年版），后收入《元史研究论稿》，中华书局1991年版，第235—237、247页。
③ 《中南民族学院学报》1982年第4期。
④ ［日］大岛立子：《元朝の湖广行省支配》，《東洋學報》66卷，1985年，第133—156页。
⑤ 四川民族出版社1996年版，第514、516—517、525—527页。
⑥ 载刘迎胜主编《元史及民族与边疆研究集刊》第18辑，上海古籍出版社2006年版，第27—33页。
⑦ 硕士学位论文，南京大学，2011年。

一

元代广东民变统计①

时间	地点	民族	领导人或参加者	形式或影响	结果
至元十六年（1279）十一月	德庆府泷水	粤西	瑶	吴法受	瑶蛮为乱	获其父诛之②
至元十七年（1280）正月	廉州	粤西	少数民族	霍公明、郑仲龙、苏俄细、麦婴上	杀招讨马应麟	捕斩之③
至元十八年（1281）	南海	粤中	汉	李梓	称宋年号	万户王守信取葛岸洞崖石砦，歼李梓④
至元十八年（1281）十一月	德庆泷水	粤西	瑶		作乱⑤	
至元二十年（1283）三月	新会县	粤中	汉？	县民林桂方、赵良钤、潘舍人	聚众起义，建罗平国，年号延康	被平定⑥

---

① 本表格未将元末争夺地盘、积蓄力量的割据势力的互相斗争统计在内，这部分应该不属于民变的范畴。对于起义组织者的族别，不能确定的，在民族属性旁加？表示。能确定是少数民族，但不能确定是具体哪一种少数民族的，即标为"少数民族"。另外具体统计过程中，因为史料挖掘不够等方面的原因，应该也有遗漏。

② （明）宋濂等：《元史》卷10《世祖纪》，中华书局1976年点校本，第217页。

③ （明）宋濂等：《元史》卷11《世祖纪》，中华书局1976年点校本，第221页；（元）苏天爵：《元文类》卷41《政典总序·招捕·广西两江》，《四部丛刊》初编本。《元文类》"廉州"作"广州"，兹从《元史》。

④ （元）姚燧撰，查洪德编辑点校：《姚燧集》卷23《皇元故怀远大将军同知广东道宣慰司事王公神道碑铭》，人民文学出版社2011年版，第359页。

⑤ （明）黄佐纂修：嘉靖《广东通志》卷6《事纪四》，广东省地方史志办公室辑《广东历代方志集成·省部（二）》，岭南美术出版社2006年影印本，第150页。

⑥ （明）宋濂等：《元史》卷12《世祖纪》，中华书局1976年点校本，第252页；（元）姚燧撰，查洪德编辑点校：《姚燧集》卷23《皇元故怀远大将军同知广东道宣慰司事王公神道碑铭》，人民文学出版社2011年版，第359页。林桂方的"方"字，《元史》作"方"，《姚燧集》作"芳"。

续表

时间	地点	民族	领导人或参加者	形式或影响	结果
至元二十年（1283）	清远	粤北	汉？	欧将军（欧南喜）	置官署，称王	被王守信击败①
至元二十年（1283）	东莞	粤中	汉？	盐户陈良臣	带领东莞、香山、惠州负贩之人起兵	很快遭到镇压②
至元二十至二十一年（1283—1284）	新会	粤中	汉？	黎德、区将军（欧将军）	建王号，署丞相、招讨，船至七千艘，众号二十万，杀居民，陷城邑	广东转运盐使合刺普华、万户王守信等分兵搤之。江西行省参知政事也的迷失捕斩黎德，槛送黎浩、吴兴等至京师③
至元二十至二十一年（1283—1284）	广东			盗起，遏绝占城粮运	张玉率兵讨平之④

① （元）姚燧撰，查洪德编辑点校：《姚燧集》卷23《皇元故怀远大将军同知广东道宣慰司事王公神道碑铭》，人民文学出版社2011年版，第359页。

② （元）欧阳玄著，魏崇武、刘建立校点：《欧阳玄集》卷11《高昌偰氏家传》，吉林文史出版社2009年版，第153页。

③ （元）欧阳玄著，魏崇武、刘建立校点：《欧阳玄集》卷11《高昌偰氏家传》，吉林文史出版社2009年版，第153页；（元）姚燧撰，查洪德编辑点校：《姚燧集》卷23《皇元故怀远大将军同知广东道宣慰司事王公神道碑铭》，人民文学出版社2011年版，第359页；（明）宋濂等：《元史》卷13《世祖纪》，中华书局1976年点校本，第270页；（元）苏天爵：《元文类》卷41《政典总序·招捕·广东》载义兵人数为"十万人"，《四部丛刊》初编本。

④ （明）宋濂等：《元史》卷12《世祖纪》、卷166《张玉传》，中华书局1976年点校本，第257、3906页。

续表

时间	地点	民族	领导人或参加者	形式或影响	结果
至元二十年（1283）	增城	粤中	少数民族	蔡大老、钟大老、唐大老	据平康下里东团村等处起义，响应欧南喜	官军破之①
至元二十二年（1285）二月	潮州、惠州	粤东、粤中	汉？	郭逢贵等		月的迷失奉命讨伐，平定四十五寨，降民万余户、军三千六百一十人②
至元二十二年（1285）七月	东莞	粤中	汉？	张强	聚众两万人，以复宋为号	王守信击败三千余人③
至元二十二年（1285）	怀集	粤西	少数民族		群盗恣张，虔人民，燔城郭	广州怀集令刘彦文平定之④
至元二十四年（1287）	肇庆等	粤西	少数民族	邓大獠、刘大獠	邓、刘相距三十里以为犄角	湖广行省左丞刘国杰败之⑤
至元二十四年（1287）	潮州	粤东	畲	张文惠、罗半天等	啸聚	江西行枢密院命脱落合察儿讨之，斩罗大老、李尊长等⑥

---

① （元）苏天爵：《元文类》卷41《政典总序·招捕·广东》，《四部丛刊》初编本。
② （明）宋濂等：《元史》卷13《世祖纪》，中华书局1976年点校本，第274页。
③ （元）姚燧撰，查洪德编辑点校：《姚燧集》卷23《皇元故怀远大将军同知广东道宣慰司事王公神道碑铭》，人民文学出版社2011年版，第359页；（明）黄佐纂修：嘉靖《广东通志》卷6《事纪四》，广东省地方史志办公室辑《广东历代方志集成·省部（二）》，岭南美术出版社2006年影印本，第151页。阮元所修道光《广东通志》及陈伯陶纂修的民国《东莞县志》，"张强"均作"张疆"，误。
④ （元）姚燧撰，查洪德编辑点校：《姚燧集》卷28《广州怀集令刘君墓志铭》，人民文学出版社2011年版，第440页。
⑤ （元）黄溍撰，王颋点校：《黄溍全集》下册《湖广等处行中书省平章政事赠推恩效力定远功臣光禄大夫大司徒柱国追封齐国公谥武宣刘公神道碑铭》，天津古籍出版社2008年版，第662页。
⑥ （明）宋濂等：《元史》卷120《肖乃台传》，中华书局1976年点校本，第2967页。

续表

时间	地点	民族	领导人或参加者	形式或影响	结果
至元二十四至二十七年（1287—1290）	循、梅、韶、雄等地	粤北、粤东	畲	钟明亮等	活跃于闽、赣、粤边境，叛服不常，拥众数十万，声摇数郡，致使江、闽、广交病	诏发江淮、福建、江西等省合兵讨伐，江西行省管如德、江西行院月的迷失等负责围剿钟明亮①
至元二十五年（1288）正月	封州	粤西	少数民族	贺州贼七百余人	焚掠封州诸郡②	
至元二十五年（1288）正月	梅州	粤东	少数民族？	循州贼万余人	掠梅州③	
至元二十五年（1288）四月	韶州、雄州	粤北	少数民族	董贤举等七人	称大老，聚众反，剽掠韶、雄等郡	连岁击之不能平，月的迷失请益兵讨之④
至元二十五年（1288）	桂阳阳山、怀集	粤北、粤西	少数民族	萧大獠		刘国杰击破三千人，攻拔瑶人山寨⑤
至元二十五年（1288）十一月	潮州	粤东	汉？	蔡猛等	拒杀官军	伏诛⑥

---

① （明）宋濂等：《元史》卷15、16《世祖纪》，中华书局1976年点校本，第314、319、322、326、337页；（元）刘埙：《水云村泯稿》卷2《参政陇西公平寇碑》，文渊阁《四库全书》本。

② （明）宋濂等：《元史》卷15《世祖纪》，中华书局1976年点校本，第308页。

③ 同上。

④ 同上书，第311页。

⑤ （元）黄溍撰，王颋点校：《黄溍全集》下册《湖广等处行中书省平章政事赠推恩效力定远功臣光禄大夫大司徒柱国追封齐国公谥武宣刘公神道碑铭》，天津古籍出版社2008年版，第663页。

⑥ （明）宋濂等：《元史》卷15《世祖纪》，中华书局1976年点校本，第316页。

续表

时间	地点	民族	领导人或参加者	形式或影响	结果
至元二十六年（1289）春	清远	粤北	少数民族	阎大獠		刘国杰击破之①
至元二十六年（1289）春			少数民族	曾大獠、廖大獠	众万余人，已降复叛	刘国杰回军击之②
至元二十六年（1289）三月	怀集	粤西	少数民族	萧大獠、严大獠		刘国杰擒萧大獠，击破严大獠五千人③
至元二十六年（1289）五月	德庆金林山	粤西	少数民族	曾大獠	以五千人据金林山	尽歼其众④
至元二十七年（1290）二月	增城、乐昌诸郡	粤北	畲	华大老、黄大老等	掠乐昌诸郡	行枢密院讨平之⑤
至元二十七年（1290）秋	广东	粤北、粤西	少数民族		群獠乘间而出，犯广西、湖南	刘国杰于道州设防⑥
至元二十八年（1291）秋	广东				盗再起⑦	

---

① （元）黄溍撰，王颋点校：《黄溍全集》下册《湖广等处行中书省平章政事赠推恩效力定远功臣光禄大夫大司徒柱国追封齐国公谥武宣刘公神道碑铭》，天津古籍出版社 2008 年版，第 663 页。

② 同上。

③ 同上。

④ 同上。

⑤ （明）宋濂等：《元史》卷 16《世祖纪》，中华书局 1976 年点校本，第 334 页；（明）黄佐纂修：嘉靖《广东通志》卷 6《事纪四》，广东省地方史志办公室辑《广东历代方志集成·省部（二）》，岭南美术出版社 2006 年影印本，第 152 页。

⑥ （元）黄溍撰，王颋点校：《黄溍全集》下册《湖广等处行中书省平章政事赠推恩效力定远功臣光禄大夫大司徒柱国追封齐国公谥武宣刘公神道碑铭》，天津古籍出版社 2008 年版，第 663 页。

⑦ 同上书，第 664 页；（明）宋濂等：《元史》卷 162《刘国杰传》，中华书局 1976 年点校本，第 3810 页。

续表

时间	地点		民族	领导人或参加者	形式或影响	结果
至元二十九年（1292）	南雄保昌、循、梅等地	粤北、粤东	少数民族	谢发、刘通、孙大老	降而复叛，联合循州、梅州等处义兵起事	将谢发、刘通等起遣赴北①
至元二十九年（1292）	南雄	粤北	少数民族	丘大老	六百余人突至	莒州翼千户王英杀其渠帅刘把东，获九十余人②
至元二十九年（1292）十月	南雄、循州	粤北		叶道等	劫掠人民	于各处民围捕捉③
至元三十年（1293）	长乐	粤东		古尾郎	宋亡十四年招不能至	招降④
至元末	惠州	粤中	少数民族	土寇谭大獠、朱珍		被女真人灭里干平定⑤
元贞元年（1295）	南恩州	粤西			盗起	被女真人灭里干平定⑥
大德八年（1304）	新州	粤西	瑶	缪柯、李宗起等	聚党出，境内骚然	火及新州城西，居民荷担，毋复存理⑦

---

① 陈高华、张帆、刘晓、党宝海点校：《元典章·刑部》卷3《诸恶·谋叛·贼人复叛起遣赴北》，中华书局、天津古籍出版社2011年版，第1406页。

② （明）宋濂等：《元史》卷188《王英传》，中华书局1976年点校本，第4308页。

③ 陈高华、张帆、刘晓、党宝海点校：《元典章·刑部》卷3《诸恶·谋叛·禁断贼人作耗》，中华书局、天津古籍出版社2011年版，第1406—1407页。

④ （元）姚燧撰，查洪德编辑点校：《姚燧集》卷23《皇元故怀远大将军同知广东道宣慰司事王公神道碑铭》，人民文学出版社2011年版，第359页。

⑤ （明）宋濂等：《元史》卷151《高闹儿传》，中华书局1976年点校本，第3565页。

⑥ 同上。

⑦ （元）谢应子：《新州宣慰使阿里元帅平猺碑》，载（清）屈大均辑，陈广恩点校《广东文选》，广东人民出版社2008年，下册，第15页。

续表

时间	地点	民族	领导人或参加者	形式或影响	结果
大德九年（1305）	潮州海阳	粤东少数民族	钟友鸣、雷贵安	执枪刀器械，围掩大麻寨，杀伤刘镇抚	潮州路同知忽都都体问抚谕，以计平定①
延祐三年（1316）三月	德庆路	粤西瑶		叛	元朝派山主五世禄、李伯达招降②
延祐中	雷州	粤西瑶		广西瑶寇掠雷州	都元帅贾闾相机制御③
延祐六年（1319）	南恩州、新州	粤西瑶	龙郎庚	为寇	江西行省发兵捕之④
延祐七年（1320）九月	循州	粤北少数民族	溪蛮秦元吉	为寇	遣守将捕之⑤
至治元年（1321）	高州路信宜县	粤西瑶		杀死军民⑥	
至治二年（1322）		瑶	何穷肠、陀穷肠		降元⑦
至治二年（1322）	新会	粤中瑶	冯岳护	犯新会县洒涌社⑧	

① 方龄贵：《通制条格校注》卷 20《赏令·军功》，中华书局 2001 年版，第 571 页。
② （元）苏天爵：《元文类》卷 41《政典总序·招捕·广东》，《四部丛刊》初编本。
③ （清）顾炎武：《天下郡国利病书》第 29 册《广东下·峒獠·雷州府》，《四部丛刊》三编本。《天下郡国利病书》于此役记载说："时有平河门军校王成者，以奋勇战死，军民塑像祀之。"据万历《雷州府志》卷 18《勋烈志·武烈》，王成战死在至正壬辰，即至正十二年，此处记王成死事于延祐中，当有误。道光《广东通志》卷 186《前事略》据《天下郡国利病书》，以王成死事系于延祐中，亦误。
④ （明）宋濂等：《元史》卷 26《仁宗纪》，中华书局 1976 年点校本，第 587 页。
⑤ （明）宋濂等：《元史》卷 27《英宗纪》，中华书局 1976 年点校本，第 606 页。
⑥ [韩]韩国学中央研究院编：《至正条格》卷 13《断例·擅兴·激变猺人》，2007 年影印本，第 189 页。
⑦ （元）苏天爵：《元文类》卷 41《政典总序·招捕·广东》，《四部丛刊》初编本。
⑧ 同上。

续表

时间	地点	民族	领导人或参加者	形式或影响	结果
至治二年（1322）十月	南恩州	粤西	潭庚生		降元①
至治三年（1323）十一月	广州路新会县	粤中	汉？	民氾长弟	作乱	广东副元帅乌马尔率兵捕之②
至治三年（1323）十二月	德庆路泷水县	粤西	瑶	刘寅等		降元③
泰定元年（1324）五月	循州	粤北	瑶		寇长乐县④	
泰定元年（1324）十月	肇庆	粤西	瑶	黄宝才等		降元⑤
泰定二年（1325）七月	阳春	粤西	瑶	海北瑶酋盘吉祥	寇阳春	命江西行省督兵捕之⑥
泰定四年（1327）四月	电白	粤西	瑶	高州瑶	寇电白县	千户张恒力战，死之⑦
泰定四年（1327）五月	德庆路	粤西	瑶			降元，归所掠男女⑧
天历二年（1329）	雷州	粤西	瑶	广西瑶民	侵掠雷州	海北道廉访司佥事吕琥筑城防备⑨

① （明）宋濂等：《元史》卷28《英宗纪》，中华书局1976年点校本，第624页。
② （明）宋濂等：《元史》卷29《泰定帝纪》，中华书局1976年点校本，第640页。
③ 同上书，第641页。
④ 同上书，第647页。
⑤ 同上书，第651页。
⑥ 同上书，第658页。
⑦ （明）宋濂等：《元史》卷30《泰定帝纪》，中华书局1976年点校本，第678页。
⑧ 同上书，第679页。
⑨ （明）欧阳保等纂修：万历《雷州府志》卷8《建置志·城池》，广东省地方史志办公室辑《广东历代方志集成·雷州府部（一）》，岭南美术出版社2009年影印本，第84页。

续表

时间	地点		民族	领导人或参加者	形式或影响	结果
至顺二年（1331）	桂阳州	粤北		张思进	啸聚二千余众，州县不能治	命千户王英招降①
元统元年（1333）	雷州	粤西	瑶	广西瑶民	攻陷遂溪	总管同知罗奉致、裨将李百户战死，廉访司佥事张添睡、经历郭思诚加固雷州府城②
后至元三年（1337）春正月	广州增城县	粤中	汉、少数民族	民朱光卿、石昆山、钟大明	聚众数万人，称大金国，改元赤符，进逼博罗	回回人罗里敬甫捍御博罗。指挥狗札里、江西行省左丞沙的擒捕三人，朱光卿后被明正典刑。自光卿首倡，天下群雄继起，相与抗元③

---

① （明）宋濂等：《元史》卷130《岳柱传》、卷188《王英传》，中华书局1976年点校本，第3178—3179、4308页。

② （明）欧阳保等纂修：万历《雷州府志》卷8《建置志·城池》，广东省地方史志办公室辑《广东历代方志集成·雷州府部（一）》，岭南美术出版社2009年影印本，第84页。

③ （明）宋濂等：《元史》卷39《顺帝纪》，中华书局1976年点校本，第838、841页；（元）苏天爵著，陈高华、孟繁清点校：《滋溪文稿》卷27《论河南胁从诖误》，中华书局1997年版，第461页；（明）戴璟修，张岳纂：嘉靖《广东通志初稿》卷11《循吏》，广东省地方史志办公室辑《广东历代方志集成·省部（一）》，岭南美术出版社2006年影印本，第233页；（明）姚良弼修，杨载鸣纂：嘉靖《惠州府志》卷11《名宦传》，广东省地方史志办公室辑《广东历代方志集成·惠州府部（一）》，岭南美术出版社2009年影印本，第475页；（明）文章修，张文海纂：嘉靖《增城县志》卷19《大事通志》，广东省地方史志办公室辑《广东历代方志集成·广州府部（三一）》，岭南美术出版社2007年影印本，第149页。

续表

时间	地点	民族	领导人或参加者	形式或影响	结果
后至元三年（1337）四月	惠州归善县	粤中	汉	民聂秀卿、谭景山等	造军器，拜戴甲为定光佛，与朱光卿相结为乱	江西行省左丞沙的捕之①
后至元六年（1340）三月	潮州	粤东		刘虎仔	起兵	江西行省右丞燕帖木儿、王英平之②
至正二年（1342）	南雄始兴	粤北	少数民族	刘害十	率众壮千人，白昼鼓行入始兴县，破囹圄，出囚徒，掠人财畜	南雄府判琐达卿率军讨平，诛渠魁，焚烧洞穴③
至正三年（1343）	连州	粤北	瑶	蒋丙	自号顺天王	攻破连州④
至正十年（1350）	肇庆	粤西	瑶	蒋丙	日以杀戮掠卖为事，乡民苦不忍言	恩州杨廷璧督师破之⑤
至正十年（1350）	德庆	粤西	壮？		有寇五百，自上游具舟楫，备器械，将乘湍悍以袭郡境	德庆路镇遏万户王良击败之⑥

---

① （明）宋濂等：《元史》卷39《顺帝纪》，中华书局1976年点校本，第839页。
② （明）宋濂等：《元史》卷40《顺帝纪》、卷188《王英传》，中华书局1976年点校本，第855、4309页。
③ （元）刘鹗：《惟实集》卷2《南雄府判琐达卿平寇诗序》，载李修生主编《全元文》，凤凰出版社2004年版，第38册，第524页。
④ （明）宋濂等：《元史》卷41《顺帝纪》，中华书局1976年点校本，第868页。
⑤ （清）阮元修，陈昌齐、刘彬华等纂：道光《广东通志》卷215《金石略·杨廷璧平寇记》，上海古籍出版社1990年影印本，第3821页。
⑥ （元）杨铸：《德庆路镇遏万户王侯政绩碑》，载（清）阮元修，陈昌齐、刘彬华等纂道光《广东通志》卷215《金石略》，上海古籍出版社1990年影印本，第3825页。"以袭郡境"之"以"，据（明）陆舜臣纂修嘉靖《德庆州志》卷14《名宦传》（广东省地方史志办公室辑《广东历代方志集成·肇庆府部（三九）》，岭南美术出版社2009年影印本，第107页）补。起义失败后，有"藤州僮千余人欲往泷水报仇"，可见此次起义的组织者可能是壮族。

续表

时间	地点	民族	领导人或参加者	形式或影响	结果
至正十一年（1351）六月	高、化、南恩、新州，德庆	粤西	少数民族	广西洞寇	八九百人攻德庆	失败溃散①
至正十一年（1351）十一月	肇庆	粤西	少数民族	广西洞寇	攻陷肇庆②	
至正十一年（1351）	梅州	粤东	畲	陈满	啸聚梅塘，攻陷城邑	二十年，招讨使陈梅克梅塘寨③
至正十二年（1352）	新会	粤中	瑶		起如蜂	吴元良等平定之④
至正十二年（1352）	雷州	粤西	瑶		攻雷州府城，大恣焚掠，城几危	元帅张不儿罕孛温与平河门军校王成合兵击溃义军，王成中毒矢死⑤
至正十三年（1353）	南海	粤中	汉？	民邵宗愚、卢实善	各据乡土起兵，自称元帅⑥	

---

① （元）杨铸：《德庆路镇遏万户王侯政绩碑》，载（清）阮元修，陈昌齐、刘彬华等纂道光《广东通志》卷215《金石略》，上海古籍出版社1990年影印本，第3825页。

② 同上。

③ （清）周硕勋纂修：乾隆《潮州府志》卷38《征抚》，广东省地方史志办公室辑《广东历代方志集成·潮州府部（四）》，岭南美术出版社2009年影印本，第919页。

④ （清）杨学颜、石台修，杨秀拔纂：道光《恩平县志》卷4《疆域》，广东省地方史志办公室辑《广东历代方志集成·肇庆府部（三二）》，岭南美术出版社2009年影印本，第340页。

⑤ （明）欧阳保等纂修：万历《雷州府志》卷18《勋烈志·武烈》，广东省地方史志办公室辑《广东历代方志集成·雷州府部（一）》，岭南美术出版社2009年影印本，第269—270页。

⑥ （明）黄佐纂修：嘉靖《广东通志》卷6《事纪四》，广东省地方史志办公室辑《广东历代方志集成·省部（二）》，岭南美术出版社2006年影印本，第153页；（明）刘廷元修，王学曾纂：万历《南海县志》卷3《政事志》，广东省地方史志办公室辑《广东历代方志集成·广州府部（一〇）》，岭南美术出版社2007年影印本，第39页。

续表

时间	地点		民族	领导人或参加者	形式或影响	结果
至正十三年（1353）	德庆	粤西			湖南寇犯德庆	州人李质御之①
至正十三年（1353）	德庆	粤西	汉？	乡民何国宾、张宗达	自称头目，乘势倡乱	左辖何真、总管陈文仲设策防守②
至正十五年（1355）	遂溪、徐闻	粤西	少数民族	土贼麦伏来、张子三等	据遂溪、徐闻以叛③	
至正十五年（1355）	东莞	粤中	汉？	王成、陈仲玉	号称二长，角力挣据	何真举义兵除之④
至正十七年（1357）	阳江、新兴	粤西	汉？	县民吴元良	袭据阳江州城⑤	
至正十八年（1358）	惠、循、揭阳等地	粤中、粤东	苗、瑶	土寇金元祐、金元泰、金荣、刘文远	降而复叛	杀江西行省平章政事朵里不花及其妻妾⑥
至正十八年（1358）	潮州	粤东	畲？	王猛虎、钟大老	协助南胜县畲民李国祥攻占南诏站	漳州路总管罗良遣千户张德破之⑦

---

① （明）黄佐纂修：嘉靖《广东通志》卷6《事纪四》，广东省地方史志办公室辑《广东历代方志集成·省部（二）》，岭南美术出版社2006年影印本，第153页。

② 同上。

③ （明）欧阳保等纂修：万历《雷州府志》卷1《舆图志·事纪》，广东省地方史志办公室辑《广东历代方志集成·雷州府部（一）》，岭南美术出版社2009年影印本，第17页。

④ （明）黄佐纂修：嘉靖《广东通志》卷6《事纪四》，广东省地方史志办公室辑《广东历代方志集成·省部（二）》，岭南美术出版社2006年影印本，第153页。

⑤ （清）范士瑾纂修：康熙《阳江县志》卷3《县事纪》，广东省地方史志办公室辑《广东历代方志集成·肇庆府部（二七）》，岭南美术出版社2009年影印本，第251页。

⑥ （明）宋濂等：《元史》卷195《朵里不花传》，中华书局1976年点校本，第4422—4423页；（明）姚良弼修，杨载鸣纂：嘉靖《惠州府志》卷1《郡事纪》，广东省地方史志办公室辑《广东历代方志集成·惠州府部（一）》，岭南美术出版社2009年影印本，第291页。

⑦ （明）郎瑛：《七修类稿》卷12《国事类·罗良》，中华书局1959年版，第178页；（明）《秘阁元龟政要》卷2，《四库全书存目丛书》，齐鲁社1996年影印本，史部，第13册，第265页。

续表

时间	地点	民族	领导人或参加者	形式或影响	结果
至正二十一年（1361）	增城	粤中	汉？	王可成、曹叔安等	自称元帅，攻据增城	何真遣其弟何迪平定之①
至正二十一年（1361）	香山	粤中	汉？	李祖二、卢实善	聚众攻掠县治	宣差朵罗歹战死②
至正二十一年（1361）	新会	粤中	少数民族	黄斌	攻掠县治，居民流散③	
至正二十二年（1362）	清远	粤北			海寇劫掠	主簿白太平筑土城以防拒④
至正二十二年（1362）	清远	粤北	汉？	广西秦得用	据清远以叛，称参政⑤	
至正二十二年（1362）	连州、连山、阳山	粤北	少数民族？	湖广陈渊、蓝山人	僭称府督，据有其地⑥	
至正二十二年（1362）十月	广州	粤中	汉？	邵宗愚	陷广州	杀佥事八撒剌不花及守将何深，何真复其城⑦
至正二十二年（1362）	惠州	粤中	汉	惠州人王仲刚、叛将黄常	称元帅，贪暴肆夺，民不堪命	何真击走之⑧

---

① （明）戴璟修，张岳纂：嘉靖《广东通志初稿》卷3《政纪》，广东省地方史志办公室辑《广东历代方志集成·省部（一）》，岭南美术出版社2006年影印本，第63页。

② 同上。

③ 同上。

④ （明）黄佐纂修：嘉靖《广东通志》卷6《事纪四》，广东省地方史志办公室辑《广东历代方志集成·省部（二）》，岭南美术出版社2006年影印本，第154页。

⑤ 同上。

⑥ 同上。

⑦ （明）宋濂等：《元史》卷46《顺帝纪》，中华书局1976年点校本，第961页；（明）黄佐撰，陈宪猷疏注、点校：《广州人物传》，广东高等教育出版社1991年版，第270页。

⑧ （明）姚良弼修，杨载鸣纂：嘉靖《惠州府志》卷1《郡事纪》，广东省地方史志办公室辑《广东历代方志集成·惠州府部（一）》，岭南美术出版社2009年影印本，第291页。

续表

时间	地点		民族	领导人或参加者	形式或影响	结果
至正二十五年（1365）	海丰	粤东	少数民族	土人林子祺、陈子华	虐害其民，民多怨叛	陈子华杀林子祺，何真乘乱袭取海丰①
至正二十五年（1365）	河源	粤北	汉？	李满林	据邑贪纵肆虐	何真灭取之②
至正二十六年（1366）	阳江	粤西	疍	何均受	杀吴元良	自称元帅，仍居阳江州城③

二

根据这份表格，我们可以发现元代广东地区民变具有如下一些特点。

其一，少数民族组织发动的民变最多，说明元代广东地区的民族矛盾异常尖锐，尤其是粤西地区。从上表来看，元代广东地区的民变共有 85 起，其中少数民族组织发动的民变有 51 起，占民变总数的 60%，汉族组织发动的大概有 19 起，占总数的 22%，而由少数民族和汉族共同组织发动的有 2 起。少数民族组织发动的民变中，又以瑶族为最多，共 22 起，占总数的 26%，其他还有畲族、苗族、壮族等组织的民变。可以确定是由少数民族组织发动，而不清楚是具体哪一种民族组织的民变有 23 起，但这 23 起民变主要发生在粤西、粤北地区，从民族分布上来看，这里主要是瑶族分布区，所以其中瑶族民变

---

① （明）姚良弼修，杨载鸣纂：嘉靖《惠州府志》卷1《郡事纪》，广东省地方史志办公室辑《广东历代方志集成·惠州府部（一）》，岭南美术出版社 2009 年影印本，第 291—292 页。

② 同上书，第 292 页。

③ （清）范士瑾纂修：康熙《阳江县志》卷3《县事纪》，广东省地方史志办公室辑《广东历代方志集成·肇庆府部（二七）》，岭南美术出版社 2009 年影印本，第 251 页。

应该最多。若此,则元代广东瑶族组织发动的民变,大约有三四十起。① 从民变爆发的地区来看,粤西 32 起,占总数的 38%,粤中 18 起,占 21%,粤北 15 起,占 18%,粤东 9 起,占 11%,粤东和粤中、粤北和粤东、粤北和粤西各 2 起。可见元代广东民变遍布整个广东地区,而爆发最多的地区在粤西,② 这显然和粤西是瑶族聚居区有关,这也说明元代广东地区反抗蒙古统治最坚决的并不是汉族,而是以瑶族为主的少数民族。

少数民族组织发动的民变,从其领袖多称为"大老"(或"大獠""太獠")也能反映出来。"大",古籍中常常也写作"太","大老""大獠""太獠"当是同名异称。③《魏书》称"獠"为"南蛮之别种……种类甚多,散居山谷"④。其后分布在岭南和西南地区的少数民族也被称为"獠"。"大獠"正是对这些少数民族首领的称呼。"广东群獠率依山林而居其奠,谓之大獠,亦有部伍约束,伪署称号,有总管、总辖、提督、书司之类"⑤。上表中邓大獠、刘大獠、罗大老、萧大獠、阎大獠、曾大獠、廖大獠、严大獠、华大老、黄大老、丘大老等,均属此类。

---

① 丁海艳《元代瑶民起义次数统计表》,统计元代广东地区的瑶民起事共 21 起,但只是次数统计,未列具体各次起义。参见《元代瑶民起义史料辑成与研究》,硕士学位论文,南京大学,2011 年,第 8 页。

② 与粤西及广东其他地区相比,粤东爆发的民变次数最少,笔者以为其中原因有如下几点:一是粤东潮州路驻扎有江州万户府(详下文),自然对粤东地区形成强大的震慑力。二是粤东地区少数民族不如粤西集中,民族矛盾不如粤西尖锐。三是粤东地区经过韩愈等人的提倡,唐宋以来文风一直比较兴盛,至元代又通过重建韩山书院、元公书院、文庙、韩文公庙等措施"勉励学校,宣明教化",从而使文明开化程度较广东其他地区为高。所谓"潮为广左甲郡,文物亦诸郡甲","号称多士,实甲闽粤诸郡"是也。参见陈香白辑校《潮州三阳志辑稿》卷 12《文章、碑刻》,中山大学出版社 1989 年版,第 85、86、89、94 页。

③ 陈高华认为大僚(即大獠)是山区少数民族首领的称呼,"大僚"与"大老"似为一词异音。参见其《元史研究论稿》,中华书局 1991 年版,第 237、253 页。

④ (北齐)魏收:《魏书》卷 101《獠传》,中华书局 1974 年点校本,第 2248 页。

⑤ (元)黄溍撰,王颋点校:《黄溍全集》下册《湖广等处行中书省平章政事赠推恩效力定远功臣光禄大夫大司徒柱国追封齐国公谥武宣刘公神道碑铭》,天津古籍出版社 2008 年版,第 662 页。

元朝广东地区的民族矛盾异常尖锐，"寇盗为梗，啸山腥海"[1]，史料中对此多有记载。元人刘鹗说："广东一道为海上雄藩，南距海，北抵庾岭，东接闽，西连雷、化，地方数千里，户口数十万，猺獠半之。近年以来，民化猺獠之俗者又半之。视礼乐者为迂阔，弄刀兵如儿嬉。苟抚字无方，则啸山林，泛江海，相胥起而为盗，故广东视他道号称难治。"[2] 苏天爵说："维今南疆，猺人昌狂。思得虎臣，往斧其肮。"[3] 迺贤云："岭南失控御，猺獞恣猖獗。"[4] 黄镇成亦云："生猺持刀跣双足，出入如飞践荆棘。官军相持不敢杀，年年出峒来为贼。"[5] 从元代文人这些污蔑性语言中，我们能看出元代广东的民族矛盾的确很尖锐。面对此起彼伏的瑶族反元斗争，元朝政府的官员在镇压过程中，甚至总结出了平定瑶民的策略。如延祐间，广东道宣慰使都元帅徐中立（字宗道），就在任内总结出《平猺六策》，其后文人危素抄录并收藏于家。江西行中书省得知此事，马上命徐中立前往广西参与平定瑶族民变，可惜徐中立"未几客死"。十四年后，徐中立之子徐士原向危素索求其父著作，危素赐书并为之作序。[6]

其二，成宗、武宗两朝的民变最少。从元朝发展的时间段来看，元朝初期（忽必烈朝）33 起，中期（成宗至宁宗时期）20 起，末期（顺帝时期）32 起，分别占到民变总数的 39%、24%、38%。可见元代广东民变，从广东地区归附元朝开始就不断发生，一直持续到元朝灭亡，反元斗争和元王朝相始终，但最频繁的时期是元朝前期和后期。这说明并不是到了元代中期，反抗蒙古统治集团的人民起义，才"从长江以南东南半壁的汉族地区，转移扩散到南方和西南的广大少

---

[1] （明）谢缙等：《永乐大典》卷 10876《房·释遣俘房》，中华书局 1986 年影印本，第 5 册，第 4463 页。

[2] （元）刘鹗：《惟实集》卷 2《广东宣慰司同知德政碑》，载李修生主编《全元文》，凤凰出版社 2004 年版，第 38 册，第 545 页。

[3] （元）苏天爵著，陈高华、孟繁清点校：《滋溪文稿》卷 1《千夫长梁侯寿诗》，中华书局 1997 年版，第 11 页。

[4] （元）迺贤：《金台集》卷 2《赠张直言南归》，明末汲古阁刻本。

[5] （元）黄镇成：《秋声集》卷 1《赠何万里》，文渊阁《四库全书》本。

[6] （元）危素：《危太朴文集》卷 6《〈平猺六策〉序》，《元人文集珍本丛刊》，新文丰出版公司 1985 年影印本，第 7 册，第 434 页。

数民族地区"①，而是在元朝初期，广东等南方民族地区的民变就已经非常频繁。至元三十年，江西行院的咨文即提到："所辖地面，东接浙东温、台、衢、婺，南濒大海，西抵湖南，北至大江，自来草贼生发去处。"② 可见包括广东在内的江西行院所辖之地，是当时爆发民变比较频繁的地区。相较而言，成宗和武宗两朝爆发的民变最少，只有成宗元贞元年和大德八年、九年三起民变，而武宗朝没有（这与武宗在位只有四年也有关系）。最直接的原因，当是成宗、武宗停止了忽必烈时期大规模征讨占城、安南、爪哇诸国的军事活动③（详见下文）。成宗即位伊始，即"命罢征"，并在给安南的诏书中明确表示了停战之意："惟尔安南，亦从宽宥，已敕有司罢兵，遣陪臣陶子奇归国。"④ 武宗也延续了成宗的罢战政策，"下诏谕之，屡遣使来贡"⑤。成宗"垂拱而治"，"善于守成"⑥，武宗"当富有之大业"⑦，又频繁封爵、赏赐，也一定程度地缓解了社会矛盾和民族矛盾。

其三，宋亡后不久，广东地区的民变往往以"复宋"为口号作为反元斗争的动员工具。中国古代，新朝的民变常常以恢复胜国为组织动员人民的精神工具，尤其是反抗少数民族建立的政权。反元复宋是这样，反清复明也是这样。宋亡于广东。宋亡之际，宰相陈宜中、文天祥等人组织的抗元斗争，在东南沿海造成了很大反响，其时"觊幸

---

① 陈世松：《试论元代中期的少数民族起义》，《西南民族学院学报》1979 年第 2 期。

② 陈高华、张帆、刘晓、党宝海点校：《元典章·刑部》卷 3《诸恶·谋叛·禁断贼人作耗》，中华书局、天津古籍出版社 2011 年版，第 1406 页。

③ 日本学者向正树《元代"朝贡"与南海信息》一文所列"《元史》南海诸国朝贡纪事"表，显示元朝出兵爪哇、占城、安南等国的时间，主要集中在世祖至元十八年至三十年之间。参见中国元史研究会编《元史论丛》第 10 辑，中国广播电视出版社 2005 年版，第 400 页。

④ （明）宋濂等：《元史》卷 209《外夷传·安南》，中华书局 1976 年点校本，第 4650 页。日本学者丹羽友三郎将成宗的罢战称为"和平主义政策"。参见氏著《中国·ジャバ交涉史》，明玄书房 1953 年版。

⑤ （明）宋濂等：《元史》卷 209《外夷传·安南》，中华书局 1976 年点校本，第 4651 页。

⑥ （明）宋濂等：《元史》卷 21《成宗纪》，中华书局 1976 年点校本，第 472 页。

⑦ （明）宋濂等：《元史》卷 23《武宗纪》，中华书局 1976 年点校本，第 531 页。

之徒，相煽以动，大或数万，小或千数，在在为群"①。宋亡之后，陈宜中、文天祥的追随者往往打出"复宋"的旗号，利用宋朝刚刚灭亡，人们对蒙古"夷狄"的仇视心理煽动广东地区人们对胜国的怀念之情和对新朝的仇视心理，组织发动起义。这正如陈高华所说："复宋"的口号，"具有反抗民族压迫的意思"②。前述李梓、欧南喜、张强等人的反元斗争，均是以"复宋"为号。至元二十年，蔡大老、钟大老、唐大老发动的起义，也是为了响应欧南喜。同年新会县民林桂芳、赵良钤起事，伪称罗平国，年号延康。赵良钤是宋室之后，而林桂芳乃是南宋遗臣义士，他们组织的民变，显然也是深受亡宋影响的结果。《广东通志》就记载说："初，臬尸不获，诸起兵皆谓'祥兴'"，"闽、广兵起，多以宋为号"，因故忽必烈"闻而恶之"③。这种以"复宋"为号的民变主要集中在宋亡后的六七年间。

其四，元朝初期广东民变频频爆发，与忽必烈经营南疆，为征讨安南、占城、爪哇等南海诸国积极备战密切相关。蒙元远征日本及东南亚占城、安南、缅甸、琉求、爪哇诸国，这被日本学者称为是忽必烈"征服南宋战争的延续"④。可以说，从元朝统一广东到成宗即位这一时期，元朝经略两广地区的一个重要目的，即是为征服安南、占城、爪哇等南海诸国做好战备。忽必烈让心腹爱将刘国杰先后担任湖广行省左丞、右丞，湖广等处行枢密院副使，苦心经略湖广，正是为了实现这一战略意图。这从君臣二人的对话当中就能很好地体现出来。至元三十年秋七月，刘国杰入朝觐见忽必烈，君臣二人进行了这样一番对话：

> 上悦其来，曰："湖广地重，卿宣力多，汉人每以老避事，

---

① （元）姚燧撰，查洪德编辑点校：《姚燧集》卷19《参知政事贾公神道碑》，人民文学出版社2011年版，第297页。

② 陈高华：《元末起义农民的口号》，《元史研究论稿》，中华书局1991年版，第258页。

③ （明）黄佐纂修：嘉靖《广东通志》卷6《事纪四》，广东省地方史志办公室辑《广东历代方志集成·省部（二）》，岭南美术出版社2006年影印本，第151页。

④ [日]中岛乐章、四日市康博：《元朝新附军与海外经略》，郭万平译，载中国元史研究会编《元史论丛》第10辑，中国广播电视出版社2005年版，第385页。

国人则不然，目明身健，即谓不老。卿亦未老，将委卿大事，卿还避否？"公对曰："臣死而后已，不敢避也。"上曰："成哇既得复失，卿盍为朕一行？"对曰："成哇，指末物；交趾，掌中物也。臣愿为陛下取之。"上曰："此事犹痒在心，岂诸人爬搔所及？卿言乃深合我意。"①

忽必烈于是任刘国杰为荣禄大夫、湖广安南等处行中书省平章政事，"统蒙古、汉军、溪洞土兵十万南征交趾，仍别铸行中书省印，令佩之以行"②。但遗憾的是，就在刘国杰大军毕集，部署已定，准备出发南征之际，忽必烈驾崩了，使得征安南计划被迫流产。大德九年，刘国杰临终前，向身旁的卜怜吉鲆等官员说："交阯不庭，吾属之耻。傥不即死，誓殄兹丑虏，廓清海表，归报天子，他无足言也。"③ 可见，在刘国杰心里，未能攻取交趾，以报忽必烈知遇之恩，是他毕生之遗恨。"其怏怏赍志以逝者，独有未取交趾尔！"④

三

那是什么原因造成元代广东地区民族矛盾异常尖锐，民变频频发生呢？前揭诸研究成果多认为是政治压迫，经济剥削，民族政策失误等因素，但均是点到为止，缺乏具体深入的分析。笔者以为，除了元朝推行的民族歧视政策，以及广东地区尤其是粤西少数民族居住较为集中的原因之外，还有其他五个方面的因素。

其一，广东地区的驻兵少，为当地民变频频发生提供了有利条件。蒙古统治者为了拱卫大都地区的安全以及加强对江浙经济命脉地

---

① （元）许有壬：《至正集》卷48《刘平章神道碑》，《元人文集珍本丛刊》，新文丰出版公司1985年影印本，第7册，第233页。
② （元）黄溍撰，王颋点校：《黄溍全集》下册《湖广等处行中书省平章政事赠推恩效力定远功臣光禄大夫大司徒柱国追封齐国公谥武宣刘公神道碑铭》，天津古籍出版社2008年版，第664页。
③ 同上书，第666页。
④ （元）许有壬：《至正集》卷48《刘平章神道碑》，《元人文集珍本丛刊》，新文丰出版公司1985年影印本，第7册，第234页。

区的控制，遂将蒙古军集中于黄河流域，汉军及新附军则集结于长江下游，因此华南各地的驻兵数量就很薄弱。① 而在江南三省中，江西行省"地广兵寡"②，驻军最少，这与江西行省是典型的以北制南、重北轻南的军事体制有关。③ 至元十五年，元朝于隆兴府初置行省，"分兵诸路调遣，江西省军为最少"④。见于史料记载的广东地区的驻军，主要集中在广州路、潮州路，元末也加强了对粤西地区的镇戍。

"广为岭南巨镇，瞰海负山，前控蕃夷，后带蛮獠，兵威镇遏，诚为重事。"⑤ 同时广州又是广东道宣慰使司都元帅府和广东道肃政廉访司所在地，因此自然是元朝镇戍广东的最为重要的地区。元于广州路驻有镇守广州路万户府，万户府衙门设在宋经略司西花园的壮猷堂，有正厅一座，下设宣慰司随司千户所、各翼千户所、镇抚所、城内外巡警官等。⑥ 至于镇守广州路万户府的达鲁花赤、正副万户等具体情况，尚不清楚。季阳万户府可能是镇戍广州的又一万户府，但世祖至元末就调离广州了。至元十三年，元兵攻占临安，曾跟随成吉思汗西征的女真人高闹儿护送宋太后至京师，因功进怀远大将军、季阳万户府万户。二十五年，高闹儿征交趾战死，其子灭里干袭父职，领兵镇广州。⑦ 寻移戍惠州，平定谭大獠、朱珍之乱。元贞元年，灭里干统帅的季阳万户府移戍袁州，调离广东，但因南恩州发生民变，灭

---

① 萧启庆：《内北国而外中国——蒙元史研究》，中华书局2007年版，上册，第264页。
② （明）宋濂等：《元史》卷15《世祖纪》，中华书局1976年点校本，第311页。
③ 李治安：《元代行省制度》，中华书局2011年版，第323页。
④ （明）宋濂等：《元史》卷99《兵志·镇戍》，中华书局1976年点校本，第2540页。
⑤ 广州市地方志编纂委员会办公室编：《元大德〈南海志〉残本》卷10《兵防》，广东人民出版社1991年版，第78页。
⑥ 广州市地方志编纂委员会办公室编：《元大德〈南海志〉残本》卷10《兵防、廨宇》，广东人民出版社1991年版，第78、94、96页。
⑦ （明）宋濂等：《元史》卷151《高闹儿传》，中华书局1976年点校本，第3565页；屠寄：《蒙兀儿史记》卷98《高元长列传》，《元史二种》，上海古籍出版社2012年影印本，下册，第628页。《元史·高闹儿传》载灭里干袭父职后领兵镇广东，而《蒙兀儿史记·高元长传》"广东"作"广州"，则高闹儿父子统帅的季阳万户府，应该就驻防在广州。另，《元史》卷15《世祖纪》载，至元二十六年五月，元世祖下诏："季阳、益都、淄莱三万户军久戍广东，疫死者众，其令二年一更。"说明季阳万户府在至元二十六年之前就长期镇守在广东，则高闹儿在至元十三年担任季阳万户府万户之后，应该就一直驻守广州。

里干又率部南下，平定叛乱，之后北归，最后卒于袁州。① 另外，曾随张弘范南征广王赵昺而留戍广州的伯颜丞相等麾下合必赤军2500人，也是镇守广州的一支部队，但至至元十七年，这支部队因"岁久皆贫困，多死亡者"，于是"命更代之"②。

镇守潮州路的是江州万户府，由探马赤军将领肖乃台之孙脱落合察儿担任达鲁花赤，至元二十四年移镇潮州。③ 万户府及其统下千户、镇抚、百户，"皆在子城之西，军营列布焉"④。笔者怀疑，移镇潮州的江州万户府，有可能就是从江西行省忽都铁木儿麾下调遣入广的五千兵力。至元二十四年十月，江西行院月的迷失以广东穷边险远，江西、福建诸寇出没，不时越境作乱，"乞于江南诸省分军一万"，忽必烈下诏"发江西行省忽都铁木儿麾下军五千人，往镇守之"⑤。而脱落合察儿担任达鲁花赤的江州万户府，正是江西行省管辖的军队。至元二十年，脱落合察儿受江西行省之命，讨平武宁董琦起事，他本人也正是因这次战功而升任江州万户府达鲁花赤。移镇潮州之后，正值张文惠、罗半天起义，脱落合察儿在江西行院的指派下，"统兵破贼寨，斩贼首罗大老、李尊长等，获其伪阴印三"⑥。从时间、部队的来源以及潮州毗邻江西、福建的地理位置上来看，有理由相信移镇潮州的江州万户府，就是奉调入广的忽都铁木儿麾下的五千人。

前引《元史·世祖纪》中久戍广东的万户府，除了季阳万户府之外，还有益都和淄莱两个万户府。但刘晓认为，此处益都、淄莱之间的顿号应该删去，益都和淄莱不是两个万户府，而应当是李恒、李世安父子所统的"益都淄莱新军万户府"⑦。的确，元末至正十年时，

---

① （明）宋濂等：《元史》卷151《高闹儿传》，中华书局1976年点校本，第3565页；《蒙兀儿史记》卷98《高元长列传》，《元史二种》，上海古籍出版社2012年影印本，下册，第628页。
② （明）宋濂等：《元史》卷99《兵志·镇戍》，中华书局1976年点校本，第2541页。
③ （明）宋濂等：《元史》卷120《肖乃台传》，中华书局1976年点校本，第2967页。
④ 陈香白辑校：《潮州三阳图志辑稿》卷2《建置志·营寨》，中山大学出版社1989年版，第112页。
⑤ （明）宋濂等：《元史》卷14《世祖纪》、卷99《兵志·镇戍》，中华书局1976年点校本，第301、2543页。
⑥ （明）宋濂等：《元史》卷120《肖乃台传》，中华书局1976年点校本，第2967页。
⑦ 刘晓：《元镇守杭州"四万户"新考》，《浙江学刊》2014年第4期。

李恒家族统帅的益都淄莱新军万户府王良部,"以江西行省之命移镇德庆",这是从总部龙兴派出的分戍部队。但该万户府从至元十六年起便一直镇戍龙兴,分镇德庆也是在至正十年,则与《世祖纪》所谓"久戍广东"似又不完全吻合。囿于史料记载,"久戍广东"的益都和淄莱万户府的具体情况,尚不能找到令人满意的答案。

以上就是广东地区的主要驻兵情况。如此少的驻防兵力,使得广东地区一旦发生民变,元朝政府便不得不征调其他行省和地区的驻军协助围剿。如上表所列钟明亮起义,朝廷便调发江淮、福建、江西等省合兵讨伐;董贤举起义,江西行院副使月的迷失请益兵,朝廷遂调拨江淮行省万户一军前往会剿;元贞元年,南恩州发生民变,远在袁州的季阳万户府奉调入粤,南下平叛;经营湖广行省的刘国杰,也常常发兵广东参加围剿义军。这类例子很多。

其二,在镇压民变的过程中,当地官员往往滥杀无辜,对当地瑶民杀戮尤甚,故而激起各族人民强烈反抗。至元二十九年,治书侍御史裴居安就弹劾月的迷失"遇盗起不即加兵,盗去乃延诛平民"①。泰定二年,滥杀无辜的现象愈演愈烈,中书省不得不向朝廷建言:"往岁征猺,廉访司劾其滥杀,今凡出师,请廉访司官一员莅军纠正。"② 元代文豪苏天爵也指出当地官兵嗜杀成性的恶迹:"嗟尔师旅,以杀为嬉。"③ 视杀人如同儿戏!黄镇成的《莫瑶行》对此描写说:"千村一过如蝗落,妇满军中金满橐。"④ 天历、至顺之间,海南、广东等地发生少数民族起义,当时的主将"募勇悍无赖子弟为之前驱,谓之'答剌罕军'。'答剌罕'者,纵恣无禁也。于是尽斩刈黎人无遗种"⑤。"答剌罕"源自突厥语,意为"自在",是蒙、元授予有大功者的特权封号。答剌罕军则是元灭南宋时临时招募组建的无籍军,汉人称为乾讨虏军。因为这支军队被允许以军前所掠人口、财

---

① (明)宋濂等:《元史》卷17《世祖纪》,中华书局1976年点校本,第366页。
② (明)宋濂等:《元史》卷29《泰定帝纪》,中华书局1976年点校本,第658页。
③ (元)苏天爵著,陈高华、孟繁清点校:《滋溪文稿》卷1《千夫长梁侯寿诗》,中华书局1997年版,第11页。
④ (元)黄镇成:《秋声集》卷1《莫猺行》,文渊阁《四库全书》本。
⑤ (元)危素:《危太朴文集》卷8《送敖巡检序》,《元人文集珍本丛刊》,新文丰出版公司1985年影印本,第7册,第455页。

物归其自有，故名答剌罕军。正因如此，答剌罕军常常扰民生事，其危害早在元灭南宋时就暴露无遗。时任淮东都元帅博啰罕就曾向忽必烈建言："今者日所出入，胜兵何啻百万，何假此曹无赖侥幸之徒，以壮军威？臣恐一践南土，肆为贪虐，斩伐平民，妾其妇女，橐其货财，民畏且仇，反将滋众，非便。"① 忽必烈亦曾多次明令严加约束。南宋亡后，很多答剌罕军人被编为正式军，有些被解散了。但直到元后期的天历、至顺之间，广东地区的元军将领仍然组建答剌罕军参与镇压民变，其后果自然可以想见。危素对此指出："制莫徭、獞人之为寇者，初亦颇立御寇功，久则习知官府事体，乃潜与寇通。寇出则有司必使之逐寇，寇既不可得，乃盗夺财货牛豕，斩馘良民以要赏，其民罹荼毒者廿年。去天万里，无所控诉……言者熟知其为南粤害，请罢其所给。"② 其危害比元灭南宋时的答剌罕军更甚。元军对瑶族等各族百姓的残酷屠杀，怎能不激起他们的反抗呢？

其三，元代广东地区官员贪残暴虐，"吏失其猷"，往往"仇贼其民而鱼肉之"，对各族人民少有抚字，从而激化了矛盾。世祖至元末期，南雄、循州等地各族人民起义，元朝政府在分析原因时即指出："贼人积年作耗，非唯管民官、镇守官不严收捕怠慢，实缘牧民之官有失觉察，少加抚治，乡民递相窝藏，善恶难分，以致不能尽绝。"③ 元贞元年，江南行御史台各道上报朝廷说，"洞贼扇聚……寇盗纵横，相继蜂起，无所忌惮"，御史台分析其原因："盖是归附之后，军官镇守不严，民官抚治不到，积弊日久，以致如此。"于是制定出惩处相关官员的条例："军官量决三十七下，民官量决二十七下，遍行合属，以警其余。"④ 延祐七年，仁宗的诏书中指出，两广等处发生民变，"虽蛮荒之俗固然，亦由官府失于威信，不能抚怀，以致

---

① （元）姚燧撰，查洪德编辑点校：《姚燧集》卷14《平章政事忙兀公神道碑》，人民文学出版社2011年版，第199页。
② （元）危素：《危太朴文集》卷8《送敖巡检序》，《元人文集珍本丛刊》，新文丰出版公司1985年影印本，第7册，第455页。
③ 陈高华、张帆、刘晓、党宝海点校：《元典章·刑部》卷3《诸恶·谋叛·禁断贼人作耗》，中华书局、天津古籍出版社2011年版，第1407页。
④ 陈高华、张帆、刘晓、党宝海点校：《元典章·刑部》卷3《诸恶·谋叛·草贼生发罪例》，中华书局、天津古籍出版社2011年版，第1407—1408页。

如此"①。至正五年，文人朱德润在送友人的序文中也指出："湖广地接猺蜑，难制易扰……往年小丑掠海，民之饥者偷生而从之。盖以征输之过，民失其食，仓廪羡余，州县剥之而不留恤，大府受之而不加诘，凡此数端，皆关于抚字之职。"② 可见元朝政府对广东官员普遍不能抚字其民的现象是很清楚的。至顺二年，桂阳州发生民变，江西平章政事岳柱派遣千户王英前往招抚，"英直抵贼巢，谕以祸福，贼曰：'致我为非者，两巡检司耳，我等何敢有异心哉！'"③ 这说明导致民变爆发的，正是元朝设在当地少数民族聚居区内具有"镇遏猺贼"作用的巡检司。④ 顺帝初任广东道宣慰使都元帅的僧家讷，亦指出当地官员失于抚字的现象："蛮僚亦人耳，激之而忿生，无所畏而妄发，岂必尽其罪也？"⑤

那么我们不禁要问，为何广东的官员就那么仇视其辖区的各族人民，不能尽职尽责抚字其民呢？元人朱思本对当地官员选任情况的分析，正可解答我们的疑惑。他说：

五岭之南，列郡数十，县百有一十，统于广、桂、雷三大府。自守令至簿尉，庙堂岁遣郎官、御史，与行省考其岁月，第其高下而迁之，谓之调广海选。仕于是者，政甚善不得迁中州、江淮。而中州、江淮，夫士一或贪纵不法，则左迁而归之是选焉，终身不得与朝士齿，虽良心善性油然复生，悔艾自新，不可得已。夫如是则孜孜为利，旦旦而求，仇贼其民而鱼肉之。其志则曰："吾知丰吾财，利吾子孙而已，抚字非吾事也。吾身之不能恤，庸讵知夫吾子若孙不资是而获仕于中州乎！"部使者每至，必相语曰："某郡瘴疠甚，业邑猺獠杀人，某使者行部几不免

---

① 陈高华、张帆、刘晓、党宝海点校：《元典章·圣政》卷2《霈恩宥》，中华书局、天津古籍出版社2011年版，第125页。

② （元）朱德润：《存复斋文集》卷5《送顾定之如京师序》，《四部丛刊》续编本。

③ （明）宋濂等：《元史》卷130《岳柱传》，中华书局1976年点校本，第3178—3179页。

④ （明）宋濂等：《元史》卷38《顺帝纪》，中华书局1976年点校本，第825页。

⑤ （元）虞集撰，王颋点校：《虞集全集》上册《广东道宣慰使都元帅僧家讷生祠记》，天津古籍出版社2007年版，第677页。

焉。"则巧计而趋避之。民之冤痛号呼者,终于无所愬而止。故地益远而吏益暴,法益骤而民益偷。甚则病视其上,构结徼外蛮夷,凭陵郡邑,贼杀长吏之祸成矣。是法也,行之且五十年,大府知之而莫之言也,言之而莫能变也。今之论者必曰:"世皇混一区宇,法制具兴,远迩无废,小大不遗,后之人循守犹恐弗及,敢轻议乎?"呜呼!世皇之制,岂端使然哉?法无不弊,弊则必更,明王治天下之要道也。夫以海隅之于天下,犹爪发之于人身也。虽微且末,或拔焉,或折焉,则举体为之不安。遐陬僻壤,一夫不获其所,撞搪叫呼,扇动远近,中州、江淮之氓,庸独安乎?昔者李唐之制重内轻外,班生入朝,以为登仙;赵宋之法远近适均,偏方一隅,无足多论。然则今日之事将奚师?曰:"圣人一视而同仁,笃近而举远。"①

朱思本讲的"调广海选",指的是广海地区官员的选拔和赴任情况。从中我们可以看出,调广海选有一个很大的弊端,就是官员政绩再好,也不能调往他们心仪的中州、江淮地区任职。而中州、江淮地区的官员,如果贪纵不法,则往往被贬到广海地区,从此"不得与朝士齿"。可见该地区的官员在元朝官员队伍中的地位很低,甚至受到歧视,并且官员一旦到此上任,想要离开此地便十分困难。究其原因,岭南地区"特多瘴疠,又猺獠出没,为生人患,曩时士大夫率惮往官焉"②。"五岭之表,百粤之墟,吏失其献,群蛮诸猺负险阻、聚蜂蚁以思逞。远民将吏,皆免置是求。"③鉴于广海地处偏远,"迁调者惮弗肯往",仁宗时期,御史台于是请求朝廷"加一等官之"④。但即便如此,也未能改变官员不愿前往广东赴任的现象,以致顺帝至元年间,广海之间的官员阙员竟达八百余名。⑤甚至一旦有内地官员前

---

① (元)朱思本:《贞一稿》卷1《广海选论》,清嘉庆《宛委别藏》本。
② (元)杨翮:《佩玉斋类稿》卷4《送王庭训赴惠州照磨序》,文渊阁《四库全书》本。
③ (元)王沂:《伊滨集》卷14《送赵千户序》,文渊阁《四库全书》本。
④ (明)宋濂等:《元史》卷24《仁宗纪》,中华书局1976年点校本,第557页。
⑤ (元)郑元祐撰,徐永明校点:《郑元祐集》卷12《江西行中书省左右司郎中高昌普达实立公墓志铭》,浙江大学出版社2010年版,第303页。

往赴任，同僚们便纷纷表示难以理解。如至正元年春，南台察掾王庭训前往惠州任职。临行前，他的友善故旧对他说："于以中原之名隽，膺列宪之察举，升掾御史府，既已终更，若子之材，优游京师而取华耀，真可立致，何必就铨外调，甘处荒遐之陬乎？"① 官员们不愿意到广东做官，这是元朝官场的普遍现象。在这种背景下，赴任的官员大都难以尽职尽责。在他们看来，抚字百姓不是他们应尽的义务，捞取钱财，利其子孙，为子孙日后能获仕中州、江淮，离开此瘴疠之地，才是他们做官的根本目的。因此当地官员"孜孜为利，旦旦而求，仇贼其民而鱼肉之"，"巧计而趋避之"，甚至勾结盗贼，杀害长吏，便不难理解了。这种现象，从忽必烈时期开始，一直到元代后期依然存在，可见终元一代也未能解决。

外地到广东任职的官员如此，广东本土的官员残害百姓者亦有过之而无不及。如曾任两江道宣慰副使的梁祐，即是南海逢村（今属广州）人，冒以军功，官至四品。此人"联姻贵官，交结当道，有司多出其门下，百姓畏之如虎狼。多造战船，私积军器，分布爪牙，招集凶恶，令为盗于海洋，掠田禾于乡井，而坐分其利。他人之田产占为己业，他人之妻女占为己用，广东七路八州之民被其毒害，无可申诉，根盘蔓结，垂五十年"②。再如增城的邓簿尉，本是"循海之獠寇"，"朝廷招以是官，到任二三年，稔恶如旧，与其党羽七十人布在左右，散之上下，以为腹心爪牙。每出入，辄操兵自防，慢侮同寅，残伤百姓，恣其贪暴，猛如豺虎。咸侧目重足，莫敢谁何"。其上司"恐激他变，亦复为之羁縻，以待其自毙"，对他竟无可奈何。③ 梁祐和邓簿尉结党营私，横行乡里，哪里是广东地方的父母官，俨然就是当地的豺狼恶霸。

其四，沉重的盐课及私盐的盛行，亦激化了社会矛盾，激发民

---

① （元）杨翮：《佩玉斋类稿》卷4《送王庭训赴惠州照磨序》，文渊阁《四库全书》本。
② （元）刘鹗：《惟实集》卷2《广东金宪去恶碑》，载李修生主编《全元文》，凤凰出版社2004年版，第38册，第544页。
③ （元）刘鹗：《惟实集》卷2《广东金宪张公生祠颂》，载李修生主编《全元文》，凤凰出版社2004年版，第38册，第539页。引文中的"羽"，《全元文》作"与"，文意不通，兹据文渊阁《四库全书》本《惟实集》卷3《广东金宪张公生祠记》改。

变。元代广东"种田纳地税,买卖纳商税,鱼盐舶货之征,随土所有"①。在盐课、酒课、茶课、醋课等诸色课税中,盐课的负担最为沉重,是激化广东地区社会矛盾、民族矛盾,导致民变屡屡发生的另一个重要原因。元朝对盐实行国家垄断的专卖制度。江西境内的盐课,主要是广东之盐。至元十三年,元朝在广东设立提举司煎办盐课,开始对广东地区的盐实行榷卖制。至元三十年,广东各路设立的盐场共 14 个,其中广州路管有靖康、香山、东莞、归德、黄田、海晏、矬峒 7 场,潮州路管有隆井、招收、小江 3 场,惠州路管有淡水、石桥 2 场,南恩州管有双恩、咸水 2 场。各场每年应办的盐课包括客旅盐、散办盐、官吏食盐、民食盐、灶户食盐等,② 种类繁多。顺帝至元二年,任南台监察御史的韩承务,在向朝廷的建言中即道出了广东盐课的苛重以及由此引发的社会危机。

广东道所管盐课提举司,自至元十六年为始,止办盐额六百二十一引,自后累增至三万五千五百引,延祐间又增余盐,通正额计五万五百五十二引。灶户窘于工程,官民迫于催督,呻吟愁苦,已逾十年。泰定间,蒙宪台及奉使宣抚,交章敷陈,减免余盐一万五千引。元统元年,都省以支持不敷,权将已减余盐,依旧煎办,今已三载,未蒙住罢。窃意议者,必谓广东控制海道,连接诸蕃,船商辏集,民物富庶,易以办纳,是盖未能深知彼中事宜。本道所辖七路八州,平土绝少,加以岚瘴毒疠,其民刀耕火种,巢颠穴岸,崎岖辛苦,贫穷之家,经岁淡食,额外办盐,卖将谁售。所谓富庶者,不过城郭商贾与舶船交易者数家而已。灶户盐丁,十逃三四,官吏畏罪,止将见存人户,勒令带煎。又有大可虑者,本道密迩蛮獠,民俗顽恶,诚恐有司责办太严,敛

---

① 广州市地方志编纂委员会办公室编:《元大德〈南海志〉残本》卷 6《赋税》,广东人民出版社 1991 年版,第 10 页。
② 广州市地方志编纂委员会办公室编:《元大德〈南海志〉残本》卷 6《赋税·盐课》,广东人民出版社 1991 年版,第 18 页。

怨生事，所系非轻。如蒙捐此微利，以示大信，疲民幸甚。①

据此可知，至元十六年，广东盐课提举司应办的盐额是 621 引，其后增至 35500 引。到仁宗延祐年间，巨增至 50552 引。这个数字是至元十六年应办盐额的 81 倍。在蒙古统治者看来，广东"控制海道，连接诸蕃，船商辏集，民物富庶"，完成五万多盐引应该是比较容易的事情，但殊不知广东富庶者不过"城郭商贾与舶船交易者数家而已"，其余多为"贫穷之家，经岁淡食"，生存已然难保，何堪官府屡屡催督难以承担的盐课？泰定时期，御史台和奉使宣抚已经意识到沉重的盐课所造成的危害，请求朝廷减免了 15000 引。但是好景不长，不到十年，中书省便因中央财政不支，将已经减免的盐引又"依旧煎办"，导致"灶户盐丁，十逃三四"。而官府规定的盐额又必须如期上缴，因此没有逃走的民户被迫带煎，这无疑是雪上加霜，使他们的生活境况更加窘迫。

至正时期，广东岁办盐课略有减少，但百姓的负担并未减轻："广盐岁办四万五千五百余引，为钞十四万六百余定，额重计口食，责价于民，民以重不堪，未有道以除之。增城、梅州等继以残破，缺课尤甚。"② 45500 余引，是至元十六年应办盐额的 73 倍，尽管比仁宗时期略有降低，但老百姓仍是不堪重负，而增城、梅州缺课更为严重。时任广东道宣慰使都元帅僧家讷，为了弥补盐课缺额，缓和社会矛盾，阻止私盐盛行，竟在广州城内"设卖盐十局"，强令所部诸司官员，"无贵贱皆买盐"。这种做法尽管使"缺额稍补"，但不能从根本上解决问题，反而会引起官员们的不满。③ 元人郑元祐对两广地区盐课的危害也有描述："食盐害民，所至皆是，而岭海之间其害尤

---

① （明）宋濂等：《元史》卷 97《食货志·盐法·广东之盐》，中华书局 1976 年点校本，第 2501—2502 页。
② （元）虞集撰，王颋点校：《虞集全集》上册《广东道宣慰使都元帅僧家讷生祠记》，天津古籍出版社 2007 年版，第 678 页。原书以"余""定"之间断开，似不妥。"定"当指"钞"而言，"额重"指盐课而言，故"定"当连上句为是。
③ （元）虞集撰，王颋点校：《虞集全集》上册《广东道宣慰使都元帅僧家讷生祠记》，天津古籍出版社 2007 年版，第 678 页。

甚……民至破家荡产犹不充。"① 不仅如此，广东的地方官员还额外强行摊派盐引，如至治元年，高州路"信宜县主簿赛哥，于本管地面猺人处聘散盐钞，勒要麻腊等物，激变猺人，杀死军民"②。"苛重的盐课大大加深了元政府与广大人民之间的矛盾"，盐户或逃亡，或被迫举行武装斗争。③

除了沉重的盐课激发民变之外，元朝政府垄断食盐专卖的做法导致私盐盛行，进而激发私盐贩（盐徒）与官府进行对抗。④"奸民以私贩梗盐法，往往挟兵刃以自卫，因而构乱。"⑤ 上文陈良臣、欧南喜等人组织的民变，即属于这种情况。广东道都转运使合剌普华在镇压民变后，即上书元王朝，"请革盐法之不便者"⑥。元人张之翰对此亦有论述："今盗贼繁多，在淮及北且未论，观南方归附以来，负贩之商，游手之辈，朝无担石之储，喜获千金之利。始则茶商，终因茶而为盗；始则盐商，终则因盐而为盗……皆因逐十一之利，终不免为盗贼之归。是天下之盗，常起于利孔之一诱。"⑦ 在利益驱动下，"私盐渐多法渐密，噢里干戈攘白日"⑧，盐徒聚众反抗，甚至进行武装对抗，便不足为怪了，其中元后期东莞地方武装头目文秀章贩卖私盐最具代表性。广州路东莞设有归德盐场，共有四堡，本来是官府经营，但后来沦为盐徒文秀章的家族财产。

> （归德场四堡）有众二千余人，亡命渊薮，怙盐法以抗郡县，

---

① （元）郑元祐撰，徐永明校点：《郑元祐集》卷12《江西行中书省左右司郎中高昌普达实立公墓志铭》，浙江大学出版社2010年版，第303—304页。

② ［韩］韩国学中央研究院编：《至正条格》卷13《断例·擅兴·激变猺人》，2007年影印本，第189页。

③ 陈高华：《元代盐政及其社会影响》，《陈高华文集》，上海辞书出版社2005年版，第18—19页。

④ 张国旺：《元代榷盐与社会》，天津古籍出版社2009年版，第186—192页。

⑤ （元）黄溍撰，王颋点校：《黄溍全集》下册《广东道都转运盐使赠推诚守忠全节功臣资德大夫河南江北等处行中书省右丞上护军追封高昌郡公谥忠愍合剌普华公神道碑铭》，天津古籍出版社2008年版，第655页。

⑥ 同上。

⑦ （元）张之翰：《西岩集》卷13《议盗》，文津阁《四库全书》本。

⑧ （元）王逢撰，李军点校：《梧溪集》卷2《忧伤四首上樊时中参政苏伯修运使》，北京师范大学出版社2016年版，第127页。

良善受害而不敢言，在藩府之近，事有不测，官府隐忍而不敢动者，积有年矣。其最强暴者文秀章，自其祖父时已跋扈无所畏惮，至秀章尤甚。畜毒矢，治精利，寻常出入，陈兵伐鼓，白昼杀人，莫敢呵问，余三堡亦互为掎角者也……至顺以来率众操仗，结连海寇，时出剿掠。其大者，一夕覆王彦祥等三百余家而尽夺其产。至正四年，虐杀其叔父家，割发剔爪以死，杀其乡人，各截手足而焚之，凶恶已甚，祸起旦夕。①

可见文秀章家族自其祖父时便经营私盐，至文秀章，已发展成为一支拥有两千多人的私人武装团伙。该团伙强行霸占他人财产，公然对抗官府，杀人手段残忍，令人发指，连当地官府也无可奈何。其后僧家讷在广州同知答失帖木儿、盐司官刘元童、千户曾天佑、经历贡师谦等人的支持下，分化瓦解四堡民众，最终捣毁文秀章团伙。

其五，拘刷水手，建造海船，征伐东南亚诸国，致使广东兵无宁岁，从而激发民变。正如《元史》所载："江南盗贼，相挺而起，凡二百余所，皆由拘刷水手与造海船，民不聊生，激而成变。"② 忽必烈时期，元朝两次东征日本，三次南征安南，又远征占城、爪哇，这给广东各族人民带来了沉重的灾难。至元二十年，御史中丞崔彧在给忽必烈的建言中，即指出东征日本给包括广东在内的江南四省造成的危害："日本之役，宜姑止之。江南四省应办军需，宜量民力，勿强以土产所无。凡给物价及民者必以实。召募水手，当从所欲。伺民之气稍苏，我之力粗备，三二年复东征未晚。"③

广东地处南海之滨，毗邻东南亚诸国，是元朝南征的桥头堡和军事后勤保障基地。至元十九年十一月，元军在唆都的率领下进攻占城，就是由广州起航，至占城港发动进攻。南征战争，自然需要拘刷水手，征调士卒，建造船只，筹措军饷，转运粮食，百姓自然要承担

---

① （元）虞集撰，王颋点校：《虞集全集》上册《广东道宣慰使都元帅僧家讷生祠记》，天津古籍出版社2007年版，第678—679页。
② （明）宋濂等：《元史》卷173《崔彧传》，中华书局1976年点校本，第4041页。
③ （明）宋濂等：《元史》卷12《世祖纪》，中华书局1976年点校本，第254页。

各种名目的赋役,以故广东"民不聊生","兵无宁岁"①。元人刘诜的《征夫叹》,即道出了瑶民被强征入伍的悲惨境况:"六月征广猺,涂埃千丈高。渡水波沸骨,登山汗流刀。豺虎攫疲马,棘荆破长橐……人生莫作军,性命如蓬蒿。"②至元二十三年,吏部尚书刘宣在上忽必烈的《谏征日本疏》中,也指出元朝南征战争穷兵黩武,劳民伤财,从而激起各族人民的普遍反抗:"唆都建伐占城,海牙言平交趾,三数年间,湖广、江西供给船只、军须粮运,官民大扰,广东群盗并起,军兵远涉江海瘴毒之地,死伤过半,即目连兵未解。"③

四

面对广东地区此起彼伏的民变,元朝统治者采取了一系列应对措施,以保证该地区的稳定,维护元王朝的统治。历朝历代统治者对待人民起义的共同做法是,一方面坚决镇压,另一方面安抚招降,一手硬,一手软,元朝亦不例外。为了镇压广东地区频频发生的民变,如上文表格所列,蒙古统治者除了调遣两广地区的驻兵外,还征调福建、江淮、浙江等地的驻兵进行围捕。在镇压的同时,元朝政府也往往采取一些安抚措施,以分化民变队伍,瓦解民变力量。如钟明亮领导的起义爆发后,王恽在他的奏疏《论草寇钟明亮事状》中即认为不能一味剿杀,还应"特差重臣,宣示恩诏,招谕抚慰,以安中外。两者之行,庶几有一得"④。至元二十年,江西行省也要求军民正官,在民变爆发之后,应"一同亲诣贼巢招谕。如不归降,并力征讨"⑤。此外,蒙古统治者也往往招降各少数民族首领,将其任命为大大小小

---

① (明)黄佐纂修:嘉靖《广东通志》卷6《事纪四》,广东省地方史志办公室辑《广东历代方志集成·省部(二)》,岭南美术出版社2006年影印本,第150页。
② (元)刘诜:《桂隐诗集》卷1《征夫叹》,《元人文集珍本丛刊》,新文丰出版公司1985年影印本,第5册,第78页。
③ (明)宋濂等:《元史》卷168《刘宣传》,中华书局1976年点校本,第3952页。
④ (元)王恽:《秋涧先生大全文集》卷92《论草寇钟明亮事状》,《元人文集珍本丛刊》,新文丰出版公司1985年影印本,第2册,第479页。
⑤ 陈高华、张帆、刘晓、党宝海点校:《元典章·刑部》卷3《诸恶·谋叛·典刑作耗草贼》,中华书局、天津古籍出版社2011年版,第1405页。

的"蛮夷官",管理本族事物。在民变平定之后,也会适时调整策略,减免赋税,开展屯田,安抚民众,恢复生产。

除了上述历朝历代统治者共用的应对民变的措施之外,元朝政府在处理广东地区民变过程中,有如下几条措施值得我们注意。

其一,在采取"以蛮攻蛮"的措施应对民变的同时,元王朝也采用以汉制汉的策略瓦解民变队伍。"以蛮攻蛮"就是招抚当地少数民族土官,"怀之以恩,而震之以威,大获其用"[1]。如至治二年,广西宣慰使燕牵就针对瑶族有生瑶、熟瑶、撞瑶之分,提出应对两广地区生瑶的办法是:"为今之计,莫若置熟猺与撞猺并为撞户,分地遏贼为便。"[2]即利用熟瑶和撞瑶来遏制造反的生瑶。延祐三年,德庆路瑶民爆发起义之后,元朝既"令山主五世禄、山主李伯达招降圆麻山猺人盘郎梗、盘古缀、王穷肠等出官"[3]。山主,即指当地瑶民的头领,他们在瑶民中享有很高的威望。元朝利用山主出面招降,授予圆麻山瑶民领袖盘郎梗、盘古缀、王穷肠等官职,很快平定了这起民变。忽必烈的爱将刘国杰,往往采用"以夷攻夷"的策略应对民变,屡见成效,对此屠寄分析说:"五溪夜郎,自昔各有君长,种类虽似,利害不同,彼此相忌,仇衅山积,一旦有机可乘,藉公战以报私怨,刘国杰利用之,以成己功,是可谓善师唐蒙之故智者矣。"[4]面对汉人组织发动的民变,朝廷则向汉人咨询剿灭民变的方法,如后至元三年,广东朱光卿等发动民变后,顺帝下诏征求对策:"汝宁棒胡,广东朱光卿、聂秀卿等,皆系汉人。汉人有官于省、台、院及翰林、集贤者,可讲求诛捕之法以闻。"[5]

---

[1] (元)黄溍撰,王颋点校:《黄溍全集》下册《湖广等处行中书省平章政事赠推恩效力定远功臣光禄大夫大司徒柱国追封齐国公谥武宣刘公神道碑铭》,天津古籍出版社2008年版,第665页。

[2] (元)苏天爵:《元文类》卷41《政典总序·招捕·广西两江》,《四部丛刊》初编本。

[3] (元)苏天爵:《元文类》卷41《政典总序·招捕·广东》,《四部丛刊》初编本。

[4] 屠寄:《蒙兀儿史记》卷99《刘国杰李庭列传》,《元史二种》,上海古籍出版社2012年影印本,下册,第635页。

[5] (明)宋濂等:《元史》卷39《顺帝纪》,中华书局1976年点校本,第840页。

并且明确了奖惩制度。以汉制汉的策略,在元朝的蒙古统治者看来,和"以蛮攻蛮"并无二致。

其二,把俘获的少数民族民变首领,"起遣赴北,羁縻安置",使群龙无首,以防后患。元代广东地区的民变,往往是叛服无常,屡降屡叛,"急则降,降而有衅,复反矣"①,以故元朝政府疲于应对,深受其苦。如前文表格所列,钟明亮领导的畲族人民起义,活跃于闽、赣、粤边境,即叛服不常。元人王恽对此记载道:"江岭阻隔,动辄数百里,贼去此而盗彼,即欲加兵,则曰:'我已降于彼'。比缘知会,已杀掠而去,如向者钟贼是也。"②可见,叛服无常,是元代广东地区各少数民族抗元斗争的一种常用策略。至元后期,瑶民曾大獠、廖大獠等聚众万余人,已降复叛。新州、阳春、泷水一带的瑶民,亦是"叛服不一"。苗族金元祐兄弟发动民变,也是先降又叛。广东"海康与安南、占城诸夷接境,海岛生黎叛服不常"③。至元二十九年,广东宣慰司俘获南雄保昌大老谢发、刘通等人,结果其手下头目孙大老等招降之后,又起兵反叛,并联合循州、梅州等处义军,再次起事。于是广东宣慰司上书中书省,要求将谢发、刘通等人起遣赴北,并且"已后官司招降到投降贼首,皆依此例"④。可见这种将俘获民变首领调离本地,异地安置的做法并不是个例。这种应对之策,显然是为了让各少数民族失去组织和领导核心,从而避免民变再次发生。

其三,鉴于广东驻兵少,兵力不敷,而民变又频频发生,所以元朝政府只好采取头痛医头、脚痛医脚的权宜之计,即针对民变频发之地,尤其是瑶族聚居区,重点加强驻防和布控。元朝统一南宋之后,"海南、海北,虽非屯田之所,而以为蛮夷腹心之地,则又因制兵屯旅以控扼之"⑤。至元二十一年,由于潮州民变频发,元政府于是在

---

① (明)宋濂等:《元史》卷162《刘国杰传》,中华书局1976年点校本,第3809页。
② (元)王恽:《秋涧先生大全文集》卷35《上世祖皇帝论政事书》,《元人文集珍本丛刊》,新文丰出版公司1985年影印本,第1册,第489页。
③ (明)宋濂等:《元史》卷134《也先不花传》,中华书局1976年点校本,第3268页。
④ 陈高华、张帆、刘晓、党宝海点校:《元典章·刑部》卷3《诸恶·谋叛·贼人复叛起遣赴北》,中华书局、天津古籍出版社2011年版,第1406页。
⑤ (明)宋濂等:《元史》卷100《兵志·屯田》,中华书局1976年点校本,第2558页。

潮州置戍兵。① 粤西瑶民聚居区更是元朝屯防的重点地区："湖广控滇、蜀，山海阻深，猺獠之所蟠穴，边报沓至，独以兵称，戍将视他省为多。"② 刘国杰在经略湖广、镇压民变的过程中，更加强了对粤西等民族地区的驻防："经画茶陵、衡、郴、道、桂阳，凡广东、江西盗所出入之地，南北三千里，置戍三十有八，分屯将士以守之，由是东尽交广，西亘黔中，地周湖广，四境皆有屯戍，制度周密。"③ 清人对此评价说："屯田之益如此，诚千古良法也。"④ 韶州是粤北重镇，也是少数民族聚居区。至元三十年，"敕以韶、赣相去地远，分赣州行院官一员镇韶州"，以监管韶州形势。⑤ 英德州"素为寇盗渊薮"，大德四年，达鲁花赤脱欢察儿连年"招降群盗至三千余户"⑥。蒙古统治者遂"以英德控制山獠要冲"⑦，升州为路，并命脱欢察儿为达鲁花赤兼万户以镇之，加强监管与震慑。对广东民族地区加强防范，元朝统治者是不得已而为之。

因为广东地处极边瘴疠之地，所以屯戍之兵往往出现逃匿现象，为了保证十分有限的驻防兵力，元朝统治采取严刑酷法惩处逃匿军人。至元二十四年，江西行枢密院向枢密院征求处罚广东驻军的逃匿措施："广东最系极边烟瘴重地。各处镇守军官申到在逃军人，盘捉到官，将首从人依例断罪，发下合属应役。其间有复行在逃人数，盖因法轻，以致如此。今后若有在逃军人，合无将为首人对众明正典刑，为从者杖一百七下？咨请定夺。"⑧ 同年十二月，月

---

① （明）宋濂等：《元史》卷13《世祖纪》，中华书局1976年点校本，第265页。
② （元）许有壬：《至正集》卷52《故通奉大夫湖广等处行中书省参知政事郑公神道碑铭》，《元人文集珍本丛刊》，新文丰出版公司1985年影印本，第7册，第247页。引文原文中"之"后衍一"之"字，据文渊阁《四库全书》本删。
③ （明）宋濂等：《元史》卷162《刘国杰传》，中华书局1976年点校本，第3807页。
④ （清）段汝霖：《楚南苗志》卷3《苗人总叙下》，《四库全书存目丛书》，齐鲁书社1996年影印本，史部，第256册，第609页。
⑤ （明）宋濂等：《元史》卷17《世祖纪》，中华书局1976年点校本，第371页。
⑥ （清）阮元修、陈昌齐、刘彬华等纂：道光《广东通志》卷7《郡县沿革表五·元》，上海古籍出版社1990年影印本，第166页。
⑦ （明）谢缙等：《永乐大典》卷11905《广·广州府》，世界书局1977年影印本，第64册，第19页。
⑧ 陈高华、张帆、刘晓、党宝海点校：《元典章·兵部》卷1《军役·逃亡·处断逃军等例》，中华书局、天津古籍出版社2011年版，第1195页。

的迷失也向枢密院提出了同样的问题："镇守城子的军人每逃走有。在先那般逃走底根底，一百七下打了呵，放了有来。……如今那般逃走的每根底，为首的每根底敲了，为从的每根底一百七下家打呵，怎生？"①枢密院同意以严厉措施处罚戍兵逃匿现象，以确保驻军的稳定。同时，蒙古统治者也加大广东驻兵的更替轮戍，以稳定军心，保证军队的战斗力。早在至元二十年二月，元朝政府即制定了两广戍军的更替年限，"二三年一更，廪其家属，军官给俸以赡之"②。二十六年五月，元世祖又下诏："季阳、益都、淄莱三万户军久戍广东，疫死者众，其令二年一更。"元贞二年九月，成宗"诏以两广海外四州城池戍兵，岁一更代，往来劳苦。给俸钱，选良医，往治其疾病者。命三二年一更代之"③。大德二年九月，又下诏命广海等地的戍军"依旧制以二年或三年更代"④。可见元朝在两广地区的戍军，基本上是贯彻了二三年一更替的制度。元朝政府三令五申广东戍军的更替制度，正是当时广东戍军超期驻屯的现象比较普遍的反映。

  总体来说，元代广东地区的民变次数多，规模亦不小，民变贯穿整个元朝，对蒙古统治者在广东及南疆的统治和稳定造成了严重威胁。除了具有全国民变的共性以外，广东民变还有比较显著的地域和民族特点。元代广东民变，是元朝在广东地区推行的民族政策以及政治、军事统治方式所导致的必然结果。严重的民族歧视，驻兵少，残暴的杀戮，官员的暴虐贪残，财富的掠夺，使得广东地区的民变一波未平一波又起。面对此起彼伏的民变，蒙古统治者采取了以镇压为主的一系列应对措施，但这些措施更多地只是按下葫芦浮起瓢，并未能从根本上遏制民变的频繁爆发。可见，元王朝这些对策收到的成效十分有限。有元一代，广东地区的民变始终未能真正平息。尽管以镇压为主的应对民变的举措，体现了元朝统治者

---

① 陈高华、张帆、刘晓、党宝海点校：《元典章·兵部》卷1《军役·逃亡·处断逃军等例》，中华书局、天津古籍出版社2011年版，第1195—1196页。
② （明）宋濂等：《元史》卷12《世祖纪》，中华书局1976年点校本，第251页。
③ （明）宋濂等：《元史》卷99《兵志·镇守》，中华书局1976年点校本，第2545页。
④ （明）宋濂等：《元史》卷19《成宗纪》，中华书局1976年点校本，第420页。

"实行民族压迫的残暴本质,但对维护多民族国家的统一局面,客观上不无益处"[1]。

(原载《历史文献与传统文化》第 20 辑,暨南大学出版社 2015 年版)

---

[1] 李治安:《元代行省制度》,中华书局 2011 年版,第 260 页。

关于大德《南海志》的几个问题

大德《南海志》是元成宗大德年间编纂的一部关于广州等地的方志,也是现存广州地区最早的方志,纂修者是由宋入元的陈大震和时任广州路学教授的吕桂孙,以陈大震为主。尽管现存大德《南海志》只是残本,但具有重要的学术价值。本文拟对残本大德《南海志》的编纂及作者情况做一介绍,并就残本所载史料,对宋末元初广州路的教育状况做初步探讨,同时对卷七所载一条史料进行考辨。

一

大德《南海志》纂修的缘起,与陆义斋有关。陈大震《〈南海志〉序》载:"廉访使江阴义斋陆公,以儒被选,远有光华,原隰咨诹,索图经于故府,无有。遂命里耆旧陈大震、路教授吕桂孙,求旧志增修之。"[1]可见陈大震、吕桂孙纂修《南海志》,是受时任廉访使陆义斋之命而为。陆义斋,据清人江昱、曹元忠考证,即陆垕,义斋是其号。[2]陆垕,字仁重,江阴人,自幼以孝友闻。伯颜南下攻宋,陆垕"是时年未冠",伯颜推荐其出任徽州路总管府事,后"以廉能擢置台宪","尝上章奏免儒役",是一位比较重视文化建设的官员。

---

[1] （元）陈大震:《〈南海志〉序》,广州地方志编纂委员会办公室编《元大德〈南海志〉残本》附录一,广东人民出版社1991年版,第103页。
[2] （宋）张炎撰,（清）江昱疏证:《山中白云词疏证》卷4,载朱孝臧辑校《强村丛书》,广陵书社2005年影印本,第3册,第1280页;（清）曹元忠:《元大德残本〈南海志〉跋》,广州地方志编纂委员会办公室编《元大德〈南海志〉残本》附录一,广东人民出版社1991年版,第106页。

年五十卒，谥庄简。① 他于大德七年（1303），"以儒被选"，出任广东道廉访使。②

既是"求旧志增修"，那么陈大震、吕桂孙纂修《南海志》，应有旧志所本。所谓旧志，就是陈大震在《〈南海志〉序》中提到的宋嘉定、淳祐二本《南海志》。嘉定本即《宋史·艺文志》所录陈岘《南海志》，共13卷；淳祐本即方大琮修，李昴英纂《南海志》，亦为13卷。此二本流传至元大德时，已"首尾残缺"。陈大震有感于"官府制度，革故鼎新，不录则久将焉考"，于是"即旧志而增益之"，撰成大德《南海志》共20卷。称《南海志》者，实非南海一县之志。早在周朝，岭南地区就有了南海的泛称。秦统一后，设南海郡，治番禺县（今广州）。其后到宋元时代，广州亦称南海，如当时的方志即或以广州名之，或以南海名之。《宋史·地理志》载"广州，中，都督府，南海郡，清海军节度"，领南海、番禺、增城、清远、怀集、东莞、新会、信安八县。南渡以后，无信安，增香山。③ 故祝穆《方舆胜览·郡名》所列广州的四个别名——南海、番禺、五羊、羊城中，就有南海。至元代，至元十五年（1278），"立广东道宣慰司，立总管府并录事司。元领八县，而怀集一县割属贺州"，所剩七县即"南海、番禺、东莞、增城、香山、新会、清远"④。这正与大德《南海志》残本卷六"户口"门所记并同，可知大德《南海志》实为广州路一路之志。

大德《南海志》流传至今，仅存卷6—10，共5卷，残本藏于国家图书馆。据清人潘宗周记载，残本版式"半页十一行，行二十一字。四周单阑，版心细黑口，双鱼尾。书名题《南志》卷数，无字

---

① （明）宋濂等：《元史》卷177《臧梦解传》附《陆垕传》，中华书局1976年点校本，第4130页。

② （明）戴璟修，张岳纂：嘉靖《广东通志初稿》卷7《秩官上》，广东省地方史志办公室辑《广东历代方志集成·省部（一）》，岭南美术出版社2006年影印本，第147页；（明）毛宪撰，吴亮增补：《毗陵人品记》卷5《元·陆垕》，《四库全书存目丛书》，齐鲁书社1996年影印本，史部，第110册，第70页。

③ （元）脱脱等：《宋史》卷90《地理志》，中华书局1977年点校本，第2235—2236页。

④ （明）宋濂等：《元史》卷62《地理志》，中华书局1976年点校本，第1515页。

数、刻工姓名"①。因嘉定、淳祐二本早已亡佚，故现存大德《南海志》残本即为广州最早的地方志，其学术价值受到学界普遍重视。需要指出的是，学界多称今存残本为大德刻本，但据残本卷九所录泰定元、二、三、四年以及致和元年等事，则知大德刻成以后，陆续又有补刻。对此学界亦有质疑，陈垣回答说：这种情况"显系书刻成后再印时续有增补，此亦事所常有。如果于'大德刻本'下加入'致和后续有增纂'一语，便可解决"②。

二

大德《南海志》的作者陈大震，字希声，增城沙村人。宋宝祐元年（1253）进士，释褐任博罗主簿、长乐（治今广东五华）令，以敏捷宽厚著称。咸淳七年（1271），权知雷州（治今广东海康）。次年，创建八亭，即"横舟、流水孤舟、狎鸥、州之眉目、泳飞、总宜、活泼泼地、放生"，作为环湖之观，于是"西湖之胜始著"③。湖东有寇准祠，陈大震遂以之改建平湖书院，供奉寇准、苏轼、苏辙之像。九年，大震转朝奉大夫，官知全州（治今广西全县），后自劾归。端宗入广，召其为吏部侍郎，辞不就。元军下广，至元十八年（1281），世祖诏甄录亡宋旧臣，授陈大震为司农卿、广东儒学提举。大震"避贯，请闲居，从之"④。据此，学界多认为陈大震没有仕元。但大德《南海志》卷九所录《旧志进士题名》，却在陈大震名下特意注明："至元十八年，承事郎，广东道儒学提举。"⑤ 这似乎说明陈大

---

① （清）潘宗周：《〈南海志〉残本二册》，广州地方志编纂委员会办公室编《元大德〈南海志〉残本》附录一，广东人民出版社1991年版，第107页。

② 陈垣：《书大德〈南海志〉残本后》，广州地方志编纂委员会办公室编《元大德〈南海志〉残本》附录一，广东人民出版社1991年版，第108页。

③ （清）雷学海修，陈昌齐等纂：嘉庆《雷州府志》卷2《地理志》，《中国地方志集成·广东府县志辑》，上海书店出版社2003年影印本，第67页。

④ （明）黄佐：《宋知全州陈公大震》，广州地方志编纂委员会办公室编《元大德〈南海志〉残本》附录一，广东人民出版社1991年版，第105页。

⑤ 广州地方志编纂委员会办公室编：《元大德〈南海志〉残本》卷9《旧志进士题名》，广东人民出版社1991年版，第73页。

震本人对元朝的授职是默许的,时人也是认可的。大震自号蘧觉先生,有文集数十卷行世,至明代已不存。关于陈大震的生卒年,笔者尚未发现有明确的史料记载。陈大震寿辰80岁,他为《南海志》作序的时间是"大德甲辰",即大德八年(1304)。受廉访使陆垕之命编纂《南海志》时已是邑中"耆旧",而他又是宝祐元年即1253年的进士,所以邱树森师认为他"约生于南宋理宗即位初年"[①]。

陈大震性格刚正,为人严肃,平生无戏言,做官能尽职守。任雷州知州期间,判案数百件,均能秉公执法,深得当地百姓拥护。时人将他办案的案例编纂起来,刻成《蘧翁山判》传世。他曾师从南宋著名文人李昂英,深为李昂英的气节和文采所折服。其同门李春叟曾将李昂英的遗稿文122篇、诗词125首编次成集,题名"文溪存稿"。李春叟、陈大震均为其师之文集写过序,现存《文溪存稿》中。[②]

陈大震很重视文化教育,他在雷州任职内,创建平湖书院,供奉寇准、"二苏"之像,即为一例。今存大德《南海志》残本中,卷九亦专列学校一门。他本人勤奋好学,富有文采,"为文章典雅,有法度",深得时人尊崇,"郡有大著述,必以属之"。他教育子孙"严而有礼,不冠不见"[③]。他的侄子受其熏陶,于咸淳十年(1274)考中进士。大震教育学生也十分严格,有番禺人王道夫少从其学,后登咸淳四年进士。王道夫与师大震同受端宗之召,陈大震固辞不就,而王道夫则拜端宗之命,与凌震共同抗元,后兵败不知所终。[④] 陈大震晚年游乐山林,与友人李春叟、何文季、赵东山等饮酒赋诗,互相酬唱。同门东莞遗民何文季曾作《寄蘧觉先生》,诗云:

---

① 邱树森:《〈大德南海志〉研究》,《元代文化史探微》,南方出版社2001年版,第35页。关于大德《南海志》的研究,邱师的这篇论文十分重要,不仅详细叙述了陈大震的生平事迹、宋元时期广州地区的户口和赋税,而且重点探讨了元代广州的海外交通、国内水陆交通、对外贸易以及岭南地区的物产和对外贸易。

② (元)李春叟《重刻李忠简公文溪集序》,(元)陈大震《文溪李公文集序》,载(宋)李昂英撰,杨芷华点校《文溪存稿·序》,暨南大学出版社1994年版,第1—4页。

③ (明)黄佐:《宋知全州陈公大震》,广州地方志编纂委员会办公室编《元大德〈南海志〉残本》附录一,广东人民出版社1991年版,第105页。

④ (清)阮元修,陈昌齐、刘彬华等纂:道光《广东通志》卷270《列传·广州·宋》,上海古籍出版社1990年影印本,第4690页。

232

白发相看重别离，几回默坐捻吟髭。
子猷不作乘舟兴，庞老终无出郭时。
隔面云山如有碍，输心泓颖寄相思。
文溪遗稿伤零落，此事还当付与谁？①

表达了作者对亡宋的思念之情。

三

大德《南海志》卷九专列"学校"一门，记载了宋末元初广州一路的路学、县学、书院，以及宋修《南海志》中所载学校去处、进士题名、贡院、贡额等，为研究宋末元初广州路的教育状况提供了十分宝贵的资料。

宋代广州地区的教育，至北宋仁宗朝受到重视。庆历年间，仁宗诏兴学。其后至南宋宁宗嘉定年间，经过田瑜、张田、程师孟、蒋之奇、章粢、龚茂良、周自强、赵瀚、陈岘、张诉、刘侯、梁克俊等官员的倡导和资助，庙学得到了发展，同时还设立宗学、小学，兴建校舍，制作祭器、乐器、祭服，建立贡院选录人才，这一系列措施使有宋一代广州地区的教育制度趋于完备，教育状况有了很大改观。

宋代于广州所建学校建筑主要有：夫子庙、大成殿、御书阁（后改建为番山书院）、明伦堂、观德亭、就贤斋、约礼斋、澡身斋、进德斋、择贤斋、尚志斋、本源堂等。贡院起初无定所，南宋绍兴二十七年（1157），都运林安宅摄州事，于伪刘清虚洞的基础上建成东西两个贡院，至嘉泰元年（1201），合东西贡院为一院。其后历朝多次扩建。

据宋修《南海志》记载，两宋时期广州地区所录取的进士，自北宋太宗端拱元年（988）古成之始，至南宋度宗咸淳十年（1274）钱梦骥终，共计有126人。其中陈大震的老师李昴英、学生王道夫、侄

---

① 陈伯陶著，谢创志标点：《宋东莞遗民录》卷下《何文季传》，载张淦祥、杨宝霖主编《莞水丛书》第四种，乐水园2003年印行，第102页。

子陈息均榜上有名，而陈大震本人亦登宝祐元年进士。与其同年中进士的还有郑得助、冼一龙、谢月卿、梁梦雷、李心月、郑福元、陈梦雷等人。

元世祖至元年间，元军攻打广州，"重屯于学，毁拆殆尽，所存惟一大成殿，学士寻亦解散"①，文化教育由于兵燹受到了较大程度的破坏。元朝攻占广州以后，鉴于"教养之地，不可不葺"②，因此采取相应措施积极恢复当地的文化教育。

其一，加强路学、县学建设。至元十八年（1281），广东道宣慰使完颜正叔（当即阮元道光《广东通志》卷17《职官表》所载至元十七年任宣慰使之完颜那海）会同副使吕恕、提举尹圣任、宪副余三轩，重建明伦堂。延祐六年（1319），监司朵儿只、宪使卜天璋、教授陈学礼等人重建大成殿，"规模雄伟，甲于江广两道"③。泰定元年（1324），宪使密兰、经历韩涣、教授陈性存等建云章阁。此外，成宗、泰定期间修建的还有明伦堂、景行堂、本源堂、养贤堂、养蒙堂、学廪、祭器库、护学祠、杏坛、卫道土神祠等设施。县学则有南海、番禺、东莞、增城、新会、香山、清远等县的县学。路学、县学基础设施的建设，使广东地区的文化教育又走上了正轨。

其二，经营学田。大德《南海志》保留了大德、泰定、致和年间的学田收租情况。大德间，教授陈黄裳任内，岁收租为米2476石8升；泰定三年，教授吕弘道任内，增至米2697石3斗3升，钞529锭29两5钱；致和元年（1328）以后，收租可达米3000石。其中番禺和南海县学学租收入最高，分别是米246石7斗3升、中统钞8锭1两4钱和米124石1斗4升、中统钞17锭10两5钱5分，清远和增城县学学租收入最低，分别是米12石5斗、中统钞2锭42两6钱和米4石、中统钞3锭29两9钱5分。④ 可见从成宗至泰定期间，当

---

① 广州地方志编纂委员会办公室编：《元大德〈南海志〉残本》卷9《学校》，广东人民出版社1991年版，第58页。
② 同上。
③ 同上书，第59页。
④ 广州地方志编纂委员会办公室编：《元大德〈南海志〉残本》卷9《学校·路学、县学》，广东人民出版社1991年版，第59—61、62—65页。

地学田的收入在逐渐上升。在经营学田的过程中，地方政府还通过追征历年佃欠、清理豪民所侵占学田等措施以保证学田的收入。

其三，推进濂泉书院建设。宋元时代是中国古代书院兴盛时期，据刘伯骥《广东书院制度》统计，广东在宋代有 26 所书院，元代有 8 所书院。其中濂泉书院始建于南宋方大琮，是为纪念北宋大儒周敦颐（世称濂溪先生）而建。有元一代，濂泉书院盛而不衰，书院所拥有的学田，学租米 763 石 8 斗 4 升，中统钞 37 锭 14 两 5 钱，这比七县县学中学租收入最高的番禺县学高出了 517 石 1 斗 1 升，甚至与七县县学学租米数的总和相当，可见濂泉书院的学租收入是很可观的。大德《南海志》还记载了濂泉书院的结构布局和讲学情况：

> 濂泉书院，所以奉濂溪周元公也。元公曾为广漕，州人祠之，故立书院于漕司廨宇之后，以教养诸生。故游者皆深衣方屦，道义之士燕居。殿居其中，两廊三门具焉。其外为棂星门。其右则元公祠，一座三间，环以两庑，三门居其前。其左则尊道堂，一座七间。演极堂居其后，盖诸生讲道之所。前设两庑，斋房四间。三门一座亦五间，外有小三门一间。临水亭，扁曰光霁，前瞰石洲，真得濂溪之趣焉。①

泰定二年（1325），时任濂泉书院山长的仓克义，曾置祭器铜爵 6 个，铜簋 1 个，铜笾 13 个，由掌仪彭九思监造，存于广州府学。②至元末，娄道舆曾推荐元代文豪程钜夫出任广州濂泉书院山长，但程钜夫"以疾辞"。③明太祖洪武末年，任广府知县的番禺人林直，其父亲在元末时就曾游学于濂泉书院，后遇兵乱隐居。④可见，濂泉书院在元末仍有士人游学其中。

---

① 广州地方志编纂委员会办公室编：《元大德〈南海志〉残本》卷 9《学校·书院》，广东人民出版社 1991 年版，第 61 页。
② （清）阮元修，陈昌齐、刘彬华等纂：道光《广东通志》卷 214《金石略·泰定祭器识》，上海古籍出版社 1990 年影印本，第 3813 页。
③ （元）程钜夫著，张文澍校点：《程钜夫集》卷 18《娄道舆墓志铭》，吉林文史出版社 2009 年版，第 221 页。
④ （明）解缙：《文毅集》卷 9《养志堂记》，文渊阁《四库全书》本。

四

　　大德《南海志》卷七《物产》所载果类产品中，有"崖蜜"一种水果，作者说这类水果"小而黄，壳薄味甘，增城山间有之"[①]。据明代方以智的解释，崖蜜就是樱桃。方以智在《通雅》中解释说："崖蜜，石樱桃也。《鬼谷子》：'樱桃，一名崖蜜。'……东坡《橄榄诗》曰：'待得余甘回齿颊，已输崖蜜十分甜。'余甘，橄榄也。《鼠璞》云：'读《南海志》，崖蜜子壳薄味甘，虽不知与樱桃为一物，要其类也。'"[②] 方以智所引《鼠璞》，乃宋人戴埴所撰，共2卷，其中卷上"橄榄诗"条下，亦引苏轼《橄榄诗》一句，并引《鬼谷子》说："崖蜜，樱桃也。"其下又云："它无经见。予读《南海志》：'崖蜜子小而黄，壳薄味甘，增城、惠阳山间有之。虽不知与樱桃为一物与否，要其类也。'"[③]

　　由戴埴、方以智的解释来看，崖蜜就是樱桃，而崖蜜就是樱桃的称谓早在三国魏时就已经有了。孙炎所著《尔雅音义》解释《尔雅·释木》"楔荆桃"说，"今樱桃最大而甘者谓之崖蜜"，即指出崖蜜就是樱桃。但以上戴埴、方以智引用《鬼谷子》文，均有误。《鬼谷子》实无崖蜜乃樱桃之说。方以智的错误是沿袭了戴埴，而戴埴的错误则是沿袭惠洪所致。《四库全书总目》指出：宋代僧人"惠洪《冷斋夜话》引《鬼谷子》曰：'崖蜜，樱桃也。'今本亦不载……至惠洪所引，据《王直方诗话》，乃《金楼子》之文，惠洪误以为《鬼谷子》耳"[④]。《王直方诗话》云："崖蜜，樱桃，出《金楼子》。"[⑤] 可见，王直方是根据《金楼子》的记载释"崖蜜"为"樱桃"。而

[①] 广州地方志编纂委员会办公室编：《元大德〈南海志〉残本》卷7《物产》，广东人民出版社1991年版，第35页。
[②] （明）方以智：《通雅》卷44《植物·谷蔬》，《中华再造善本》，国家图书馆出版社2009年影印本，清代编·经部。
[③] （宋）戴埴：《鼠璞》，载周光培编《历代笔记小说集成·宋代笔记小说》，河北教育出版社1995年影印本，第20册，第34—35页。
[④] （清）永瑢等：《四库全书总目》卷117，中华书局1965年影印本，第1008页。
[⑤] 郭绍虞辑：《宋诗话辑佚》卷上《王直方诗话》，中华书局1980年版，第99页。

《金楼子》乃南北朝梁元帝萧绎所撰,因萧绎在潜藩时曾自号"金楼子",故以之名书。惠洪误把《金楼子》的解释当成《鬼谷子》,从而导致其后一系列错误。

又据以上引文,可知今存大德《南海志》残本关于"崖蜜"的记载有脱漏。根据戴埴的《鼠璞》,以及陶宗仪《说郛》、陈元龙《格致镜原》、刘灏等《佩文斋广群芳谱》等书所引《鼠璞》的记载,大德《南海志》在"增城"下脱"惠阳"。樱桃不仅增城出产,而且惠阳也有。或许是陈大震在根据宋本《南海志》编纂时有脱漏,抑或宋本《南海志》就已经脱落了"惠阳",所以应该在大德《南海志》"增城"之后补"惠阳"二字。

此外,戴埴所见到的《南海志》,绝非陈大震纂修之大德《南海志》,而是宋代所修《南海志》,因为陈振孙《直斋书录解题》已著录《南海志》。而据陈乐素《〈直斋书录解题〉作者陈振孙》的考证,陈振孙"盖卒于景定二年或三年春,而必不在三年三月以后也"[①]。景定三年是1262年,则《直斋书录解题》成书必早于1262年。据陈大震的《〈南海志〉序》,大德《南海志》成书于大德八年(1304),可见《直斋书录解题》成书时大德《南海志》尚未纂修。故戴埴所读到的《南海志》,是宋修而非元修《南海志》。同时,据戴埴《鼠璞》的记载,可知大德《南海志》"物产"门关于"崖蜜"等水果的记载,当是陈大震保留宋修《南海志》的内容。正如陈大震在《〈南海志〉序》中所说:"爰即旧志而增益之。若尽去其旧,则三百年前事,不能详知矣,故兼取之。"[②] 由此可见,大德《南海志》所载内容,反映的大致是宋元时期广州路的情况。所以对于该志的引用,如果原志没有明确的时间记载,就应该慎重,不能将大德《南海志》中的所有资料,都当作元代的资料来使用。

(原载《古文献与传统文化》第13集,华文出版社2007年版)

[①] 陈乐素:《〈直斋书录解题〉作者陈振孙》,《求是集》第2集,广东人民出版社1984年版,第33页。

[②] (元)陈大震:《〈南海志〉序》,广州地方志编纂委员会办公室编《元大德〈南海志〉残本》附录一,广东人民出版社1991年版,第104页。

"泛滥赏赐"与元代社会

　　"泛滥赏赐"是元代社会的一大特色。蒙古朝廷颁发的各种赏赐不仅名目繁多，而且规模之大、数额之巨、次数之频繁，均为其他朝代所不及。"泛滥赏赐"至迟从世祖忽必烈朝就已开始，一直持续到元朝灭亡，可以说与整个元王朝相始终。"泛滥赏赐"并不是后人加给元朝的罪名，而是元朝政府自己对这一弊政的清醒认识。元朝法典《至正条格》"赏令"篇，就专门列有"泛滥赏赐"一目，共收有5条条格，这是仅见于元代法律文献中关于"泛滥赏赐"的直接记载。"泛滥赏赐"对元代社会造成了严重危害，尽管元朝政府出台了一系列措施进行补救，但终元一代蒙古统治者也未能解决这一弊政。因此探讨"泛滥赏赐"与元代社会的关系，对于加强元代社会史的研究具有价值。

　　关于"泛滥赏赐"与元代社会关系的具体研究，目前尚无专门成果。研究元朝"泛滥赏赐"的成果，笔者所见有两篇论文：一是罗贤佑、任崇岳《滥赐——元代财政的一大痼疾》；二是舒炳麟《析元朝泛滥赐赉的痼疾》。[①] 前一篇论文讨论了元朝赐赉的三种形式、滥赐对元朝财政造成的困难局面，以及元朝为应对财政窘境而采取的措施，后一篇论文主要是从行政立法的角度对该问题进行研究。前文因发表时间早，一些重要的文献如《元典章》《通制条格》《至正条格》等未能利用，而后文史料则全部出自《元史》本纪，因此对元朝"泛滥赏赐"问题的研究，有不少重要史料尚未引起重视，尤其是

[①] 分别刊于《郑州大学学报》1983年第2期和《安徽大学学报》1995年第3期。

《至正条格》中的史料,可以说是研究该问题的非常重要的新史料。陈高华就指出这部分法令"无疑是很有价值的"①。此外台湾孙克宽《〈元史·食货志〉的"赐赍"》、日本小林新三《元朝における銀の賜与について——特に世祖朝を中心として——》、史卫民《元岁赐考实》等论文,② 分别讨论了《元史·食货志》所载"赐赍"、元朝的赐银及岁赐问题,对各自论题均有深刻论述,但基本未涉及滥赐与元代社会的关系问题。鉴于此,笔者拟结合《至正条格》和元代文献中的其他相关史料,对"泛滥赏赐"与元代社会关系问题做一探讨。

一

元朝赏赐的形式多种多样,包括蒙古大汗对皇子、诸王、公主、后妃、驸马、其他皇亲国戚、百官、寺观、僧道及各种相关人员的岁赐、朝会赐赍、恩赏、因功嘉奖、各种名目的临时赏赐等,也包括太后、皇后、皇子等以懿旨、令旨的形式颁发的各种赏赐。赏赐物五花八门,可以是金银、钞币、田地、屋宅、丝绸、衣物、牲畜、车帐,也可以是粮食、羊酒、战利品、各种珍宝及其他物品,甚至是政府的课税和民户。可以说,元朝政府是无物不赏。因为元朝政府赏赐的数额巨大,次数频繁且没有节制,从而使"泛滥赏赐"成为元代社会的一大特色。元朝"泛滥赏赐"主要体现在岁赐、朝会赐赍、对佛教尤其是藏传佛教寺院和僧侣的赏赐等方面。

岁赐,亦称岁例,是蒙古皇室每年按定制颁发给诸王、贵族以及寺观等的赏赐。早在太宗时岁赐制度就已确立,至忽必烈即位后加以完善,"自是岁以为常"③。朝会赐赍主要是新君即位后颁发的赏赐。从成宗即位开始,这种赏赐形式表现得非常明显,所谓"天子入正大

---

① 陈高华:《〈至正条格·条格〉初探》,《中国史研究》2008 年第 2 期。
② 分别刊于《大陆杂志》6 卷 11 期,1953 年 6 月;[日] 小竹文夫、冈本敬二编著《元史刑法志の研究譯註》,大空社 2001 年版;元史研究会编《元史论丛》第 3 辑,中华书局 1986 年版。
③ (明) 宋濂等:《元史》卷 4《世祖纪》,中华书局 1976 年点校本,第 69 页。

统,故典,亲王、宗臣、庶官、卫士,锡予之数,为金币谷帛以万万计"①。终元之世,这种"故典"一直被延续下来,并且每位新君登基后赏赐的数额都非常巨大,有的甚至不惜倾空国库。朝会赐赉成为成宗之后元朝"泛滥赏赐"的最主要形式。岁赐和朝会赐赉在前引研究成果中已有论述,兹不赘述。需要指出的是,朝会赐赉还包括蒙古大汗驾幸上都时颁发的赏赐,如忽必烈于"每年四月,迤北草青,则驾幸上都以避暑,颁赐于其宗戚"②。这种赏赐的规模也不小。

元朝政府对佛教尤其是藏传佛教寺院和僧侣的赏赐,规模和数额都非常庞大,这与元朝政府尊崇藏传佛教有关。《元史·释老传》云:"元兴,崇尚释氏,而帝师之盛,尤不可与古昔同语。"因此,对佛教尤其是藏传佛教寺院和僧侣的大量赏赐,就带有更加浓重的政治色彩,赏赐本身必然会成为元朝政府的一项沉重开支。史料中记载元代各朝统治者对佛教的赏赐很多。

中统三年(1262),忽必烈敕令僧侣"作佛顶金轮会于圣安、昊天二寺七昼夜,赐银一万五千两"③。至元十六年(1279),忽必烈因圣寿万安寺建成,"赐京畿良田亩万五千、耕夫指千、牛百、什器备"。元贞元年(1295),万圣佑国寺落成于五台,成宗母徽仁裕圣皇后"赏白金万两"④。大德五年(1301),成宗"赐昭应宫、兴教寺地各百顷,兴教仍赐钞万五千锭;上都干元寺地九十顷,钞皆如兴教之数;万安寺地六百顷,钞万锭;南寺地百二十顷,钞如万安之数"⑤。至大四年(1311),仁宗"赐大普庆寺金千两,银五千两,钞万锭,西锦、彩段、纱罗、布帛万端,田八万亩,邸舍四百间";皇庆元年(1312),又"遣使赐西僧金五千两、银二万五千两、币帛三万九千九百匹";二年,"赐西僧搠思吉斡节儿钞万锭";延祐六年

---

① (元)马祖常:《马石田文集》卷12《敕赐赠参知政事胡魏公神道碑》,《元人文集珍本丛刊》,新文丰出版公司1985年影印本,第6册,第650页。
② (明)叶子奇:《草木子》卷3下《杂制篇》,中华书局1959年版,第64页。
③ 柯劭忞:《新元史》卷243《释老传》,《元史二种》,上海古籍出版社2012年影印本,上册,第934页。
④ (元)程钜夫著,张文澍校点:《程钜夫集》卷7《凉国敏慧公神道碑》,吉林文史出版社2009年版,第79页。
⑤ (明)宋濂等:《元史》卷20《成宗纪》,中华书局1976年点校本,第434页。

(1319),"赐大兴教寺僧斋食钞二万锭"①。七年,英宗"赐西僧沙加钞万五千贯";至治元年(1321),"遣使赐西番撒思加地僧金二百五十两、银二千二百两、袈裟二万,币、帛、幡、茶各有差";"命帝师公哥罗古罗思监藏班藏卜诣西番受具足戒,赐金千三百五十两、银四千五十两、币帛万匹、钞五十万贯"。二年,"西僧班吉疾,赐钞五万贯"②。泰定二年(1325),泰定帝"幸大承华普庆寺,祀昭献元圣皇后于影堂,赐僧钞千锭"③。

到了文宗时期,图帖睦尔对佛教的赏赐更是不遗余力。他下令刊印佛经,倡做佛事,不但作废了仁宗、英宗、泰定帝曾要求寺院纳田税、服劳役的敕令,允许还俗的僧人再度出家,甚至命田赋总管府将税银"输大承天护圣寺"④,对佛教表现出极大的礼遇。帝师故去,他还专门派遣使臣将其舍利送回吐蕃,并"给以金五百两、银二千五百两、钞千五百锭、币五千匹"⑤。至顺初,又因天禧寺舍利塔没有修缮完工,"赐白金三定及官钱五千缗,以助缮修。台臣郡守,咸致其力"⑥。修缮后的天禧寺在当地影响很大,元曲中即有"天禧寺古塔霞光放"的描绘语句。⑦正因对佛教的赏赐泛滥,所以在文宗即位不到两年的时间里,元朝政府的财政就已不堪重负。天历二年(1329),中书省上书指出:"佛事岁费,以今较旧,增多金千一百五十两、银六千二百两、钞五万六千二百锭、币帛三万四千余匹。"⑧顺帝也非常崇奉佛教,将西番僧招致宫中,秘密修炼"演揲儿法",对佛教亦大加赏赐。元统二年(1334)三月,兴和路起建佛寺,赐

---

① (明)宋濂等:《元史》卷24、26《仁宗纪》,中华书局1976年点校本,第547、550、555、588页。
② (明)宋濂等:《元史》卷27、28《英宗纪》,中华书局1976年点校本,第604、611、615、624页。
③ (明)宋濂等:《元史》卷29《泰定帝纪》,中华书局1976年点校本,第661页。
④ (明)宋濂等:《元史》卷35《文宗纪》,中华书局1976年点校本,第778页。
⑤ (明)宋濂等:《元史》卷33《文宗纪》,中华书局1976年点校本,第746页。
⑥ (元)张铉:至正《金陵新志》卷11下《祠祀志·寺院》,成文出版社1983年影印本,第1935—1936页。
⑦ (元)胡用和:[中吕]粉蝶儿《题金陵景》,载隋树森编《全元散曲》,中华书局1964年标点本,第1637页。
⑧ (明)宋濂等:《元史》卷33《文宗纪》,中华书局1976年点校本,第728页。

钞13530余锭；四月，中书省上言："佛事布施，费用太广，以世祖时较之，岁增金三十八锭、银二百三锭四十两、缯帛六万一千六百余匹、钞二万九千二百五十余锭。"至正七年（1347），"兴圣宫作佛事，赐钞二千锭"①。至正三年、十四年，兴建清河大寿元忠国寺，费钞122000锭，并以浙江废寺田归之。② 这种对藏传佛教的赏赐，"累朝赐予，尤为无度"③。正因如此，元朝的官员、儒士等，都纷纷劝谏蒙古统治者要减少对佛教的"泛滥赏赐"，如胡祗遹就指出："僧道伎乐，不可滥赏。"④

元朝政府颁发的其他赏赐，如对诸王、后妃、公主、驸马的临时赏赐，臣下的嘉奖等，有时数额也很大。如中统二年，忽必烈"赐诸王塔察儿金千两、银五千两、币三百匹"；四年，又赐"公主拜忽银五万两，合剌合纳银千两"；至元二年，"赐诸王只必帖木儿银二万五千两、钞千锭"⑤。三十一年，成宗赏赐给蛮子带、阔里吉思、高丽王王昛三位驸马共计银121950两。⑥ 至大初，因诸王出伯向朝廷进玉615斤，朝廷即回赐"金千五百两、银二万两、钞万锭，从人四万锭"；又赐"宽阇、也先孛可等金二千三百两、银一万七百两、钞三万九千一百锭"⑦。至治元年三月，英宗因营王也先帖木儿所部牲畜死损，竟赐钞五十万贯；七月，又赐晋王也孙铁木儿钞百万贯。⑧ 至正初，顺帝特赐揭傒斯"楮币中统万缗、白金五十两，中宫亦赐白金如其数"⑨。这类赏赐，不

---

① （明）宋濂等：《元史》卷38、41《顺帝纪》，中华书局1976年点校本，第820、821—822、877页。

② （明）宋濂等：《元史》卷43《顺帝纪》、卷138《脱脱传》，中华书局1976年点校本，第914、3344页。

③ 柯劭忞：《新元史》卷243《释老传》，《元史二种》，上海古籍出版社2012年影印本，上册，第934页。

④ （元）胡祗遹著，魏崇武、周思成校点：《胡祗遹集》卷21《杂著·政事》，吉林文史出版社2008年版，第447页。

⑤ （明）宋濂等：《元史》卷4、5、6《世祖纪》，中华书局1976年点校本，第74、93、108页。

⑥ （明）宋濂等：《元史》卷18《成宗纪》，中华书局1976年点校本，第382页。

⑦ （明）宋濂等：《元史》卷22《武宗纪》，中华书局1976年点校本，第494页。

⑧ （明）宋濂等：《元史》卷27《英宗纪》，中华书局1976年点校本，第611、612页。

⑨ （元）欧阳玄著，魏崇武、刘建立校点：《欧阳玄集》卷10《元翰林侍讲学士中奉大夫知制诰同修国史同知经筵事豫章揭公墓志铭》，吉林文史出版社2009年版，第141页。

计其数，尽管总体上比起上述三种形式的赏赐规模小，且没有形成定制，但在一定程度上也助长了元朝赏赐的泛滥成风。

二

"泛滥赏赐"对元代社会造成了严重影响，最终加速了元王朝的灭亡。表现之一即加重了政府的财政负担，造成国库入不敷出，导致严重的财政困难局面出现。"给予游牧领主之极大财帑费用，已是元朝财政上的癌症。"[①] 这一点前文所引研究成果中已有详细论述，故从略。以下讨论"泛滥赏赐"对元代社会造成的其他危害。

其一，极大地助长了蒙古贵族和官吏将士的贪欲，造成官员投机钻营、索要赏赐、索贿贪污的现象层出不穷，严重败坏了元朝的吏治建设。蒙古人本来有"撒花"索贿的习俗，"泛滥赏赐"盛行之下，这种风气就更加流行了。元朝的贵族功臣乃至一般官吏受其影响，往往巧设名目，变着花样向朝廷索要赏赐，且流风愈演愈烈。所谓"近臣恃恩，求请无厌……更相汲引，望幸恩赐，耗竭公储，以为私惠"[②]。在这种形势下，元朝官员和朝廷之间甚至上演了一出出骗赐与反骗赐的政治斗争游戏。延祐五年六月，御史台给仁宗的奏章中，就提到这样一件事：

> 御史台奏："监察每文书里说有：'近年以来，勾当里行的官人每，他每都要着名分，请着俸钱，因嫁着女孩儿、娶媳妇儿、或买田宅，为私己的勾当，其间互相结托，上位根底题奏，索要钱物的哏多有。为这上头，钱物不敷支用有。真个有功劳合赏的人每根底与赏有，其余因着私己的勾当索要钱物的，上位根底奏了，合住罢。'么道，俺商量来，他每说的是有。今后似这般勾当，教住罢了呵，怎生？"奏呵，奉圣旨："恁说的是有，教省家

---

① [日] 村上正二：《元朝における投下の意義》，《モンゴル帝国史研究》，風間書房1993年版，第28頁。

② （明）宋濂等：《元史》卷175《李孟传》，中华书局1976年点校本，第4088页。

便行文书住罢了者。"①

可见，元朝政府的官员，连出嫁女儿、娶儿媳妇、购买田宅这样的个人私事，也能七托八托，拐弯抹角地向朝廷讨得赏赐。再如太府监、利用监、章佩监、中尚监等部门的官员，竟然别出心裁地想出了一种"眼饱钱"，"三年一遍"，向朝廷索要。对此，中书省商议认为，"他每既是掌管钱帛人员，似这般推称缘故取要呵，体例不厮似有。今后递相奏着取要的，教住罢呵"②。文宗至顺二年，诸王乞八以"每岁扈从时巡，为费甚广"为由，请求文宗按照其兄豫王阿剌忒纳失里和其弟亦失班"岁给钞五百锭、币帛各五千匹"的赏赐标准，也颁发给自己同样的赏赐。③索要赏赐竟到了赤裸裸的地步。顺帝时，官员投机钻营，千方百计、明目张胆地索要赏赐的现象更加泛滥，他们"互相奏索金银、钱物，好生蠹耗国财"，甚至"管钱粮的衙门官员，自其间里使见识，互相奏请要的多有"④。

元代的法律文书中，常常可见官员"要肚皮"（索贿）现象。受泛滥赏赐风气的影响，有些官员将索贿所得说成皇帝的赏赐，以此逃避责任。如皇庆二年二月，中书省的一份文书中就提到一些官员，"他每自己索的葡萄酒并酒将去呵，却谎说是上位赐将去的"⑤。

不仅如此，就连总理全国政务的政府核心部门中书省和"掌纠察百官善恶、政治得失"⑥的监察部门御史台，也因滥赐而出现了官员贪污、索要钱物的现象。因为元朝赏赐往往是经中书省报请皇帝批准，然后再颁发给受赐者，所以中书省的官员便借颁发赏赐之机，贪

---

① ［韩］韩国学中央研究院编：《至正条格》卷30《条格·赏令·泛滥赏赐》，2007年影印本，第114页。
② ［韩］韩国学中央研究院编：《至正条格》卷23《条格·仓库·住罢眼饱钱》，2007年影印本，第18页。
③ （明）宋濂等：《元史》卷35《文宗纪》，中华书局1976年点校本，第783页。
④ ［韩］韩国学中央研究院编：《至正条格》卷30《条格·赏令·泛滥赏赐》，2007年影印本，第114—115页。
⑤ 陈高华、张帆、刘晓、党宝海点校：《元典章·兵部》卷3《铺马·铺马馺酒》，中华书局、天津古籍出版社2011年版，第1281页；方龄贵：《通制条格校注》卷27《杂令·诈称赐酒》，中华书局2001年版，第627页。
⑥ （明）宋濂等：《元史》卷86《百官志》，中华书局1976年点校本，第2177页。

污朝廷颁给诸王、臣下等的赏赐。胡祗遹就此记载说：

> 前省官自谓于国尽忠，靳惜财物，不敢妄支虚费，遂于诸投下五户丝银、岁赐暨诸犒赐等物，不肯依时应副，巧计开除，不满合得元数。所与之物，金银、匹段亦皆低歹，不堪使用、衣着。今次事发，为人首告，假银足为明验，实失诸王心，怨归于上，何足以为忠？古人亲亲之义，分宝玉于伯叔之国，时庸展亲，恐不当如是。①

天历元年，文宗刚刚即位，就出现御史台官员"托请近侍等官闻奏，索要风宪名分、赃罚钱物"的现象。对此，御史台奏请文宗加以制止："今后台里大小一切事务，禁止诸人，不许人来搅扰，风宪名分、赃罚钱物，亦不得奏索。"②

其二，加剧了元廷的政治矛盾和斗争，甚至影响到汗位争夺。元朝的赏赐实际上已经成为一种政治贿赂，蒙古大汗往往用巨额赏赐团结和笼络自己的力量，打击异己，这尤以朝会赐赉体现得最为明显。赏赐过程中孰赐孰不赐，赐多赐少，先赐后停赐，先不赐后又增赐……均成为造成官员攀比、激化元朝政治矛盾的一个个诱因。成宗死后发生的汗位争夺和英宗末期发生的"南坡之变"，就与滥赐密切相关。

忽必烈三子安西王忙哥剌死后，其子阿难答嗣立。阿难答手握重兵，日渐助长的野心使他已不满足于宗王的身份和地位，于是将目标瞄准了汗位，因此他和成宗的矛盾就不可避免。成宗遂采取了一系列措施削藩，包括减少对阿难答的大量赏赐。面对这种情况，阿难答以贫乏为借口一再二、再而三地向成宗讨赐，成宗针锋相对，指责阿难答不该贪得无厌。这之后成宗与阿难答之间减赐与讨赐的斗争并没有停止。至大德九年，成宗最终向阿难答做出了妥协："给还安西王积

---

① （元）胡祗遹著，魏崇武、周思成校点：《胡祗遹集》卷23《杂著·民间疾苦状》，吉林文史出版社2008年版，第492页。

② （元）刘孟琛等编撰：《南台备要》，载赵承禧等编撰，王晓欣点校《宪台通纪（外三种）》，浙江古籍出版社2002年版，第194页。

年所减岁赐金五百两、丝一万一千九百斤,仍赐其所部钞万锭。"①成宗的妥协并没有使阿难答满足,反而助长了他的贪欲。两年后成宗驾崩,阿难答直接参与了争夺汗位的斗争。"南坡之变"的发生也与滥赐有关。因为国家财政困难,英宗曾两次停止了对诸王的岁赐,"这在元朝历史上是前所未有的举动",自然会招致诸王对硕德八剌的怨恨,从而成为导致诸王谋反,发动"南坡之变"杀害英宗的一个重要因素。②

《元史·英宗纪》记载了司农卿完者不花和左丞阿散之间因为滥赐而发生的一场政治风波。完者不花曾于仁宗时期请得海舶之税,获钞数十万锭,这显然是一笔可观的收入,但后被阿散奏止,断了这笔赏赐,因此怀恨在心,寻机报复阿散。延祐七年二月,他向英宗建言:"先帝以土田颁赐诸臣者,宜悉归之官。"英宗问:"所赐为谁?"他回答说:"左丞相阿散所得为多。"英宗识破其计谋,于是严厉批评了完者不花:"予常谕卿等,当以公心辅弼……今卿所言,乃复私憾耳,非公议也,岂辅弼之道耶?"遂降完者不花为湖南宣慰使。③

再如,至元二十九年,完泽上言曾指出赐赍中存在不均现象:"凡赐诸人物,有二十万锭者,为数既多,先赐者尽得之,及后将赐,或无可给,不均为甚。"④因此建议朝廷列等颁赐,以避免激化矛盾。延祐间,仁宗颁赐给军匠的金帛,被时任太府丞的大都和总军官悉数截留贪污,于是"军匠诉于御史台",结果案件竟牵连到朝廷的平章政事。⑤顺帝至正二年,宗室诸王也因岁赐廪食衣币不均而发生了争执,中书右丞贺惟一(太平)为了化解矛盾,遂"请于帝,均其厚薄"⑥。此类事例,不胜枚举。

---

① (明)宋濂等:《元史》卷21《成宗纪》,中华书局1976年点校本,第462页。
② [德]傅海波、[英]崔瑞德编:《剑桥中国辽西夏金元史》,史卫民等译,陈高华等审校,中国社会科学出版社1998年版,第612页。
③ (明)宋濂等:《元史》卷26《仁宗纪》、卷27《英宗纪》,中华书局1976年点校本,第593、599页。
④ (明)宋濂等:《元史》卷13《世祖纪》,中华书局1976年点校本,第367—368页。
⑤ (元)苏天爵著,陈高华、孟繁清点校:《滋溪文稿》卷15《故奉政大夫辽阳行省郎中黄公神道碑铭》,中华书局1997年版,第242页。
⑥ (明)宋濂等:《元史》卷140《太平传》,中华书局1976年点校本,第3368页。

"泛滥赏赐"与元代社会

其三,败坏了社会风气。怯薛是蒙元大汗的禁卫军,地位十分尊崇,因此朝廷对他们往往滥赏滥赐。但滥赏滥赐的结果,却助长了怯薛军人"索要""冒支"给赏的恶习。元统初,顺帝行幸上都时,怯薛军人趁机"一概支请",搞得朝廷"事头虚实,难以稽考",最后只好下令让各爱马怯薛官负责处理。鉴于此类现象屡屡发生,朝廷遂颁布相关法令,以拘捕违纪者或将其从怯薛军中除名的办法进行处罚。① 因怯薛不仅不用承担赋税徭役,而且还可以获得大量赏赐,因此不但蒙古、色目人子弟,甚至汉人、南人子弟也都想方设法争做怯薛:"内外城子里的百姓内,回回、畏兀儿、汉儿、蛮子人等,投充昔宝赤、阿察赤、怯怜口,各枝儿里并诸王、驸马、公主、妃子位下投入去了的多有'做了怯薛歹也'。"② 这种现象,不仅消耗了"系官钱粮",影响到元朝赋税收入,而且也助长了投机钻营的社会风气。

蒙古统治者尊崇喇嘛教的国策,让寺院和僧侣在社会上享有很高地位,而元朝政府对佛教的滥赏滥赐,又进一步助长了寺院和僧侣的贪婪和横暴,使得佛门风气愈来愈坏,有些寺院不仅"清规废弛,香灯灭绝",而且还出现僧侣"索要酒食钱物",甚至奸污妇女、殴打官民乃至诸王后妃的现象。如皇庆二年江浙行省的一份公文中,就提到常熟四十五都报慈寺,以及具福寺并维摩报慈寺 22 处寺院"要讫钞两"③。这些僧侣"今日诵藏经,明日排好事,今年造某殿,明年构某宫,凡天下人迹所到,精蓝胜观,栋宇相望……而人见其不蚕、不稼、不赋、不征,声色自如,而又为世所钦,为国家所重,则莫不望风奔效,髡首从游,所以奸民日繁,实本于此"④。社会风气的败坏,与元朝政府对佛教的滥赏滥赐不无关系。

此外,蒙古统治者滥赏滥赐,致使"廪藏不充""国用匮竭",

---

① [韩]韩国学中央研究院编:《至正条格》卷23《条格·仓库·支请怯薛祆子、冒支怯薛祆子》,2007年影印本,第17—18页。
② 方龄贵:《通制条格校注》卷28《杂令·分间怯薛》,中华书局2001年版,第653页。
③ 陈高华、张帆、刘晓、党宝海点校:《元典章·礼部》卷6《释道·僧道教门清规》,中华书局、天津古籍出版社2011年版,第1129页。
④ (元)张养浩著,李鸣、马振奎校点:《张养浩集》卷11《书·时政书》,吉林文史出版社2008年版,第107—108页。

247

沉重的财政负担必然要转嫁到广大劳动人民的身上，因此"鸠敛钱物，侵剥细民"①，加重对全国人民的横征暴敛便不可避免，这势必会引起广大人民的反抗和斗争。上述各个方面，不一而足，加剧了元朝的衰败，最终促进了元朝的灭亡。

三

面对"泛滥赏赐"的弊政，元朝君臣上下都有清醒的认识，于是采取了相应的救治措施。前引研究成果中指出，元朝政府采取了加征赋税、动用钞本等措施妄图补救财政困难状况，对此本文不再讨论。笔者拟从以下三个方面探讨元朝政府对"泛滥赏赐"弊政所采取的补救措施。

其一，节制滥赏滥赐，减少政府支出。由于"泛滥赏赐"对元代社会造成了严重危害，所以请求朝廷节制滥赐的呼声便高起来了，御史台、中书省等机构多次向元朝皇帝上奏，要求禁止此类事件的频频发生。从世祖至顺帝，元朝的历任皇帝也多次采纳大臣节赐的建议，颁布相关诏令，以期刹住这股歪风。

至元三十年，中书省上言指出："今岁给饷上都、大都及甘州、西京，经费浩繁，自今赏赐悉宜姑止。"② 元贞二年，因成宗赏赐太滥，而"继请者尚多"，所以中书省请求成宗"甄别贫匮及赴边者赐之，其余宜悉止"，成宗从之。③ 至大元年，中书省请武宗勿"泛滥赐赍"，武宗也认识到了滥赐的危害，遂向中书省的官员们说："卿等言是。朕累有旨止之，又复蒙蔽以请，自今纵有旨，卿等其覆奏罪之。"④ 延祐五年，仁宗批准了御史台请求停止对官员的因私滥赏，"教省家便行文书住罢了者"。延祐七年、至治二年，因国家财政空虚，英宗停"诸王所部岁给"和"诸王赏赍及皇后答里麻失里等岁

---

① （元）胡祗遹著，魏崇武、周思成校点：《胡祗遹集》卷23《杂著·民间疾苦状》，吉林文史出版社2008年版，第487页。
② （明）宋濂等：《元史》卷17《世祖纪》，中华书局1976年点校本，第371页。
③ （明）宋濂等：《元史》卷19《成宗纪》，中华书局1976年点校本，第402页。
④ （明）宋濂等：《元史》卷22《武宗纪》，中华书局1976年点校本，第497页。

赐"，并采纳了中书省"节赏赉以纾民力"的建言："朕思所出倍于所入，出纳之际，卿辈宜慎之，朕当撙节其用。"① 泰定二年，旭迈杰等以国用不足，请"节诸王滥赐"，从之。② 明宗时期，国家财政所出已过岁入数倍，诸王朝会赐赉也已停止，但请赏者仍比比皆是。鉴于此，监察御史把的于思上言："如果有功必当赏赉者，宜视其官之崇卑而轻重之，不惟省费，亦可示劝。其近侍诸臣奏请恩赐，宜悉停罢，以纾民力。"明宗嘉纳，并以其言示百司。③

天历二年正月，中书省向文宗建议，对佛事活动增加的岁费，应一概拣汰。④ 同月二十日，中书省又奏："'赏赐泛滥呵，于大体例里有窒碍。今后委有功勋必合赏赐的，斟酌轻重定拟，其余不以是何人等，不得侥幸要赏。虽有特旨的，也回奏呵，不泛滥也者。'奏呵，奉圣旨：'那般者。'"⑤

惠宗时期，因为"滥赏冒支"，"朘剥生民膏血而致之"⑥，滥赏滥赐对国家财政和社会已造成严重危害，所以许有壬等官员即建议中书省等部门加强对赏赐的监管力度。苏天爵也劝谏顺帝要"止无名之赏赐，裁官吏之冗员，减僧道之好事，凡百用度，务令樽节"⑦。为了防止"泛滥赏赐"的现象进一步恶化，顺帝只好颁布诏书来加以限制。

> 至正元年三月，诏书内一款："国家常赋，量入为出。比年以来，各衙门及近侍之人互相奏请，甚非节用之道。今后有功必

---

① （明）宋濂等：《元史》卷27、28《英宗纪》，中华书局1976年点校本，第606、621—622页。
② （明）宋濂等：《元史》卷29《泰定帝纪》，中华书局1976年点校本，第656页。
③ （明）宋濂等：《元史》卷31《明宗纪》，中华书局1976年点校本，第700页。
④ （明）宋濂等：《元史》卷33《文宗纪》，中华书局1976年点校本，第728页。
⑤ ［韩］韩国学中央研究院编：《至正条格》卷30《条格·赏令·泛滥赏赐》，2007年影印本，第114页。
⑥ （元）许有壬：《至正集》卷77《正始十事》，《元人文集珍本丛刊》，新文丰出版公司1985年影印本，第7册，第347页。
⑦ （元）苏天爵著，陈高华、孟繁清点校：《滋溪文稿》卷26《灾异建白十事》，中华书局1997年版，第437—438页。

249

合赏赉者，明具公文，中书省斟酌奏闻。"①

但顺帝的诏书似乎没有起到多大作用，直到元末，滥赐的弊政仍然困扰着元朝政府。至正末，枢密副使李士瞻上疏极言时政，仍然提出要"节浮费、滥赏以助国用"，以期"天怒回于上，人怨销于下，士气鼓舞，而人思自奋矣"②。

其二，收回已赐田地的征税权甚至已赐田地，增加政府赋税收入。元朝从世祖开始至元末，赏赐给诸王、公主、驸马、百官、寺观等的田地不计其数。正因为赏赐太滥，所以不仅造成了民贫而官富、僧富的现象，而且政府赋税收入也受到严重影响，对此，蒙古统治者不得不采取相应措施。皇庆元年，仁宗敕"僧人田除宋之旧有并世祖所赐外，余悉输租如制"；延祐五年，重申此令："僧人除宋旧有及朝廷拨赐土田免租税，余田与民一体科征。"③ 至治二年，英宗又颁布了同样的敕令："江浙僧寺田，除宋故有永业及世祖所赐者，余悉税之。"④ 泰定二年，中书省臣向泰定帝建议，认为"江南民贫僧富，诸寺观田土，非宋旧置并累朝所赐者，请仍旧制与民均役"⑤。皇庆二年，中书省上奏的一份文书中，也要求收回赐给诸王、公主、驸马、寺观田地的征税权，以及收回部分已赐田地，以"供给国家"⑥。

到了顺帝初期，朝廷迫不得已，只好从受赐者的手中强行收还已赐田地。元统二年，朝廷规定，除忽必烈时期赏赐的，以及有影堂的寺院里拨赐的田地之外，其余"寿宁公主、南加八剌公主、扎牙八剌公主、班丹公主、速哥八剌公主、奴伦妃子、班的答八哈失庆寿长生观、明慧

---

① ［韩］韩国学中央研究院编：《至正条格》卷30《条格·赏令·泛滥赏赐》，2007年影印本，第115页。
② （元）李士瞻：《经济文集》卷1《上中书总兵书》，《丛书集成》续编，上海书店出版社1994年影印本，第110册，第293页。
③ （明）宋濂等：《元史》卷24、26《仁宗纪》，中华书局1976年点校本，第551、586页。
④ （明）宋濂等：《元史》卷28《英宗纪》，中华书局1976年点校本，第620页。
⑤ （明）宋濂等：《元史》卷29《泰定帝纪》，中华书局1976年点校本，第653页。
⑥ 方龄贵：《通制条格校注》卷16《田令·拨赐田土》，中华书局2001年版，第485页。

报恩寺、捌思丹姑姑寺、承天、永福寺、崇恩寺，将这的每根底元拨赐与来的地土，验数还官"①，同时勒令还官的田地如下表所示。

元统二年收回已赐田地表

受赐者	原赐田地数	收回田地数
住奴皇后	100 顷	50 顷
道道（塔失帖木儿驸马之母）	100 顷	50 顷
普纳公主	499 顷 92 亩	199 顷 92 亩
荅里海牙公主	500 顷	200 顷
大长公主	500 顷	200 顷
赵王	500 顷	200 顷
孛罗大王	149 顷 69 亩	99 顷 69 亩
拜住	100 顷	50 顷
普安大万圣祐国寺	500 顷	200 顷
福藏司徒昭福寺	30 顷	20 顷
原教寺	100 顷	50 顷
畏兀儿哈蓝寺	313 顷 59 亩	113 顷 59 亩
永福寺	50 顷 5 亩	30 顷 5 亩
圣安寺	91 顷 21 亩	31 顷 21 亩
天庆寺	50 顷	30 顷
难的沙津爱护持	50 顷	30 顷
延洪寺	150 顷	75 顷
妙净寺	40 顷	20 顷
阿怜帖木儿八哈赤寺	50 顷	25 顷
失剌千姑姑至大寺	148 顷 51 亩	74 顷 25 亩半
崇真万寿宫	100 顷	50 顷
永安寺	50 顷	30 顷
合计	4172 顷 97 亩	1828 顷 71 亩半

资料来源：《至正条格·条格》"田令·拨赐田土"。

---

① [韩]韩国学中央研究院编：《至正条格》卷26《条格·田令·拨赐田土》，2007年影印本，第57—58页。

表中所列受赐者（包括诸王、公主、官员、寺观）只有22位，受赐田地4172.97顷，平均受赐土地近190顷。无论是受赐者还是受赐田地，表中所列应当只是一个零头。如果将所有赐田数加起来，则这个数目一定非常庞大。据上表，朝廷从受赐者手中收回土地1828.715顷，占已赐土地的近44%，这个比例接近已赐田地的一半，说明朝廷回收田地的力度是很大的，也反映出元朝政府由于赋税收入的影响而给财政造成的压力很大。值得注意的是，这次收回田地的主要对象是公主和寺院，诸王和百官较少，并且收回土地的亩数精确到了半亩，说明朝廷和诸王、公主、驸马、百官、寺观之间争夺田地的斗争是非常尖锐的，而在这场斗争中，朝廷应该是向诸王、百官有所妥协。

其三，处罚违纪人员，规范赏赐程序。元朝蒙古贵族和官员将士因政府巨额赏赐而获利者比比皆是，于是社会上普遍出现了不惜以身试法的冒支、索要赏赐的投机者。为了刹住这股歪风，针对相关违纪人员，元朝政府采取了一系列措施加以限制和处罚。综合起来，主要有以下几点。

第一，拘捕或罢黜违纪人员。如至大四年，武宗批准有关部门可以拘捕那些冒支怯薛袄子等给赏的违纪人员。至顺三年，中书省批准了刑部的一份奏疏，允许革除那些冒名顶替怯薛歹支取衣装赏钱的违纪官员。[①] 后至元二年（1336），顺帝批准中书省的奏章，同意罢黜玩弄手段、巧设名目索要赏赐的官员："近年以来，管钱粮的衙门官员，自其间里使见识，互相奏请要的多有。今后似这般要的，重要了罪过，勾当里黜罢。"[②]

第二，禁止相关部门和官员越级请赐，规范请赐程序。《至正条格》载：

元统二年四月二十八日，中书省奏："内外官员，既有名爵

---

① ［韩］韩国学中央研究院编：《至正条格》卷23《条格·仓库·冒关衣装赏钱遇革》，2007年影印本，第18页。
② ［韩］韩国学中央研究院编：《至正条格》卷30《条格·赏令·泛滥赏赐》，2007年影印本，第115页。

以荣其身，俸禄以赡其家，互相奏索金银、钱物，好生蠹耗国财。今后除果有功勋、著明实绩必合赏赐者，从中书省闻奏。其余掌管钱粮官员，隔越中书省互相奏索要的，并行禁止，违者以违制论。各衙门非奉都省明文，不教应付呵，怎生？"奏呵，奉圣旨："那般者。"①

这条条格要求核实受赐者的功绩、受赐原因，确实该赏赐者，由中书省报经皇帝审批，然后由中书省传圣旨或颁发公文进行给赏；不该受赐或隔越中书省直接向皇帝讨赐者，一概禁止，违者以违制论处。

第三，追回官员将士以欺骗等非正常程序和方式获得的赏赐钱物。《至正条格》载：

> 至元二年六月十九日，中书省奏："……又在前不拣甚么合支的物色，与本色有来。近年以来，如无本色，于别物内折支与有。如今似这般折支与的，有呵，将物色追了，重要罪过呵，怎生？又寺监官骑坐铺马，吃着首思，起运将计置钱物来呵，是他每合做的勾当，使见识要赏的也有。如今似这般要的，教回纳还官，今后休教与呵，怎生？"奏呵，奉圣旨："那般者。"②

四

据上所述，我们可以发现，"泛滥赏赐"的弊政与整个元王朝相始终。尽管元朝政府早已意识到其危害性，也群策群力采取了一系列措施进行补救，但终元一代，蒙古统治者最终也没能根治这一痼疾。那么，是什么原因造成了元代社会的这个不治之症呢？笔者以为有如下几个方面。

---

① ［韩］韩国学中央研究院编：《至正条格》卷30《条格·赏令·泛滥赏赐》，2007年影印本，第114—115页。
② 同上书，第115页。

253

其一，元朝"泛滥赏赐"的形成，是蒙古统治者沿袭"国朝成法"中传统的财产分配观念的结果。"太祖皇帝初起北方时节，哥哥弟兄每商量定，取天下了呵，各分地土，共享富贵。"① 根据这一约定，成吉思汗建国后，就将土地、百姓分封给了母亲、诸弟和诸子，从而形成了左、右手诸王，他们的领地被称为兀鲁思。可见，在成吉思汗看来，大蒙古国的财富是黄金家族成员共同占有的，所以他实行的分封制，实际上就是一种赏赐。这种财产分配观念的传统，其后的蒙古统治者大都加以继承和贯彻。这应是造成元朝赏赐泛滥的思想观念上的原因。

其二，"泛滥赏赐"的形成，与蒙古统治者维护国家安全和统一的需要有关。成吉思汗建立大蒙古国后，实行分封制，分封领主往往"享有较完整的军政财诸权，其封地近似独立王国"②。忽必烈建立元朝后，开始强化大汗的权威，加强中央集权。中央集权与传统分封制显然是一对矛盾，蒙古大汗解决这对矛盾的办法之一，就是用巨额赏赐换取分封领主的权力。其实，用恩赏代替汤沐邑换取蒙古贵族对大汗效忠的办法，早在太宗时耶律楚材就已经提出来了。1236 年，"忽睹虎以户口来上，议割裂诸州郡分赐诸王贵族，以为汤沐邑。公曰：'尾大不掉，易以生隙。不如多与金帛，足以为恩'"③。但在必要的中央集权没有建立起来时，这种办法并没有得到贯彻执行，真正的执行是在忽必烈建立元朝之后。此类例子《元史》本纪中记载甚多。

其三，"泛滥赏赐"的形成，也是元朝政治派系斗争及保障皇室安全需要的结果。忽必烈战胜幼弟阿里不哥夺取汗位后，中统元年颁发的岁赐中，凡是支持阿里不哥的诸王，岁赐均被废止，而支持他夺汗位有功的东道诸王，则一一追加了岁赐。④ 至元二十四年，乃颜响应海都据辽东反叛，东道诸王纷纷附和，忽必烈亲征，最终平定了叛

---

① 陈高华、张帆、刘晓、党宝海点校：《元典章·吏部》卷 3《官制·投下官·改正投下达鲁花赤》，中华书局、天津古籍出版社 2011 年版，第 296 页。
② 李治安：《元代政治制度研究》，人民出版社 2003 年版，第 417 页。
③ （元）宋子贞：《中书令耶律公神道碑》，载（元）苏天爵编《元文类》卷 57，《四部丛刊》初编本。
④ 参见史卫民《元岁赐考实》，载元史研究会编《元史论丛》第 3 辑，中华书局 1986 年版，第 149—150 页。

乱，处死乃颜。平叛过程中，东道诸王受牵连者不少，其所受岁赐自然被黜削，而支持忽必烈的人，则因功得到了丰厚的赏赐。如按答儿秃，因征叛王乃颜有功，至元二十五年受赐金 1250 两、银 125000 两、钞 25000 锭、币帛布氎布 23666 匹。诸王爱牙合赤等也因功受赐金 1000 两、银 18360 两、丝 10000 两、绵 83200 两、金素币 1200 匹、绢 5098 匹。①《新元史》所载世祖朝岁例之外的赐赍有 9 次，其中赏赐人数最多、规模最大的就在至元二十五年，这显然也与平定乃颜叛乱有关。

"泛滥赏赐"是从元朝一开始就形成的恶习，其后历代蒙古统治者都加以遵循和贯彻，也有蒙古大汗因为财政难以维系而试图停止或减少滥赐，但结果不但加剧了朝廷的矛盾和斗争，这种做法甚至成为威胁大汗汗位和性命的重要因素，"南坡之变"英宗被弑即为一例。鉴于此，蒙古统治者在处理停止或减少赏赐的问题时心有余悸，是要冒一定政治风险的，他们出于巩固汗位和保障个人生命安全的需要，往往沿袭了滥赐的风气。

其四，赏赐对象的范围不断扩大，人数越来越多，这也是造成元朝滥赐的一个原因。为了笼络蒙古、色目贵族，赢得他们的拥戴和支持，有元一代蒙古统治者赏赐的范围总体上是呈扩大的趋势。如太宗时期颁发岁赐的对象，包括成吉思汗之子、弟，成吉思汗的四大斡耳朵，以及他的叔父答里真。宪宗蒙哥时期，除了承袭窝阔台确定的岁赐对象外，还增加了蒙哥诸弟（包括同父异母诸弟）和太宗之孙失烈门的岁赐。到世祖末年，受赐者已形成"内族星布，外戚云分"的局面。② 成宗时期，除了赏赐诸王之外，诸王之幼王也被纳入受赏之列。元贞元年，"赐诸王不颜铁木而、阿八也不干金各五百两、银五千两、钞二千锭、币帛各二百匹，其幼王减五分之一"③。

不仅如此，元朝政府赏赐的数额在世祖、成宗时期也不断增加，

---

① （明）宋濂等：《元史》卷 118《特薛禅传》、卷 15《世祖纪》，中华书局 1976 年点校本，第 2918、317、318 页。

② （明）黄淮、杨士奇编：《历代名臣奏议》卷 77《宗室》，上海古籍出版社 2012 年影印本，第 1059 页。

③ （明）宋濂等：《元史》卷 18《成宗纪》，中华书局 1976 年点校本，第 398 页。

这就更加重了政府财政的负担。据《元史·世祖纪》记载，中统元年，元朝赏赐合计银 60850 两，段 3050 匹，钞 141 锭，绵 5148 斤，绢 5098 匹；至元二十五年，赏赐合计金 3100 两，[①] 银 152355 两，钞 11000 锭，段 43900 匹，绢 9598 匹，绵 8320 斤，丝 10000 两；至元二十六年，赐诸王、公主、驸马的岁例为金 2000 两，银 252630 两，钞 110290 锭，币 122800 匹；至元二十七、二十八、三十年，则按照至元二十六年的岁例颁赐。至元三十一年，成宗即位后，规定诸王、驸马的赏赐，"赐金一者加四为五，银一者加二为三"[②]。可见，受赐者所得的份额在不断增加。这正如《元史·食货志》所谓，岁赐"始定于太宗之时，而增于宪宗之日"，世祖时"又各益以民户"，至成宗"复加至二贯"。而于岁赐之外，"诸王、后妃又时有赐与，糜款巨万，廷臣屡言之，虽曰笃亲亲之义，然亦滥矣"[③]。

其五，对藏传佛教的滥赏滥赐，与蒙古统治者为寻找统一中国、对外扩张提供有效的思想理论根据和巩固对吐蕃地区统治的需要有关。忽必烈建立元朝后，在利用何种宗教来为自己统治服务的问题上，是经过一番仔细考量的。蒙古人建立的蒙元帝国，其疆域之大，民族之多，是中国历史上任何一个朝代都没有过的。他们要统治的，不仅是汉人，蒙古下层人民，而且还有形形色色的色目人。所以选用何种思想文化作为统治国家的指导思想，这是一个非常重要的问题。忽必烈身边虽然有一群儒士，金莲川幕府对他也产生过重要影响，他自己对"汉法"也表现出浓厚的兴趣，但他绝不希望自己的王朝被彻底"汉化"，因而在思想文化方面，他选择了以藏传佛教为代表的藏族文化。因为藏传佛教和蒙古人所信仰的萨满教有很多共同之处，藏传佛教又不排斥在中原地区已非常流行的汉传佛教，而藏传佛教又是吐蕃人、西夏人等色目人尊奉的宗教。同时，藏传佛教的领袖更是积极附会蒙古大汗，投其所好，甚至从藏传佛教教义的角度附会蒙古

---

① 史卫民统计该年赐金共计 1700 两，与笔者的统计结果不同。该年赐按答儿秃金 1250 两，赐爱牙合赤金 1000 两，两项相加即有 2250 两。
② （明）宋濂等：《元史》卷 18《成宗纪》，中华书局 1976 年点校本，第 382 页。
③ 柯劭忞：《新元史》卷 77《食货志》，《元史二种》，上海古籍出版社 2012 年影印本，上册，第 365 页。

统治的合法性，为蒙古统治提供思想理论武器。这与儒家千年来宣扬的"中原正统"论形成了显明的对比，比儒家的君臣理论更符合当时正四处扩张的蒙古贵族的政治需要。蒙古统治者从自己的"天下"观出发，在藏传佛教这里终于找到了为其统一中国、对外扩张服务的思想理论根据，因此对藏传佛教便格外青睐，自然，对藏传佛教大加赏赐也就合乎情理。

（原载《江苏社会科学》2010年第6期）

元代史籍所载羊肉的食用和食疗

羊肉（文中叙述中，也包括羊内脏、羊血、羊骨、羊髓、羊乳、羊脂等）是蒙古族、回族、维吾尔族等民族喜食的主要肉类，也深受其他兄弟民族的喜爱。元代蒙古人、回回人遍布全国，羊肉的食用也由此十分普遍，所谓"宰羊为粮"[①]"牧而庖者，以羊为常"[②]"食则以膻肉为常，粒米为珍"[③]（"膻肉"，即羊肉）。元朝中央政府设有饮膳太医一职，专门负责王公贵族的日常生活。在饮膳太医为皇族贵戚制定的菜谱中，羊肉不仅是制作聚珍异馔的主要肉类，而且也是食疗配方的主料；不但食用价值高，更具有一定的食疗作用。在民间，元人在食用羊肉的同时，还将一些食谱编成歌诀，方便记忆、使用，反映出元人对羊肉的钟爱。这种颇具民族特色的饮食文化，是我国传统民族饮食文化中不可缺少的组成部分。本文的目的即在于：通过对元代羊肉食用和食疗的探讨，能窥元代饮食文化成就之一斑，也希望有助于人们对羊肉食疗价值的认识和应用。

一 元代羊肉的食用

元代两部史籍《居家必用事类全集》（以下简称《全集》）和忽

---

① 王国维：《蒙鞑备录笺证·粮食》，《王国维遗书》，上海古籍书店1983年影印本，第13册，第13页。
② 王国维：《黑鞑事略笺证》，《王国维遗书》，上海古籍书店1983年影印本，第13册，第5页。
③ （元）王恽：《秋涧先生大全文集》卷100《张参议耀卿纪行》，《元人文集珍本丛刊》，新文丰出版公司1985年影印本，第2册，第532页。

思慧的《饮膳正要》（以下简称《正要》）是研究元代饮食文化的十分重要的史料，也是研究元代羊肉食用和食疗的重要史料。《全集》大约编成于元代中后期，现知最早的刻本是后至元五年（1339）友于书堂刊本。其后椿庄书院据该本又重新刊刻，并仍保留了友于书堂刊本的牌记"至元己卯孟夏，友于书堂印行"。椿庄书院新刊本流传至今，但仅存甲、乙两集，收藏于国家图书馆。《全集》在元明清时期均比较流行，明代有多种刊本行世，清代也有刻本和抄本留传下来。此外，日本和朝鲜也有刻本传于世。尽管元代刊本仅有残本留传下来，但从元代的总目和明代刊刻《全集》总目对比来看，二者均是按十天干分集编排，内容并无大的变化。忽思慧于元仁宗延祐中任饮膳太医，他于天历三年（1330）编成《正要》一书，这是一部十分珍贵的蒙元宫廷食谱。综合二书来看，元代食谱方中用羊肉为作料的近150方，其中《正要》77方，占全部94方的近82%；《全集》70方，占全部151方的46%。可见在元代，从民间至宫廷，羊肉都备受欢迎。

《正要》所载"聚珍异馔"是专门为宫廷饮食所收集的食谱方，其中用羊肉的77方分别是：

马思答吉汤、大麦汤、八儿不汤、沙乞某儿汤、苦豆汤、木瓜汤、松黄汤、粆汤、大麦筭子粉、大麦片粉、糯米粉挡粉、河豚羹、阿菜汤、鸡头粉雀舌馎子、鸡头粉血粉、鸡头粉撅面、鸡头粉挡粉、鸡头粉馄饨、杂羹、荤素羹、珍珠粉、黄汤、三下锅、葵菜羹、瓠子汤、团鱼汤、盏蒸、苔苗羹、围像、春盘面、皂羹面、山药面、挂面、经带面、羊皮面、秃秃麻食、细水滑、水龙馎子、马乞、搠罗脱因、乞马粥、汤粥、河西米汤粥、撒速汤、炙羊心、炙羊腰、河西肺、姜黄腱子、鼓儿签子、带花羊头、鱼弹儿、芙蓉鸡、肉饼儿、盐肠、脑瓦剌、蒲黄瓜齑、攒羊头、细乞思哥、肝生、炸腶儿、熬蹄儿、熬羊胸子、红丝、烧雁、柳蒸羊、仓馒头、鹿奶肪馒头、茄子馒头、剪花馒头、水晶角儿、酥皮奄子、撒列角儿、时萝角儿、天花包子、荷莲兜子、颇儿必汤、米哈讷关列孙。①

《全集》对饮食类所载食谱方做了比较细致的分类，其中 70 方用有羊肉，笔者归纳如下。

烧肉品：筵上烧肉事件（羊膊煮熟烧、羊肋生烧、腰子生烧、羊耳舌生烧、羊胹肪半熟烧、全身羊炉烧）、锅烧肉、划烧肉、碗蒸羊。

煮肉品：羊肉滚汤下，盖定慢火养。

肉下酒：生肺（要用山羊肺）、酥油肺（要用羯羊肺）、琉璃肺、肝肚生、聚八仙。

肉灌肠红丝品：松黄肉丝、韭酪肉丝、灌肠、灌肺、汤肺。

肉下饭品：千里肉、干醃豉、法煮羊头、法煮羊肺、骨炙、一了百当、马驹儿、盘兔。

肉羹食品：骨插羹、萝卜羹、炒肉羹、四色荔、油肉酿茄、油肉豉茄。

回回食品：卷煎饼、糕糜、酸汤、秃秃麻失、海螺厮、哈里撒、河西肺。

女真食品：厮剌葵菜冷羹、蒸羊眉突。

湿面食品：玲珑拨鱼、玲珑馎饦。

干面食品：打拌馅、羊肚馅、鱼包子、鹅兜子、杂馅兜子、荷莲兜子、水晶鲲饠。

从食品：肉油饼、酥蜜饼、七宝卷煎饼、驼峰角儿。

腌藏肉品：江州岳府腊肉法、脯法、羊红肝、羊鹿獐等肉、羊牛等肉、夏月收肉不坏、夏月收熟肉、夏月收生肉、夏月煮肉停火。

煎酥乳酪品：煎酥法。

诸酱类：造肉酱法。

酒麹类：羊羔酒。②

---

① 尚衍斌、孙立慧、林欢：《〈饮膳正要〉注释》第 1 卷《聚珍异馔》，中央民族大学出版社 2009 年版，第 81—112 页。

② 《居家必用事类全集·己集·庚集》，《北京图书馆古籍珍本丛刊》，书目文献出版社 1988 年影印本，第 61 册，第 266—281、284、254—257、247、241 页。

从上述食谱方可以看出，元代羊肉的烹制技术十分全面，方法多种多样，包括烤、烧、蒸、炖、煮、炒、烩、炸（煎）、熬、凉拌、腌、曝（晒）、酿等。制作的饮食品种齐全、种类繁多，仅汤菜的品种就有二十多种。此外还包括各种面食、腊肉，乃至用羊肉做的肉酱和酿制的酒。其中一些菜的制作十分精细、讲究，如荷莲兜子要用羊肉、羊尾子、鸡头仁、松黄、八檐仁、蘑菇、杏泥、胡桃仁、必思答仁、胭脂、栀子、小油、生姜、豆粉、山药、鸡子、羊肚、羊肺、苦肠、葱、醋、芫荽叶、豆粉、盐、酱、五味等二十多种食材、佐料和调料。① 系西天茶饭的撒速汤，要用羊肉两脚子、头蹄1付、苹果4个、官桂3两、生姜半斤、哈昔泥（阿魏，波斯语"angnyan"的汉译。忽思慧据波斯语"kasni"译为"哈昔泥"②）如两个回回豆子大，具体制作方法和过程如下。

用水一铁络熬成汤，于石头锅内盛顿，下石榴子一斤，胡椒二两，盐少许，炮（泡）石榴子，用小油一勺，哈昔泥如豌豆一块，炒鹅黄色、微黑，汤末子油去净，澄清。用甲香、甘松、哈昔泥、酥油烧，烟薰瓶，封贮任意。③

哈昔泥要炒得鹅黄色、微黑为好，要求盛汤的锅必须是石头锅，对火候的掌握、烹饪的器皿也提出了要求。再如剪花馒头（实为今天包子一类），蒸之前要用剪刀剪出诸般花样，蒸熟后要用胭脂染花，这主要是为了制成的成品不仅具有食用价值，而且还要具有观赏价值，讲求食品色香味俱全。《全集》"烧肉品"中"筵上烧肉事件"类下，要求羊膊要煮熟烧，羊肋、腰子、羊耳舌要生烧，羊脎肪要半熟烧，全身羊要炉烧。"肉下酒"中"假炒鳝"，要求将煮熟的羊臂

---

① 尚衍斌、孙立慧、林欢：《〈饮膳正要〉注释》第1卷《聚珍异馔》，中央民族大学出版社2009年版，第111页。
② 邱树森主编：《中国回族史》，宁夏人民出版社1996年版，上册，第295—296页。
③ 尚衍斌、孙立慧、林欢：《〈饮膳正要〉注释》第1卷《聚珍异馔》，中央民族大学出版社2009年版，第98页。

肉"斜纹切之","纵横切皆不可,唯斜纹切为制"①。对于羊肉的刀切方法也颇为考究。

更有趣的是,当时一些肉类的制作方法还被编成歌诀,如《脯法》一方:

> 不论猪羊与大牢,一斤切作十六条。
> 大盏醇醪小盏醋,马芹莳萝入分毫。
> 拣净白盐秤四两,寄语庖人慢火熬。
> 酒尽醋干方是法,味甘不论孔闻《韶》。②

这首《脯法》的歌诀读起来朗朗上口,便于记忆,说明元代《脯法》比较普及,制成的羊肉脯也深受人们喜爱,是人们常吃的一种食品。

元代回回人遍布全国,所谓"元时回回遍天下"③,加之蒙古人亦以羊肉为主要肉食,所以羊肉的食用十分普遍,消费量也就很大。④蒙古贵族在举行"只孙宴"(又称"诈马宴"。"只孙"为蒙古语"jisün"的音译,或作"质孙",其义为"颜色"。"诈马"为波斯语"jāmah"的音译,"衣服"之意⑤)时,"大官用羊二千",宴会十分气派,"大宴三日酣群惊,万羊臠炙万瓮醁"⑥。虽然"万羊"并不一定是实指,但一次宴会就要食用大量的羊肉则是显而易见的。居于江南的回回人,也同样食用羊肉或用羊肉制成的食品。杂剧《酷寒亭》第三折中张保说:"小人江西人氏,姓张名保,因为兵马嚷乱,遭驱

---

① 《居家必用事类全集·庚集》,《北京图书馆古籍珍本丛刊》,书目文献出版社1988年影印本,第61册,第266、268页。
② 《居家必用事类全集·己集》,《北京图书馆古籍珍本丛刊》,书目文献出版社1988年影印本,第61册,第255页。
③ (清)张廷玉等:《明史》卷332《西域传·撒马儿罕》,中华书局1974年点校本,第8598页。
④ 参见陈伟明《元代肉类的消费生产与南北差异》,《暨南学报》1992年第2期。
⑤ 陈得芝:《也谈"诈马宴"——兼议汉语中外来语译名词义的演变》,载达力扎布主编《中国边疆民族研究》第7辑,中央民族大学出版社2013年版,第47、48页。
⑥ (元)周伯琦:《近光集》卷1《诈马行》,文渊阁《四库全书》本。

被虏,来到回回马合麻沙宣差衙里……他家里吃的是大蒜臭韭、水答饼、秃秃茶食,我那里吃的,我江南吃的都是海鲜。"① 但过量地食用,尤其是羔羊和母羊,会影响到羊只的繁衍,从而使畜牧业的发展受到一定的破坏。为此,元廷不得不颁布相关法令,以禁止大量宰食羔羊和母羊。《元典章》记载至元九年(1272)、至元二十八年元廷两次下令禁止宰杀羔羊,至元三十年下令禁杀母羊。

至元九年,中书省札付:四月十一日奉圣旨:"中书省官人每根底,你真孛罗言语:'大都为头汉儿城子里,羔儿多杀有。'么道。如今不拣阿谁,羔儿休杀者。这圣旨听得呵,羔儿卖来的人,十个羔儿价钱,见的人要者。又明知道卖了杀底人,二十个羔儿的价钱,见来的人要者。"么道,圣旨了也。俺上都里行了榜也。这文书到呵,撺掇各路分里榜文字行者。钦此。②

至元二十八年四月二十一日,奉圣旨:"休杀羊羔儿吃者。杀来的人根底,打一十七下,更要了他的羊羔儿者。"么道。钦此。③

至元三十年十二月,中书省:"先传奉圣旨:'今后母羊休杀者。有呵,官司买了,散与怯薛歹,交孳生者。'么道,圣旨有来。这言语听呵,别个城子里将的卖去有。'那里也休杀者。'么道,交行文书呵,怎生?"么道,奏呵,"那般者。"么道,圣旨了也。"这里的,用课程钱小母羊买要了,月赤察儿、只儿哈郎根底分付者。穷暴的根底与。"么道,圣旨了也。又海答儿交奏:"老母羊根底,立下证见交杀呵,怎生?"么道,奏呵,"那般

---

① (明)臧晋叔编:《元曲选》,中华书局1989年重排版,第1008页。
② 陈高华、张帆、刘晓、党宝海点校:《元典章·刑部》卷19《诸禁·禁宰杀·禁杀羊羔儿例》,中华书局、天津古籍出版社2011年版,第1893页。
③ 陈高华、张帆、刘晓、党宝海点校:《元典章·刑部》卷19《诸禁·禁宰杀·杀羊羔儿断例》,中华书局、天津古籍出版社2011年版,第1896页。

者。"么道。钦此。①

元代有些羊肉食品的做法与今天一些民族食品的制作方法比较接近。如《正要》所记"柳蒸羊"和《全集》所记"全身羊"，与我们今天的烤全羊的制作方法即大同小异。《正要》所记"柳蒸羊"是于地上作炉，深三尺，用石头砌四周，用火烧通红，然后把带毛的全羊放在铁芭上置入炉中。后用柳条"盖覆土封"，候熟即可。② 名为"柳蒸羊"，实际上是将整只羊烤熟。《全集》虽然未记载"全身羊"的具体烧烤方法，但亦是将整只羊烧烤至熟。而《全集》所载将羊腰子、羊耳舌等串在签子上烧烤，与今天流行的"羊肉串"即无二致。可见，元代羊肉食品的一些制作方法对今天的一些清真菜、风味小吃是有一定的影响，尤其是《全集》所记"回回食品"，更是回回民族的特色菜，流传至今，演变成风靡大江南北的清真菜。

元代回回人食用羊肉，严格遵循其民族习俗，正如元朝回回官员和叔（凯霖）所说："予非敢变予俗，而取摈于同类也。"③ 这种怕被同类摈弃的心理，使元代回回人在食用羊肉时恪守伊斯兰教规定的宰牲法，即"断喉法"：

> 有回教商人来自忽里（Couris）及乞儿吉思之地，贡白鹘及白爪红喙之鹰（sancours）。帝示殊待，赐以御食，其人拒不食，忽必烈询其故，对曰："杀牲未遵其教法，其肉不洁，故不食。"④

---

① 陈高华、张帆、刘晓、党宝海点校：《元典章·刑部》卷19《诸禁·禁宰杀·禁休杀母羊》，中华书局、天津古籍出版社2011年版，第1896—1897页。
② 尚衍斌、孙立慧、林欢：《〈饮膳正要〉注释》第1卷《聚珍异馔》，中央民族大学出版社2009年版，第107页。
③ （元）许有壬：《至正集》卷53《西域使者哈只哈心碑》，《元人文集珍本丛刊》，新文丰出版公司1985年影印本，第7册，第251页。
④ [瑞典]多桑：《多桑蒙古史》，冯承钧译，上海书店出版社2001年版，上册，第328页。

元代站赤林立，交通发达。"回回使臣到城，多称不食死肉，须要活羊"①，"百姓苦之"②。于是蒙古统治者遂以回回人不吃不按伊斯兰教规定的"断喉法"宰杀之羊为由，对回回人进行了严厉的惩罚。《元典章》对此有很详细的记载。

  成吉思皇帝降生，日出至没，尽收诸国，各依风俗。这许多诸色民内，唯有回回人每，为言"俺不吃蒙古之食"上，"为天护助，俺收抚了您也。您是俺奴仆，却不吃俺底茶饭，怎生中？"么道，便教吃。"若抹杀羊呵，有罪过者。"么道，行条理来。这圣旨行至哈罕皇帝时节。自后，从贵由皇帝以来，为俺生的不及祖宗，缓慢了上，不花剌地面里苔剌必八八剌达鲁沙一呵的这的每起歹心上，自被诛戮，更多累害了人来。自后，必阇赤赛甫丁、阴阳人忽撒木丁、麦术丁也起歹心上，被旭烈大王杀了，交众回回每吃本朝之食，更译出木速合文字与将来去。那时节合省呵，是来。为不曾省上，有八儿瓦纳又歹寻思来，被阿不合大王诛了。那时节也不省得。如今，直北从八里灰田地里将海青来底回回每，"别人宰杀来的，俺不吃"么道，骚扰贫穷百姓每来底上头，从今已后，木速鲁蛮回回每，术忽回回每，不拣是何人杀来的肉，交吃者。休抹杀羊者。休做速纳者。若一日合礼拜五遍的纳麻思上头，若待加倍礼拜五拜做纳麻思呵，他每识者。别了这圣旨，若抹杀羊胡速急呵，或将见属及强将奴仆每却做速纳呵，若奴仆首告呵，从本使处取出为良，家缘财物不拣有的甚么，都与那人。若有他人首告呵，依这体例断与。③

---

  ① （明）谢缙等：《永乐大典》卷19416《站·站赤》，中华书局1986年影印本，第8册，第7192页。
  ② （明）宋濂等：《元史》卷10《世祖纪》，中华书局1976年点校本，第217页。
  ③ 陈高华、张帆、刘晓、党宝海点校：《元典章·刑部》卷19《诸禁·禁宰杀·禁回回抹杀羊做速纳》，中华书局、天津古籍出版社2011年版，第1893—1894页。参见［波斯］拉施特主编《史集》第2卷，余大钧、周建奇译，商务印书馆1985年版，第346—347页；（明）宋濂等：《元史》卷10《世祖纪》，中华书局1976年点校本，第217—218页。

但回回人最终还是顶住了压力，并且以回回商人不来元朝做生意相威胁，最终迫使元廷让步，从而使回回人的饮食习俗受到了尊重。《多桑蒙古史》记载，忽必烈下令"禁止用断喉之法杀羊……回教贵人及回教教长乃求丞相桑哥进言于帝，言回教商人不复至中国，列献之物因缺，而其货物所纳之关税因无所得，忽必烈乃收回其禁令"①。终元一世，回回人一直坚持这一习俗。元末，中世纪四大旅行家之一的伊本·白图泰来华到杭州时，当地长官郭尔塔宴请他，"请来了穆斯林厨师，按伊斯兰教法宰牲治席"②。说明当时有专门的穆斯林厨师，并按伊斯兰教法宰牲。

二　元人对羊肉食疗价值的认识和应用

食疗在我国有悠久的历史。历代帝王往往都很重视自身的医药养生，食疗亦为其所重。据《周礼·天官》所记，古代有师医、食医、疾医、疡医等，"分职而治"，其中食医专司宫廷饮食和齐、四季所宜。此后，历代皆有类似制度与职官设置。隋唐之际著名的医学家孙思邈就很重视食疗，他说："卫汜称扁鹊云：安身之本，必须于食；救疾之道，惟在于药。不知食宜者，不足以全生；不明药性者，不能以除病。故食能排邪而安脏腑，药能恬神养性以资四气。故为人子者，不可不知此二事。是故君父有疾，期先命食以疗之，食疗不愈，然后命药。"③至元代，食疗更为成吉思汗、忽必烈等蒙古统治者所重视。忽必烈"食饮必稽于本草"④，设置有饮膳太医4人，"于本草内选无毒、无相反、可久食，补益药味，与饮食相宜，调和五味，及每日所造珍品。御膳必须精制，所职何人，所用何物。进酒之时，必

---

① ［瑞典］多桑：《多桑蒙古史》，冯承钧译，上海书店出版社2001年版，上册，第328页。
② ［摩洛哥］伊本·白图泰：《伊本·白图泰游记》（校订本），马金鹏译，宁夏人民出版社2000年版，第553页。
③ （唐）孙思邈著，李景荣等校释：《千金翼方校释》，人民卫生出版社1998年版，第203页。
④ （元）虞集撰，王颋点校：《虞集全集》上册《饮膳正要序》，天津古籍出版社2007年版，第469页。

用沉香木、沙金、水晶等盏。斟酌适中，执事务合称职。每日所用，标注于历，以验后效"①，对食疗表现出由衷的热爱。在这种背景下，元人对饮食卫生、营养保健等医学知识有了进一步的认识。饮膳太医忽思慧认为：

> 保养之法，莫若守中，守中则无过与不及之病。调顺四时，节慎饮食，起居不妄，使以五味调和五藏。五藏和平则血气资荣，精神健爽，心志安定，诸邪自不能入，寒暑不能袭，人乃怡安。夫上古圣人治未病，不治已病，故重食轻货，盖有所取也。②

他对身心与保健的辩证关系做了高度的概括，认为通过保养来调和五脏，可使心志安定。同时指出，加强营养保健，重视食疗，防患于未然，是保持健康的重要因素。在《正要》卷1《养生避忌》中，忽思慧更进一步指出了饮食和健康的关系。

> 先饥而食，食勿令饱；先渴而饮，饮勿令过。食欲数而少，不欲顿而多。盖饱中饥，饥中饱，饱则伤肺，饥则伤气。若食饱，不得便卧，即生百病。③

饮食要适中，过多、过少都会伤害身体，影响健康，这一观点很符合饮食规律。

在具体实践中，元人总结出羊肉的食疗作用。综合起来看，主要体现在以下几个方面。

1. 对羊肉食疗价值的总体认识。

《正要》卷3《兽品》记载了羊肉及其血液、器官等的药性及对

---

① 尚衍斌、孙立慧、林欢：《〈饮膳正要〉注释》卷首《注释·进书表》，中央民族大学出版社2009年版，第72页。
② 同上书，第73页。
③ 尚衍斌、孙立慧、林欢：《〈饮膳正要〉注释》第1卷《养生避忌》，中央民族大学出版社2009年版，第75页。

人体的食疗价值，现据以列表如下。

《饮膳正要》所载羊肉食疗作用

名称	药性及食疗作用
羊肉	味甘，大热无毒。主暖中，头风，大风出汗，虚劳寒冷，补中益气。
羊头	凉。治骨蒸脑热，头眩瘦病。
羊心	主治忧恚膈气。
羊肝	性冷。疗肝气虚热，目赤暗。
羊血	主治女人中风，血虚。产后血晕闷欲绝者，生饮一升。
羊五藏	补人五藏。
羊肾	补肾虚，益精髓。
羊骨	热。治虚劳，寒中羸瘦。
羊髓	味甘温。主治男女伤中，阴气不足，利血脉，益经气。
羊脑	不可多食。
羊酪	治消渴，补虚乏。
黄羊	味甘温，无毒，补中益气，治劳伤虚寒。……其脑不可食，髓骨可食，能补益人，煮汤无味。
山羊	味甘平，无毒，补益人。
羖䍽	味甘平，无毒，补五劳七伤，温中益气，其肉稍腥。

2. 羊肉在加强营养保健、治疗疾病中的具体应用。

《全集》记载：

> 大体用药之法，以冷治热，以热治冷，实则泻之，虚则补之，此用药之大要也。人若能知其食性，调而用之，则倍胜于药也。缘老人之性，皆厌于药而喜于食，治疾之宜用于患者，况是老人之疾，慎于吐痢，尤宜用食以治之。凡老人有患，宜先以食治，食治未愈，然后命药，此养老人之大法也。是以善治病者，不如善慎疾，善治药者，不如善治食。①

---

① 《居家必用事类全集·壬集》，《北京图书馆古籍珍本丛刊》，书目文献出版社 1988 年影印本，第 61 册，第 344 页。

这段论述十分精辟，对于以饮食治疗老人疾病、加强老人营养保健具有很重要的指导意义。据《正要》和《全集》的记载，羊肉在治疗老年人疾病方面效果明显。《全集》所载专治老人疾病的羊肉食疗配方有：食治养老益气方，包括枸杞煎方、法煮羊头方、羊肝羹方；食治五劳七伤诸方，专治老人五劳七伤、体虚无力，有暖腰壮阳道药饼子方、羊肾苁蓉羹方；食治老人虚损羸瘦方，包括骨汁煮饼方、羊肉粥方、鸡子索饼方；食治老人脾胃气弱方，有羊肉索饼方、鸡子馎饦方、曲末索饼子方、羊脊骨粥方；治疗老人肝脏虚弱，远视无力，如补肝羊肝羹方；食治噎塞诸方，如羊肉索饼方，专治老人胃膈妨塞，食欲不下，渐黄瘦，行无力，劣弱；食治诸风方，如白羊头方，专治老人中风，心神昏昧，行即欲倒，呕吐。[①]

上述配方，专门用来治疗老年人的一些常见疾病，如气虚、劳损、虚弱、脾胃气弱、眼花、中风等。

因为羊肉味甘性热，所以元代含有羊肉的食疗配方大部分是用来补中益气、健脾胃，治疗气虚、畏寒、五劳七损、腰膝无力等症状，这类食疗方有：马思答吉汤、大麦汤、八儿不汤、沙乞某儿汤、苦豆汤、木瓜汤、松黄汤、秒汤、大麦筭子粉、大麦片粉、糯米粉挡粉、河豚羹、阿菜汤、鸡头粉雀舌馎子、鸡头粉血粉、鸡头粉撅面、鸡头粉挡粉、鸡头粉馄饨、杂羹、荤素羹、珍珠粉、黄汤、三下锅、葵菜羹、团鱼汤、盏蒸、苔苗羹、围像、春盘面、皂羹面、挂面、经带面、羊皮面、秃秃麻食、细水滑、水龙馎子、马乞、搠罗脱因、乞马粥、汤粥、河西米汤粥、撒速汤、颇儿必汤、米哈讷关列孙、羊蜜膏、羊脏羹、羊骨粥、羊脊骨羹、白羊肾羹、枸杞羊肾粥、羊肉羹、山药饦、山药粥、羊羔酒等。[②]

此外，一些羊肉食疗方还可以用来治疗其他疾病，如大麦汤不仅

---

① 《居家必用事类全集·壬集》，《北京图书馆古籍珍本丛刊》，书目文献出版社 1988 年影印本，第 61 册，第 345—358 页。

② 尚衍斌、孙立慧、林欢：《〈饮膳正要〉注释》第 1 卷《聚珍异馔》、第 2 卷《食疗诸病》、第 3 卷《米谷品》，中央民族大学出版社 2009 年版，第 81—112、145—150、205 页。

可以温中下气、壮脾胃，而且还能够止烦渴，破冷气，去腹胀；木瓜汤除了可补中顺气外，还可以治疗腰膝疼痛，脚气不仁；瓠子汤性寒，主消渴，利水道；炙羊心可治心气惊悸，郁结不乐；炙羊腰治卒患腰眼疼痛者；羊蜜膏可治虚劳、腰痛、咳嗽、肺痿、骨蒸；鸡头粉羹治湿痹、腰膝痛，除暴疾，益精气，强心志，耳目聪明。治疗诸种中风的食疗方有：羊肚羹、羊头脍、白羊头方等，补肝羊肝羹方则可益肝明目。① 羊肉对肺病的治疗也有帮助，"肺病禁食苦，宜食小麦、羊肉、杏、薤之类"②。

3. 应用羊肉食疗应注意的问题。

元人在长期应用羊肉进行食疗的过程中，总结出了一些经验，其中一些有一定的参考价值。

饮酒时，大不可食猪、羊脑，大损人。炼真之士尤宜忌。

食山羊肉，令子多疾。

有半夏、菖蒲，勿食饴糖及羊肉。

煮肉不变色，不可食；诸肉非宰杀者，勿食；诸肉臭败者，不可食；凡祭肉自动者，不可食；猪羊疫死者，不可食；曝肉不干者，不可食；烧肉不可用桑柴火；羊肝有孔者，不可食；诸肝青者不可食。

羊肝不可与椒同食，伤心；羊肝不可与猪肉同食；羊肚不可与小豆梅子同食，伤人；羊肉不可与鱼脍酪同食。③

同时，如果发生"禽兽变异"的现象，如羊心有孔、羊肝有孔、肝有青黑、羊独角、白羊黑头、黑羊白头、羊六角等，则说明羊肉有毒，不可食。如果食牛羊肉"中毒"，则可煎甘草汁饮之。④《正要》

---

① 尚衍斌、孙立慧、林欢：《〈饮膳正要〉注释》第1卷《聚珍异馔》、第2卷《食疗诸病》，中央民族大学出版社2009年版，第82、83、91、99、100、145、152、157、159页；《居家必用事类全集·壬集》，《北京图书馆古籍珍本丛刊》，书目文献出版社1988年影印本，第61册，第358、346页。

② 尚衍斌、孙立慧、林欢：《〈饮膳正要〉注释》第2卷《五味偏走》，中央民族大学出版社2009年版，第142页。

③ 尚衍斌、孙立慧、林欢：《〈饮膳正要〉注释》第1卷《养生避忌》《妊娠食忌》《饮酒避忌》、第2卷《服药食忌》《食物利害》《食物相反》，中央民族大学出版社2009年版，第78、81、164、171—172、173页。

④ 尚衍斌、孙立慧、林欢：《〈饮膳正要〉注释》第2卷《禽兽变异》《食物中毒》，中央民族大学出版社2009年版，第183、178页。

列举了许多行之有效的解救食物中毒的方法,有的沿用至今,这在我国医学史上应有一定的地位。

三 关于元代羊肉食用和食疗的认识

通过上文的分析,我们可以就元代羊肉的食用和食疗得出以下几方面的认识。

其一,由于蒙古人和回回人的影响,元代羊肉的食用普遍化。元代羊肉的食用和食疗,不仅宫廷,而且民间都十分流行,并且也很讲究,且羊肉的消费量很大。羊肉在元代食谱方和食疗方中应用的比重是相当大的,这些食谱方和食疗方的主要功效就是温中、益气、散寒,这显然与当时蒙古族人民所处的地理环境和饮食传统相关。

其二,元代开始形成了中华民族饮食文化中独具特色的回回茶饭,羊肉则是回回茶饭的主要食材。回回茶饭不仅在北方流行,而且在南方的一些地区,如杭州等地也十分流行,并且出现了专业厨师——"穆斯林厨师"。回回茶饭的形成,对中国饮食文化产生了一定影响。《全集》专门列有"回回食品"一览,其中用羊肉制作的就有卷煎饼、糕糜、酸汤、秃秃麻失、海螺厮、哈里撒等。汤类有撒速汤、沙乞某儿汤、八儿不汤、马思答吉汤等。在另一部宋元时期的类书《事林广记》中,也收录有专门的回回食品8种。这8种回回食品分别是"回回酸汤、回回秃秃马失、回回卷煎饼、回回糕糜、回回古剌赤、回回海螺厮、回回即你必鸦、回回哈里撒"[①]。记载有回回食品的西园精舍本《事林广记》,是元后期至顺时期的刻本,而比至顺时期版本更早的和刻本、宗家文库本《事林广记》,均未有回回食品的记载。同为至顺时期刻本的椿庄书院本《事林广记》,别集中仅存8卷,饮食部分正好缺《饮馔类》,应该是该版本在流传过程中遗失之故。所以这也能说明《事林广记》中的回回食品,是《事林广记》流传至元朝中后期开始补入的内容,这也是元代回回食品在江南地区

[①] (宋)陈元靓编:《事林广记》别集卷9《饮馔类·肴羞·诸国食品》,日本国立公文书馆内阁文库藏元西园精舍刻本。

产生影响的体现。而在含有羊肉的食谱和食疗配方中，运用的从中亚地区传入的回回植物（或药物）则更多，主要有：回回豆子（豌豆）、八担仁（巴旦杏仁）、必思答（开心果）、波稜（菠菜）、菾苨（甜菜）、蔓青、沙吉木儿（蔓青根）、回回葱（洋葱）、芫荽（胡荽）、莳萝（小茴香）、马思答吉（乳香）、咱夫兰（藏红花）、哈昔泥（阿魏）、稳展（阿魏树根，即回回香料）、回回青等。①

将香料加入菜肴中，是回回茶饭的一个显著特点。明人马愈《马氏日抄》云："回回茶饭中，自用西域香料，与中国不同。"提到的西域香料有马思答吉、咱夫兰、合昔泥（阿魏）、稳展、回回豆子等。其中稳展，"味与阿魏同，云即阿魏根，味辛苦温，无毒，主杀虫，去臭。淹羊肉，香味甚美"②。

其三，上述回回茶饭中运用的香料和药物，大多是从中亚、西亚等阿拉伯地区传入的，而有些回回茶饭也可能流传到了国外。可见，元代回回茶饭已不仅仅是一种食品，而是一种饮食文化的体现，为中外文化交流做出了一定贡献。如秃秃麻失，就被编入高丽的汉语教科书《朴通事》中。并且关于这种回回茶饭的制作方法，《朴通事》的记载比《正要》和《全集》都详细。《正要》记载为"系手撇面。……用好肉汤下炒葱，调和匀，下蒜、酪、香菜末"③，比较简略。《全集》记载为："如水滑面和，圆小弹剂，冷水浸，手掌按作小薄饼儿，下锅煮熟，捞出过汁，煎炒酸肉，任意食之。"④ 比《正要》详细。但《朴通事》的记载更为细致："你将那白面来，捏些扁食，撒些秃秃么思。"扁食应该就是今天的饺子。所谓"秃秃么思"，即秃秃麻失。

　　　　如水滑面和，圆小弹剂，冷水浸，手掌按作小薄饼儿，下锅

---

① 邱树森主编：《中国回族史》，宁夏人民出版社1996年版，上册，第295—300页。
② （明）马愈编：《马氏日抄》"回回香料"，《丛书集成》初编本，中华书局1985年版，第30页。
③ 尚衍斌、孙立慧、林欢：《〈饮膳正要〉注释》第1卷《聚珍异馔》，中央民族大学出版社2009年版，第95页。
④ 《居家必用事类全集·庚集》，《北京图书馆古籍珍本丛刊》，书目文献出版社1988年影印本，第61册，第274页。

煮熟，以盘盛。用酥油炒片羊肉，加盐，炒至焦，以酸甜汤拌和，滋味得所。别研蒜泥调酪，任便加减。使竹签签食之。①

《朴通事》所载秃秃麻失的制作方法，很可能来自《事林广记》。我们看看《事林广记》的记载：

> 以头面如水花面和。伺面性行，圆成小弹剂，下冷水浸，两手掌内案成小薄饼儿，下元汁锅内煮熟，以盘盛。用酥油炒枹柤片羊肉，加盐，炒至焦，以酸甜汤拌和，滋味得所。别研蒜泥调酪，任便加减。使竹签签食之。以羊头油炒肉为上，酥油次之，羊尾油又次之。如无，羊脂亦可。②

由此可见，秃秃麻失应该是用煮面饼蘸酸甜汤调和的炒羊肉片一起食用。酸甜汤调和炒羊肉片，类似今天的酸汤羊肉臊子。《朴通事》在抄《事林广记》时可能有遗漏，但主要内容则一致，这就使我们对秃秃麻失这种元代回回食品的制作方法有了清楚的认识。这种回回茶饭被收入同时代邻国高丽编写的汉语教科书中，说明元代回回茶饭不仅在国内十分流行，而且也可能流传到了高丽。

其四，元人关于羊肉食疗的认识和应用，在中国医药史上亦有其意义。在实际生活中，元人能够应用羊肉治疗相关疾病，加强营养保健。如仅针对老年人疾病，《全集》就载有治疗专方十余种。同时，元人对羊肉食疗的卫生与宜忌、中毒与解救、食疗方的烹饪与调制等内容也都有论及。这种从基础理论到实际应用的比较全面的论述，较前代有不少新的发展，内容涉及现代营养卫生学的各相关方面，这在我国历史上还是第一次，其意义也是十分深远的。"在中国食疗史上，

---

① 《〈朴通事〉谚解》（中），《〈老乞大〉谚解·〈朴通事〉谚解》，联经事业出版公司1978年影印本，第150页。
② （宋）陈元靓编：《事林广记》别集卷9《饮馔类·肴羞·诸国食品》，日本国立公文书馆内阁文库藏元西园精舍刻本。

较为全面地论述食疗理论与应用的，忽思慧可谓第一人。"① 《正要》是一部宫廷食谱，而作为类书，《全集》在民间比较流行，因此《全集》所载元代羊肉的食用和食疗，更具有普遍性。

（原载《元史及民族史研究集刊》第 15 辑，南方出版社 2002 年版）

---

① 陈得芝主编：《中国通史》第 8 卷《元时期》，上海人民出版社 1997 年版，下册，第 560 页。

元代入杭回回文人的文化活动

关于元代杭州的伊斯兰教,纪思、郭成美、郭群美、鲍志成等先后发表过有关杭州伊斯兰教碑刻及回回坟、凤凰寺等伊斯兰教建筑方面的论文,其中已有论及。杨志玖《元代回族史稿》对元代东来回回人在浙江的分布有所论述。① 穆德全撰有《元代回回人分布江浙考》②,对包括杭州在内的江浙地区回回人的分布状况做了讨论。2010 年 11 月,在杭州举办的"元代杭州研究论坛"上,有多篇涉及元代杭州回回人相关活动的论文,如 George Lane《聚景园元代穆斯林墓碑考释》、A. H. Morton《创作于元代杭州的波斯语诗歌》、马娟《元代杭州穆斯林移民研究》、张沛之《元代各族人士在杭州的游历活动》、朱翠翠《蒙元时期的杭州回回商人》等。至于元代入杭回回文人的文化活动,迄今为止学界尚无多研究。鉴于此,本文拟从以下四个方面,就该论题做初步探讨。

一 元代杭州伊斯兰教的兴盛

唐宋以来,随着海外贸易的发展,伊斯兰教在杭州得到传播。当时来华的蕃客很多,他们"皆以中原为家,江南尤多,宜乎不复回首故国也"③。金灭北宋后,伴随宋室南迁,来华的回回人也多有迁居

---

① 杨志玖:《元代回族史稿》,南开大学出版社 2003 年版,第 106—107、108—109 页。
② 刊于《河南师大学报》1984 年第 1 期。
③ (宋)周密撰,吴企明点校:《癸辛杂识》续集上《回回沙碛》,中华书局 1988 年版,第 138 页。

行都者,"西域夷人,安插中原者,多从驾而南"①。加上由海路入杭的蕃客,可以想见,当时居住在杭州的回回先民,数量已不少。

至元代,杭州作为江南重镇,京杭大运河南方之起点,也是元朝对外贸易的重要港口,"港湾内船艇相接,帆樯蔽天"②,"船舶往来,随意载货"③,这里自然也是入元外商的聚集地。伴随着大量回回人进入中原,以及全国的统一和交通的便利,回回人进入杭州更为便捷,因此聚居在这里的回回人就更多了。而元朝又是中国古代宗教政策比较开明的一个朝代,伊斯兰教在蒙古朝廷中颇为得势,从而促进了其在元代的长足发展。在这种背景下,杭州遂发展成为元代江南地区伊斯兰教传播之重镇。

关于伊斯兰教在元代杭州的传播情况,中外史籍中均有不少记载。陶宗仪说:"杭州荐桥侧首,有高楼八间,俗谓'八间楼',皆富实回回所居。"④ 其中提到不少居住在杭州的回回人名字,如阿老瓦、倒刺沙、别都丁、木偕非等,也提到"阿刺",即伊斯兰教信奉的真主安拉。这说明生活在杭州的回回富商,他们在当地颇有影响。《西湖游览志》亦载,"元时内附者,又往往编管江浙、闽广之间,而杭州尤伙,号'色目种'。隆准深眸,不啖豕肉,婚姻丧葬,不与中国相通。诵经持斋,归于清净。推其酋长统之,号曰满刺"⑤。这些色目人中,更多的应是回回人。因为元代入杭回回人大增,所以他们还专门为已故的穆斯林建造了公墓——聚景园,并且严守伊斯兰教的风俗习惯。⑥ 元代杭州城中的伊斯兰教建筑,除了"八间楼"、聚景园外,还有伊斯兰教标志性建筑清真寺。仁宗延祐年间,回回人阿老丁于文锦坊南修建"真教寺","寺基高五六尺,扃镝森固,罕得

---

① (明)田汝成辑撰:《西湖游览志》卷18,上海古籍出版社1958年版,第239页。
② [摩洛哥]伊本·白图泰:《伊本·白图泰游记》(校订本),马金鹏译,宁夏人民出版社2000年版,第553页。
③ A. C. Moule & Paul Pelliot, *Marco Polo*, *The Description of the World*, New York: AMS Press, 1976, p. 335.
④ (元)陶宗仪:《南村辍耕录》卷28《嘲回回》,中华书局1959年版,第348页。
⑤ (明)田汝成辑撰:《西湖游览志》卷18,上海古籍出版社1958年版,第239页。
⑥ (宋)周密撰,吴企明点校:《癸辛杂识》续集上《回回送终》,中华书局1988年版,第143页。

阑入者,俗称礼拜寺"①。真教寺后经重修,至今仍然保存下来,这就是我国东南沿海著名的四大清真古寺之一——凤凰寺。

西方旅行家鄂多立克、马可·波罗、伊本·白图泰等人,对元代杭州的回回人也有相关记载,其中阿拉伯文史料《伊本·白图泰游记》,记载汗沙城(杭州)是作者"在中国地域所见到的最大城市……穆斯林们住此城内,城市美丽,市街布局如伊斯兰地区的一样。内有清真寺和宣礼员,进城时正当为晌礼宣礼时,声闻远近";"在此城我们寄宿于埃及人士欧斯曼·伊本·安法尼之子孙的家中。他是当地一大巨商,他十分欣赏此地,因而定居于此,该城亦因此而出名……欧斯曼还在该城修建一座清真大寺,捐赠该寺和道堂大量慈善基金,该城的穆斯林很多";"我们在此城居住十五日,我们每日每晚都受到邀请……为此请来了穆斯林厨师,按伊斯兰教法宰牲治席"②。伊本的细节描述,比较具体地反映出元代杭州城中回回人的生活状况。

中外史籍中的相关记载,清真寺、回回公墓等伊斯兰教建筑,以及现存元代一些伊斯兰教的碑刻等,均是元代杭州伊斯兰教兴盛的体现。

二 元代回回文人入杭

伊斯兰教在元代杭州的兴盛,吸引了大量回回人进入杭州,其中不乏回回文人,这种宗教情结,是元代回回文人入杭的一个重要原因。而元代回回文人进入杭州,最主要的原因,应当是杭州深厚的文化底蕴、美丽的自然风光以及繁华的都会生活的吸引。

作为南宋旧都,宋元时期的杭州已成为江南的大都会,这里不仅富庶繁华,而且文化底蕴深厚,自然风光旖旎,明人对此称赞说:"杭之佳丽富美,大江之南无加焉。秦以前未著,汉始闻而盛于唐,

---

① (明)田汝成辑撰:《西湖游览志》卷18,上海古籍出版社1958年版,第239页。
② [摩洛哥]伊本·白图泰:《伊本·白图泰游记》(校订本),马金鹏译,宁夏人民出版社2000年版,第551、552、552—553页。

钱氏偏擅，宋南渡，行在极矣，历元逮今，其犹在也。"① 因此元代士人才子，他们往往云集杭州，结社赋诗，交游酬唱。"元时，豪杰不乐进取者，率托情于诗酒，其时杭州有清吟社、白云社、孤山社、武林社、武林九友会，儒雅云集，分曹比偶，相睹切磋，何其盛也。"② 很多著名的汉族诗人如戴表元等，都在杭州生活了很长时间，创作了大量作品。戴表元平生喜欢交游，他在《刘仲宽诗序》中引一老生说："子欲学诗乎，则先学游。游成，诗当自异。"③ 文人多好交游，风气所及，被吸引前往杭州的穆斯林文人就不少，更有甚者，有些回回文人晚年干脆隐居杭州，寄情山水，如萨都剌、舍剌甫丁、马九皋等。

元代著名的回回诗人萨都剌，博雅工诗文，而性好游兴，一生足迹踏遍荆、楚、燕、赵、闽、粤、吴等地。至正三年（1343），萨都剌被任命为江浙行中书省郎中，来到杭州。在杭任上，诗人陶醉于杭州及江南的山水风光，其后竟寓居杭州，过起逍遥世外的半隐生活。舍剌甫丁，曾任杭州税司提举，一生"廉谨勤俭"，有"良吏"之称。致仕后隐居杭州之丰乐桥东旧班前，"筑池圃，植花竹，为高世避贤之举。以礼义教子孙，以诗酒交亲友，视富贵如浮云，得逍遥物外意"④。卒后，其子木八剌沙、纳速鲁丁遵照其父治命，葬之于钱塘西湖南园公墓。

元时杭州是南方杂剧上演的中心地区之一，因故也吸引了不少回回元曲家前往杭州。马九皋是元代有名的回回作曲家，也擅长诗词和篆书。在目睹了元中期蒙古统治者激烈的政治斗争之后，马九皋怀抱着对现实的强烈不满，晚年隐居于杭州西湖，寓情诗酒，徜徉山水之间。著名元曲家张可久的《朝天子·访九皋使君》，即是描写马九皋隐居西湖的一首散曲。

---

① （明）陈让、夏时正纂修：成化《杭州府志》卷首《凡例》，《四库全书存目丛书》，齐鲁书社1996年影印本，史部，第175册，第11页。
② （明）田汝成辑撰：《西湖游览志余》卷21，上海古籍出版社1958年版，第387页。
③ （元）戴表元著，李军、辛梦霞校点：《戴表元集》卷9《序·刘仲宽诗序》，吉林文史出版社2008年版，第123页。
④ 《元舍剌甫丁墓碣》，载余振贵、雷晓静主编《中国回族金石录》，宁夏人民出版社2001年版，第446页。

槿篱，傍水，楼与青山对。一庭香雪糁荼蘼，松下溪童睡。净地留题，柴门还闭，笼开鹤自飞。看梅，未回，多管向西湖醉。①

马九皋隐居西湖，从事散曲创作，他将自己的散曲集定名为《扣舷余韵》，其好友张可久撰《题马昂夫〈扣舷余韵〉卷首》以志贺，其中下阕即云："题花锦笺，采莲画船，归赛西湖愿。"②

元末诗人、画家、作曲家丁野夫，"羡钱塘山水之胜，因而家焉"③，隐居于杭州城南之梅村。丁野夫自编之诗集即命名为《梅村集》，惜散佚不存。元曲家赛景初，乃江浙行省平章政事乌马儿之子，做过常熟判官。他曾跟从元代著名书法家巎巎学习书法，"极为工妙"，晚年"遭世多故，老于钱塘西湖之滨"④。虎伯恭也是元末一名元曲作家，并且工于诗、书，"诗学韦、柳，字法献、羲。至于乐府、隐语，靡不究意"。他与元末明初杂剧作家贾仲明（一说是《录鬼簿续编》的作者）是忘年交，两人"不时买舟载酒，作湖山之游"。当时钱塘风流人物，均以其兄弟为首称。⑤

还有一些回回文人，因为仕宦的缘故，前往杭州赴任，因而居于杭州，如高克恭、哈八石、赡思、沐仲易等。高克恭是元代著名的回回文人，诗画自成一家，声名远播，尤负画名。他一生两次至杭州做官，第一次在至元二十六年（1289），当时高克恭受桑哥排挤，出使江淮行省考核簿书。至元末，高克恭再次南下杭州，出任江淮行省左右司郎中。任职期间，罢旧政，减赋税，民用安息。⑥

哈八石家族本居大都，以父勘马刺丁名字取姓丁，字文苑，故又

---

① 隋树森编：《全元散曲》，中华书局1964年标点本，第930页。
② 同上书，第974页。
③ 《录鬼簿续编》，载（元）钟嗣成等《录鬼簿》（外四种），上海古籍出版社1978年版，第103页。
④ 同上书，第109页。
⑤ 同上。
⑥ （元）邓文原撰，罗琴整理：《邓文原集·巴西邓先生文集·故太中大夫刑部尚书高公行状》，浙江人民美术出版社2016年版，第117—118页。

名丁文苑。他与元代著名文人许有壬、马祖常等同登仁宗乙卯（延祐二年，1315）进士第，后任浙西道廉访司佥事，遂官杭州。尽管哈八石在杭做官时间不长，但他对杭州却颇有感情。他说，"杭，吾乐之，谷又差贱，且其人德我"①，于是命诸子定居杭州。作为元朝第一批科举进士，哈八石颇富文采，与同科进士许有壬、马祖常交游甚多，感情也很深厚。马祖常称其"学足以利人"②，许有壬称赞他"作歌行，豪宕如其人，古诗清粹，皆可传也"③。哈八石卒于至顺元年（1330），年仅47岁。因其喜爱杭州山水，所以其次子慕峇葬父于杭州西山。慕峇字仲伦，居杭州，考中元统元年（1333）蒙古色目人二甲进士，④后出任天临路同知湘阴州事。

赡思字得之，是元代后期著名学者，一生博学能文，著述丰富，但留传下来的不多。后至元三年（1337），赡思被任命为浙西肃政廉访司佥事，入杭治事。在杭期间，他秉公执法，不徇私情，按问都转运盐使、海道都万户、行宣政院官吏等的贪赃枉法行为，并一一查实，绳之以法，使得"浙右郡县，无敢为贪墨者"⑤。

元曲作家沐仲易，又作穆仲义、木仲义，曾是回回国子监的监生，后任江浙行中书省宣慰使，行省左右司员外郎。其所作杂剧有《哨遍》《破布衫》《耍孩儿》等，在当时颇负盛名。不仅杂剧驰名，沐仲易还"工于诗，尤精书法。乐府、隐语，皆能穷其妙，一时大夫士交口称叹"⑥。

---

① （元）许有壬：《至正集》卷68《哈八石哀辞》，《元人文集珍本丛刊》，新文丰出版公司1985年影印本，第7册，第309页。
② （元）马祖常：《马石田文集》卷8《丁君诔》，《元人文集珍本丛刊》，新文丰出版公司1985年影印本，第6册，第613页。
③ （元）许有壬：《至正集》卷68《哈八石哀辞》，《元人文集珍本丛刊》，新文丰出版公司1985年影印本，第7册，第310页。
④ 《元统元年进士录》，载王颋点校《庙学典礼》（外二种），浙江古籍出版社1992年版，第173页。
⑤ （明）宋濂等：《元史》卷190《赡思传》，中华书局1976年点校本，第4352页。
⑥ 《录鬼簿续编》，载（元）钟嗣成等《录鬼簿》（外四种），上海古籍出版社1978年版，第109页。

三 元代入杭回回文人的文化活动

元代入杭回回文人,在杭州从事方方面面的活动很多,本文只讨论他们在杭的文化活动。元代回回文人在杭州的文化活动十分丰富,他们或游山玩水,交游酬唱,从事诗文创作,或泼墨山水,挥毫作画,或从事人才培养等教育活动,或从事杂剧创作、演出等文艺工作,其中最主要的活动是文学创作。下面以一些具有代表性的回回文人的相关文化活动,试举几例。

元代大文豪萨都剌一生性好山水,晚年尤钟爱杭州的自然风光,寓居杭州。"每风日晴美,辄肩一杖,挂瓢笠,脚踏双不偕,遍走两山间。凡深岩邃壑,人迹所不到者,无不穷其幽胜。至得意处,辄席草坐,徘徊终日不能去。兴至,则发为诗歌,以题品之。今两山多有遗墨。"① 萨都剌在杭创作的诗歌很多,其中品题西湖的《西湖十景词》尤其脍炙人口。其诗集《雁门集》中亦有多首描写西湖美景、杭州古迹的诗歌,如《游西湖》六首,《钱塘驿望吴山》《游吴山紫阳庵》《次王侍御游西湖韵》《竹枝词》《和靖墓》《谒抱朴子墓》《过贾似道废宅》等。

高克恭在杭期间,于诗画多有创作,尤其有名的是他和赵孟頫、虞集共同创作的被誉为"诗画题三绝"的奇石古木画。《南村辍耕录》记载说:

> 高文简公一日与客游西湖,见素屏洁雅,乘兴画奇石古木。数日后,文敏公为补丛竹。后为户部杨侍郎所得。虞文靖公题诗其上云:"不见湖州三百年,高公尚书生古燕。西湖醉归写古木,吴兴为补幽篁妍。国朝名笔谁第一,尚书醉后妙无敌。老蛟欲起风雨来,星堕天河化为石。赵公自是真天人,独与尚书情最亲。高怀古谊两相得,惨澹酬酢皆天真。侍郎得此自京国,使我观之

---

① (明)徐象梅:《两浙名贤录》卷54《寓贤·元·萨都剌天锡》,《四库全书存目丛书》,齐鲁书社1996年影印本,史部,第114册,第691页。

三叹息。今人何必非古人，沦落文章付陈迹。"此图遂成三绝矣。①

高克恭游西湖，乘兴作奇石古木画，赵孟𫖯于上补画丛竹，虞集观画后，作诗题于画上，因故这幅画被誉为"三绝"。

除了赵孟𫖯、虞集等人之外，高克恭与杭州的其他不少文人画友亦有交往，如时任两浙运司经历的李有（字仲方）就和他关系很密切。李有"善古木竹石，笔意高远，作者推服"②，于书画亦颇有造诣。李有以任职卒于杭，高克恭为之卜地，葬于西溪，且为李有作墓志铭。他还与郭佑之、李仲宾、鲜于伯机、王子庆等友人祭之，哭尽哀。③可见李有是高克恭交情很深的画友。

高克恭善画，亦善诗，从留传下来高克恭的诗歌来看，有些作品应该是作者仕杭期间所作，或者诗歌创作与杭州有一定的关系，如《赠英上人》《至正己亥四月廿二日宿翠峰禅室登留云阁数日与净莲公》《寄友》等。

马九皋居杭期间，作有《西湖杂咏》，是描写西湖美景的散曲，有《春》《夏》《秋》《冬》《筱步》《苦雨》等多首，其中《筱步》有"湖，如镜里；山，如画里"之句。《苦雨》一曲描写西湖美景则更为清新有致。

孤山云树，六桥烟雾，景蒙蒙不比江潮怒。淡妆梳，浅妆梳。西湖也怕西施妒，天也为他巧对付。晴，也宜画图；阴，也宜画图。④

丁野夫寓杭期间，从事诗、画、曲的创作活动。他自编诗集《梅

---

① （元）陶宗仪：《南村辍耕录》卷26《诗画题三绝》，中华书局1959年版，第328页。
② ［日］近藤秀实、何庆先编著：《〈图绘宝鉴〉校勘与研究》，江苏古籍出版社1997年版，第60页。
③ （元）邓文原撰，罗琴整理：《邓文原集·巴西邓先生文集·故太中大夫刑部尚书高公行状》，浙江人民美术出版社2016年版，第117页。
④ 隋树森编：《全元散曲》，中华书局1964年标点本，第711页。

村集》。画山水人物,"学马远、夏圭,笔法颇类"①。其"丹青小景,皆取诗意"。而所作"套数、小令极多,隐语亦佳,驰名寰海"。所作杂剧有《赏西湖》(又名《月夜赏西湖》)、《浙江亭》(又名《游赏浙江亭》)等。②

  高克恭任职杭州期间,不仅于诗画创作多有贡献,而且还留意当地人才的发现和培养,如他就曾向朝廷举荐了江南文学之士邓文原、敖君善、姚子敬、陈无逸、倪仲深等人,使这些才学之士有了用武之地,邓文原因故称赞高克恭"立言操行,有古君子之风"③。元末回回人沙班(字子中),曾考中右榜进士,汉文化造诣颇深,与刘基、吴克恭等文人均有交往。他官至湖广行省左丞,晚年厌倦官场,迁居杭州。④ 居杭有年,沙班有感于当时官学"主以文墨为教,弟子上者华而鲜实,下者习字画以资刀笔官司,应酬廪粟之外,无他用心",因此将自己从庆远安抚沙公(当为沙班族人,当时亦居杭州)处所得隙地"筑室以为义学,招子弟以教"。他抱着"道之将行也夫,吾室之成未可知;道之不行矣夫,吾固将以尽吾心,终吾年。纵不能行于今,庶其或垂于后"的决心,于至正十一年(1351)兴办义塾,终其余生,为杭州培养人才。⑤

  作为元代江南地区商品经济十分发达的繁华大都会,杭州对文化消费自然有极大的需求。当时杭州是元杂剧创作和演出的重镇,前述有不少回回元曲作家入居杭州。除此之外,还有回回杂剧演员也往来

---

  ① [日]近藤秀实、何庆先编著:《〈图绘宝鉴〉校勘与研究》,江苏古籍出版社1997年版,第65页。
  ② 《录鬼簿续编》,载(元)钟嗣成等《录鬼簿》(外四种),上海古籍出版社1978年版,第103页。
  ③ (元)邓文原撰,罗琴整理:《邓文原集·巴西邓先生文集·故太中大夫刑部尚书高公行状》,浙江人民美术出版社2016年版,第122页。
  ④ (清)顾嗣立、席世臣编,吴申扬点校:《元诗选》癸集上《沙左丞班》,中华书局2001年版,第384页。
  ⑤ (明)刘基著,林家骊点校:《刘基集》卷2《沙班子中兴义塾诗序》,浙江古籍出版社1999年版,第67—68页。原书此处断句为"吾尝得隙地于庆远,安抚沙公愿筑室以为义学"。庆远在广西,当即庆远南丹安抚司,又称庆远安抚司,故下文有"安抚沙公"之说。此处述沙班在杭兴学之事,以在庆远所得隙地在杭兴办义塾,显然不通,所以笔者以为当断为"吾尝得隙地于庆远安抚沙公,愿筑室以为义学",似乎更合文意。

杭州从事杂剧演出活动。如名驰淮浙的回回杂剧女演员米里哈,"歌喉清宛,妙入神品"①,专攻花旦杂剧,即是当时负有盛名的杂剧演员。

元代入杭回回文人在杭州的一系列文化活动,是反映元代杭州社会、文化、宗教等各方面情况的一面镜子。这些活动丰富了元代杭州的文化内涵,对杭州地域文化的发展做出了应有贡献,同时也进一步刺激了元代杭州商品经济的繁荣。而回回文人入居杭州、在杭州开展文化活动,也推动了伊斯兰教在元代杭州的传播和发展,这对改变江南地区的民族格局也产生了影响。

四 余论

中国伊斯兰文化和佛道文化的交融,在明清时期表现得尤为突出,当时出现了一批"学通四教"的回儒,如王岱舆、刘智等。其实宋元时期,回回文人和佛、道二教的交往即日渐密切,如宋末蒲寿宬,元代萨都剌、廼贤、丁鹤年等,即是典型代表。元代入杭回回文人大增,他们中也有和佛、道二教交往酬唱者,这种交往有利于伊斯兰文化和汉文化在江南地区的互动交流,为当地传统汉文化注入了新鲜血液。

萨都剌寓居杭州期间,与佛、道二教多有交往,写有多篇与僧侣、道士相酬唱的诗,如《送镜中圆上人游钱唐》:

西湖西畔三天竺,古木苍藤望欲迷。
遥忆道人禅榻夜,月高霜落听猿啼。②

圆上人,当即僧圆至。圆至俗姓姚,字牧潜,号天隐,高安(治

---

① (元)夏庭芝著,孙崇涛、徐宏图笺注:《青楼集》,中国戏剧出版社1990年版,第192页。
② (元)萨都拉著,殷孟伦、朱广祁点校:《雁门集》,上海古籍出版社1982年版,第202页。

今江西高安）人。圆至亦好游，"至元以来，遍历荆、襄、吴、越"①。擅长诗文，"为文赡而奥，清而奇"②，"诗尤清婉"③。著有《筠溪牧潜集》七卷等著作，"方蛟峰序之，比之斩铁切玉云"④。其诗《晓过西湖》为时人称道：

> 水光山色四无人，清晓谁看第一春？
> 红日渐高弦管动，半湖烟雾是游尘。⑤

萨都剌另有《赠余杭明古上人》一诗，是和明古上人的唱和之作：

> 瘦影相随九节筇，同袍无处觅行踪。
> 远离天目山中寺，来听石头城里钟。
> 洗钵泉通陈井水，开窗云度蒋陵松。
> 乍闻一夜啼猿月，却忆飞来最上峰。⑥

萨都剌在杭期间和道士也有交往，如他就曾给女道士王守素写过赠诗。王守素乃钱唐民家女，其夫丁野鹤，弃家于吴山之紫阳庵为全真道士，后召其妻亦入山为道。萨都剌《赠吴山紫阳庵女道士》一诗云：

> 不见辽东丁令威，旧游城郭昔人非。

---

① （清）永瑢等：《四库全书总目》卷166，中华书局1965年影印本，第1429页。
② （清）谢旻等修，陶成等纂：雍正《江西通志》卷103《仙释一》，成文出版社1989年影印本，第1932页。
③ （清）永瑢等：《四库全书总目》卷166，中华书局1965年影印本，第1429页。
④ （清）谢旻等修，陶成等纂：雍正《江西通志》卷103《仙释一》，成文出版社1989年影印本，第1932页。
⑤ （元）圆至：《筠溪牧潜集》卷1《诗·晓过西湖》，《北京图书馆古籍珍本丛刊》，书目文献出版社1991年影印本，第91册，第245页。
⑥ （元）萨都拉著，殷孟伦、朱广祁点校：《雁门集》，上海古籍出版社1982年版，第124—125页。

镜中春去青鸾老，华表山空白鹤归。
石竹泪干斑雨在，玉箫声断彩云飞。
洞门花落无人迹，独坐苍苔补道衣。①

高克恭所作《赠英上人》，是一首与佛教僧侣酬唱的诗歌：

为爱吟诗懒坐禅，五湖归买钓鱼船。
他时如觅云踪迹，不是梅边即水边。②

英上人即释英，俗姓厉，自号实存，钱塘（今杭州）人，唐代诗人厉玄之后，著有《白云集》。③ 从诗文来看，这首诗当作于高克恭在杭期间。

（原载《元代文献与文化研究》第 2 辑，中华书局 2013 年版）

---

① （元）陶宗仪：《南村辍耕录》卷 22《夫妇人道》，中华书局 1959 年版，第 273 页；（元）萨都拉著，殷孟伦、朱广祁点校：《雁门集》，上海古籍出版社 1982 年版，第 238 页。"迹"，《雁门集》作"扫"。
② （清）顾嗣立编：《元诗选》二集《高尚书克恭》，中华书局 1987 年版，第 302 页。
③ （元）赵孟頫：《〈白云集〉序》，（元）释英《白云集》卷首，文渊阁《四库全书》本。

后　　记

　　这本论文集能够面世，与2015年广东省启动的高水平大学建设有关。在资金投入较多，学校抓学科建设力度大的背景下，暨南大学文学院中国史学科领导决定为本学科的老师们每人出版一本论文自选集，于是才有了这本论文集的编排出版。

　　收入本集的论文，均是自己已经发表过的文章。我主要选择了西夏史和元史两个研究领域的论文共19篇，其中西夏史7篇，元史12篇，因此我将书名定为《西夏元史研究论稿》。这19篇论文中，有的发表很早，如西夏人民起义的论文1993年就发表了，那是我发表的第一篇论文，有的则是近两年才发表的。因此这些论文也颇能反映自己的研究兴趣和学术轨迹。

　　以上论文汇编成集时，主要做了以下工作：首先是统一全书的注释格式，顺便核对了引文，这项工作比较烦琐。其次是对原来的文章或多或少做了一点修改。有的对题目做了适当修改，有的补充了一些史料，也有的做了进一步的补充讨论，如元代黄兀儿月良站的地理方位、蒲寿庚的卒年问题等。因此每篇论文与当初发表时多少有些差异。因为时间的关系，还有修改尚不完善的地方，看来只能留待来日了。

　　这本小集子的问题一定很多，希望能够得到各位师友、同好以及读者们的批评指导！

陈广恩
丁酉雨水日，书于暨南大学